STEINHAUSEN

Filip Müller

Sonderbehandlung

Drei Jahre in den Krematorien und Gaskammern von Auschwitz

Deutsche Bearbeitung von
Helmut Freitag

Verlag Steinhausen

Gesamtherstellung Mühlberger, Augsburg
Printed in Germany
ISBN 3-8205-3464-4

Tue deinen Mund auf
für die Stummen
und für die Sache aller,
die verlassen sind.
(Salomo, Sprüche 31.8)

Ich darf hier in diesem Zusammenhang und in diesem allerengsten Kreise auf eine Frage hinweisen, die Sie, meine Parteigenossen, alle als selbstverständlich hingenommen haben, die aber für mich die schwerste Frage meines Lebens geworden ist, die Judenfrage. Sie alle nehmen es als selbstverständlich und erfreulich hin, daß in Ihrem Gau keine Juden mehr sind. Alle deutschen Menschen – abgesehen von einzelnen Ausnahmen – sind sich auch darüber klar, daß wir den Bombenkrieg, die Belastungen des vierten und des vielleicht kommenden fünften und sechsten Kriegsjahres nicht ausgehalten hätten und nicht aushalten würden, wenn wir diese zersetzende Pest noch in unserem Volkskörper hätten. Der Satz »Die Juden müssen ausgerottet werden« mit seinen wenigen Worten, meine Herren, ist leicht ausgesprochen. Für den, der durchführen muß, was er fordert, ist es das Allerhärteste und Schwerste, was es gibt.

. . .

Ich bitte Sie, das, was ich Ihnen in diesem Kreise sage, wirklich nur zu hören und nie darüber zu sprechen. Es trat an uns die Frage heran: Wie ist es mit den Frauen und Kindern? – Ich habe mich entschlossen, auch hier eine ganz klare Lösung zu finden. Ich hielt mich nämlich nicht für berechtigt, die Männer auszurotten – sprich also, umzubringen (!) oder umbringen zu lassen – und die Rächer in Gestalt der Kinder für unsere Söhne und Enkel groß werden zu lassen. Es mußte der schwere Entschluß gefaßt werden, dieses Volk von der Erde verschwinden zu lassen. Für die Organisation, die den Auftrag durchführen mußte, war es der schwerste, den wir bisher hatten. Er ist durchgeführt worden, ohne daß – wie ich glaube sagen zu können – unsere Männer und unsere Führer einen Schaden an Geist und Seele erlitten hätten.

Aus der Rede Heinrich Himmlers vor den Reichs- und Gauleitern in Posen am 6.10. 1943

Zum ersten Mal in der Gaskammer

Es war an einem Sonntag im Mai 1942. Die Strahlen der Frühlingssonne bahnten sich mühsam ihren Weg durch den Morgendunst und schienen auf den Hof des Blocks 11. Dort war ich mit etwa 500 anderen Häftlingen in Zehnerreihen angetreten, um nach den in Auschwitz geltenden Bräuchen die Sonntagsruhe zu genießen. Eine heisere, laute Stimme hallte über den Hof. Auf der obersten Stufe der Treppe, die in den Block führte, stand der Blockschreiber Vacek. Von hier aus konnte er jeden Winkel des Hofes überblicken und seine abgehackten Kommandos ertönen lassen: »Stillgestanden! Mützen auf! Mützen ab! Rührt euch!«

In dieser Miniaturwelt des absoluten Bösen war er ein kleiner Herrscher. Der grüne Winkel auf seiner Häftlingsmontur wies ihn als ehemaligen Berufsverbrecher aus.

Seine stereotypen Kommandos, deren Ausführung er mit Habichtsaugen verfolgte, waren schon hundertmal wiederholt worden. Auf das Kommando »Mützen ab!« rissen wir unsere tellerartigen Mützen von den kahlgeschorenen Köpfen und knallten sie mit der flachen Hand gegen den rechten Oberschenkel. Nach Vaceks Vorstellung mußte sich das wie ein Peitschenknall anhören, sonst wurde das Manöver so lange wiederholt, bis er zufrieden war. Auf den ersten Blick konnte es so scheinen, als wäre an diesem stumpfsinnigen Drill, der an das Exerzieren von Rekruten erinnerte, nichts Besonderes.

Aber diese Dressurmethode schaffte Vacek den gewünschten Vorwand, Häftlinge totzuschlagen.
Sein erstes Opfer war Nandor Delikat, Vater von vier Kindern, der an der rechten Hand gelähmt war. Daheim, in meiner Vaterstadt Sered an der Waag, hatte er sich dadurch ernährt, daß er für Almosen den Verstorbenen in der Synagoge das Totengebet, den Kaddisch, sprach. Wie hätte er auch die Kommandos »Mützen auf! Mützen ab!« korrekt ausführen sollen?
Vacek stürzte sich auf den Invaliden und zerrte ihn über den Hof bis zum Nachbarblock. Dort stellte er ihn mit dem Gesicht gegen die Wand. Der zweite, mit dem er genauso verfuhr, war der schwerhörige Schneider Mendel Weimann, der bei dem Kommando »Stillgestanden!« die Hacken seiner Holzpantinen um den Bruchteil einer Sekunde zu spät zusammengeklappt hatte.
Vacek ließ weiterexerzieren. Als es wirklich schon klappte, wartete jeder darauf, daß nun endlich Schluß sei mit dem stumpfsinnigen Drill. Aber Vacek genügten die zwei Todeskandidaten noch nicht. Er holte sich weitere Opfer aus den Reihen seiner Sklaven. Vorwände suchte er schon nicht mehr. Eine lange Nase, eine Brille mit dicken Gläsern, eine schlecht sitzende Mütze oder irgend etwas anderes, was ihm nicht paßte, waren für ihn Grund genug, einen nach dem andern aus den Reihen zu zerren und an die Wand zu stellen. Ob sie ahnten, daß ihre letzte Stunde geschlagen hatte?
Denn hier gab es kein Erbarmen und kein Mitleid mit den Lahmen, Tauben, Blinden und Gebrechlichen. Die zehn Gebote, die Grundsätze der Humanität, galten hier nicht. Auschwitz war ein Ort mit eigenen Gesetzen und makabren Diskrepanzen. Hier konnte man für Goldzähne einen Teller Rübensuppe bekommen; hier spielte ein Lagerorchester nicht nur morgens, wenn die Häftlinge zur Arbeit ausrückten, schmissige Märsche, sondern auch abends, wenn sie erschöpft und zerschunden ihre toten Kameraden ins Lager schleppten. Hier erhielten Kapos Prämien und Vergünstigungen, wenn sie ihre

Kommandos dezimierten. Wie sie das machten, war ihre Sache. Hier gab es den Block 10, wo man Frauen sterilisierte, während in einem anderen Block Männer kastriert wurden. Auschwitz war ein Ort, an dem alle europäischen Sprachen gesprochen wurden, aber auch ein Ort, wo Menschen nicht nur an Hunger, Krankheiten und Seuchen starben, sondern auch erschlagen, mit Phenolspritzen ins Herz getötet oder in die Gaskammer gejagt wurden. Dieses fluchbeladene Stück Land im östlichen Europa stand unter der Herrschaft der SS, die sich als Elite eines Volkes verstand, das der Welt nicht nur einen Goethe, Schiller und Mendelssohn, sondern auch einen Adolf Hitler als Führer beschert hatte. Das polnische Oświęcim, das die Nazis zum deutschen Auschwitz gemacht hatten, war zu einem Ort des Infernos geworden, und wen es hierher verschlug, der war endgültig von Gott und den Menschen verlassen.

Dreißig »Auserwählte« standen nun an der Wand. Vacek und seine Gehilfen, die Stubendienste, befahlen ihnen, in Fünferreihen anzutreten. Hinter unserem Rücken begann jetzt, was man in Auschwitz »Sport« nannte.

»Laufschritt! Marsch, marsch! Hinlegen! Auf, marsch, marsch! Hinlegen! Kriechen! Auf, marsch, marsch! Hüpfen! Im Laufschritt! Marsch, marsch! Kehrt, marsch, marsch!« Die bedauernswerten Häftlinge wurden wie bei einer Treibjagd gehetzt und gejagt. Sie warfen sich auf die Erde, robbten, sprangen wieder auf, hüpften mit vorgehaltenen Armen, rannten keuchend herum und schubsten einander, um den Schlägen zu entgehen, die pausenlos auf sie niederprasselten. Ihre Gesichter waren vor Anstrengung rot angelaufen, Schweiß lief ihnen in Strömen über Stirn und Nacken und vermischte sich mit Blut, das von den vielen Schlägen herrührte. Nur nicht liegenbleiben! Wer das tat, war verloren. Ein Schlag mit dem Gummiknüppel, wenn nötig auch mehrere, machte ihm den Garaus. Viele hatten schon aufgegeben. Mehr als die Hälfte lag bereits reglos am Boden, obwohl erst zwanzig Minuten vergangen waren. »Laufschritt, marsch, marsch! Hinlegen!

Aufstehen! Marsch, marsch! Hüpfen! Auf, marsch, marsch! Hinlegen! Kriechen!« Ein Kommando folgte schlagartig dem anderen. Die noch Übriggebliebenen versuchten mit letzter Kraft, diese Befehle auszuführen. Doch es dauerte nicht lange, bis auch die letzten in ihren zebragestreiften Monturen reglos dalagen und von den Henkersknechten totgeprügelt wurden. Blutrünstig ließ Vacek seinen Blick über die Saat des Todes wandern. Dann wischte er sich die schweißbedeckte Stirn ab. Man sah ihm an, daß er mit seiner Arbeit zufrieden war. Ein Grinsen verzerrte sein Gesicht zur Fratze, während seine Augen noch immer gefährlich blitzten. Es war nicht schwer zu erraten, daß er am liebsten jedem von uns das gleiche Schicksal bereitet hätte. Langsam wandte er dann seinen Blick nach links, als wäre überhaupt nichts geschehen. Dort waren die Toten inzwischen zusammengetragen und nebeneinander auf den Rücken gelegt worden. Ihre Hände waren auf der Brust gekreuzt, und sie starrten mit geöffneten Augen fragend in den Himmel. Befriedigt wandten sich Vacek und seine Stubendienste nach getaner Arbeit ab.
Während all dem machte der diensthabende SS-Rottenführer Schlage den Eindruck, als ginge ihn dieses mörderische Treiben überhaupt nichts an. Er verschwand ein paar Mal im Block und tauchte dann wieder auf der obersten Stufe der Treppe auf. Von hier sah er seinem Blockschreiber Vacek zu, um sich zu vergewissern, daß dessen Aktivität nicht nachließ. Sonst hätte er seine scheinbare Nichteinmischung aufgegeben und selbst gezeigt, wie in Auschwitz richtig »Sport« getrieben wird.
Von irgendwo aus unseren Reihen vernahm ich ein Gemurmel. Ich nahm es nur beiläufig wahr, weil meine Aufmerksamkeit ganz darauf gerichtet war, nicht aufzufallen. Naiv, wie ich noch war, glaubte ich, man könne durch exakte Befolgung und Ausführung der Befehle dazu beitragen, die teuflische Schinderei abzukürzen.
Das anfangs unverständliche Gemurmel ging in ein deutlich vernehmbares Selbstgespräch über: »Mein Gott, wo sind wir

denn, was geht hier eigentlich vor? Häftlinge werden von ihresgleichen erschlagen. Davon wissen die Vorgesetzten bestimmt nichts. Ich protest . . .« Eine neue Folge von Kommandos unterbrach das Selbstgespräch. »Stillgestanden! Mützen auf! Mützen ab! Rührt euch!«
Vacek holte sich nochmals vier Häftlinge aus den Reihen. Es dauerte nicht lange, bis auch sie auf dem Leichenhaufen lagen.
»Nein, das darf nicht möglich sein. Was hier vorgeht, ist ja schrecklich. Hier werden unschuldige Menschen totgeschlagen!« Ich sah mich um, um herauszubekommen, woher diese Worte kamen und wer da vor sich hinredete.
Es war Dr. Albert Paskus, der dieses Selbstgespräch führte. Er stammte aus meiner Heimatstadt Sered und war dort als redlicher Mann bekannt, ein tüchtiger und geschätzter Rechtsanwalt, ein Kenner des jüdischen Schrifttums, der stets die Härte des Gesetzes für die Schwachen zu mildern gesucht hatte. Dr. Paskus war, wie auch ich, vor kaum einem Monat nach Auschwitz gekommen und gehörte zu jenen, die sich der harten Realität zu langsam bewußt wurden. Noch hatte er nicht erkannt, daß Wertvorstellungen und Gebote, die die Grundlagen der Zivilisation bildeten, in Auschwitz nicht galten. Paskus war fest davon überzeugt, daß die Morde hier willkürlich von den Häftlingsfunktionären ohne Wissen der SS-Führer verübt wurden. Es paßte einfach nicht in sein Bild vom Recht, daß Häftlinge ihre Mithäftlinge grundlos totschlugen. Er hatte noch nicht begriffen, daß wir uns an einem Ort befanden, wo ein Häftling nichts anderes als Freiwild war.
Der stundenlange Drill ging auch an diesem Sonntag zu Ende. Wir begannen, uns zum Zählappell zu formieren. Blockschreiber Vacek kam die Treppe herunter und kommandierte stereotyp sein »Stillgestanden! Mützen auf! Augen gerade aus!« Zuerst zählte er die in Reih und Glied angetretenen Häftlinge, dann die Erschlagenen, die in einer Ecke des Hofes nebeneinander lagen. Das Ergebnis kritzelte er auf einen Zettel Papier, den er dem Blockältesten übergab. Auf das Kommando »Mützen ab!« rissen wir unsere schmuddeligen Mützen vom Kopf

und klatschten sie gegen die Hosennaht. Ein synchroner Knall war für Vacek der Beweis, daß die voraufgegangene blutige Generalprobe ihren Zweck erfüllt hatte.
Rottenführer Schlage, der in der Blocktür stand, schritt nun gravitätisch die Treppen herunter. Auf dem Hof angelangt, nahm er die Meldung des Blockältesten entgegen und begann, die Zahlen auf ihre Richtigkeit zu prüfen, indem er zum linken Flügel der schnurgerade ausgerichteten Reihen trat und dann die Häftlinge abzählte. Totenstille herrschte, sie wurde nur von dem Gezwitscher der über uns fliegenden Schwalben unterbrochen. Da drängte sich plötzlich, von einem Geraune begleitet, Dr. Paskus durch die Reihen und blieb drei Schritte vor Schlage stehen. Er stand stramm, sah dem SS-Mann furchtlos in die Augen und erklärte mit echter Entrüstung: »Herr Kommandant, als Mensch und Jurist melde ich Ihnen, daß der Blockschreiber hier« – dabei zeigte er auf Vacek – »grundlos unschuldige Menschen erschlagen hat. Hier liegen sie tot auf einem Haufen. Ich bin überzeugt, daß er diese Häftlinge ohne Wissen der Vorgesetzten und der Staatsorgane erschlagen hat. Wir sind hierher geschickt worden, um zu arbeiten, und nicht, um totgeschlagen zu werden. Der Präsident des slowakischen Staates, Monsignore Tiso, hat höchstpersönlich unsere Sicherheit garantiert.
Deshalb ersuche ich Sie, das, was hier geschehen ist, untersuchen zu lassen und die Schuldigen ihrer Bestrafung zuzuführen.«
Als Paskus seine Beschwerde vorgebracht hatte, herrschte eine so beklommene Stille, daß man eine Stecknadel hätte fallen hören. Die Häftlinge, über den Mut und die Zivilcourage eines der Ihren erstaunt, hielten den Atem an und starrten auf Schlage. Aber auch der war von dem unerwarteten Verhalten des Häftlings so überrascht, daß er eine Zeitlang wie zu einer Statue erstarrt Dr. Paskus gegenüberstand. Sein Gesicht und sein Hals waren vor Zorn und Erregung rot angelaufen. Es schien, als wollte er etwas sagen, einige Muskeln zuckten in seinem Gesicht, wie von einem galvanischen Strom gereizt. Es

dauerte einige Sekunden, dann schrie er, wie aus einer Lethargie erwacht: »Vacek, komm mal her!«
»Jawohl, Herr Rottenführer!« erwiderte Vacek und stand stramm vor seinem Herrn.
»Hast du gehört, was der Saujud da gequatscht hat?«
»Jawohl, Herr Blockführer!« antwortete Vacek beflissen.
»Dann gib ihm, was er verdient hat!« befahl Schlage.
Vacek rannte zur Treppe, wo sein Knüppel lag. Er hob ihn auf, stürzte auf Paskus zu und schlug ihm ein paarmal auf den Schädel, bis er tot zu Boden fiel. Dann schleifte Vacek den reglosen Körper zu dem Leichenhaufen.
Als Ergebnis des sonntäglichen Frühsports lagen jetzt 35 Erschlagene auf dem Hof von Block 11. Schlage, der Vaceks Verhalten mit Genugtuung verfolgt hatte, wandte sich nun an uns und fragte zynisch: »Hat noch jemand eine Beschwerde vorzubringen?«
Während seine Blicke durch unsere Reihen wanderten, beendete der Blockälteste auf ein Zeichen von ihm den Mittagszählappell mit dem Befehl »Rührt euch!«. Wer freilich geglaubt hatte, damit seien die Schikanen zu Ende, der hatte sich getäuscht.
Ziemlich entkräftet stellten wir uns hinter den Holzbottichen mit dem Tee auf, der schon in der Frühe hätte ausgegeben werden sollen und inzwischen kalt geworden war, und warteten darauf, eine Kelle voll zu bekommen. Freilich vergebens. Aber das war nichts Neues. Vacek rannte immer noch wie ein Verrückter auf dem Hof herum, gestikulierte mit den Händen und schrie, wir Scheißkerle hätten auf nichts, nicht einmal auf Dreck ein Recht, einzig und allein darauf – und dabei zeigte er mit dem Finger nach oben –, durch den Schornstein gejagt zu werden. Dann herrschte er seine Stubendienste an, den Tee in den Kanal zu gießen. Mit trockenen Kehlen und gierigen Blikken mußten wir ohnmächtig diese neue Teufelei über uns ergehen lassen. Ich konnte Vaceks Verhalten nicht begreifen, war er doch ein Häftling wie wir auch. Ich überlegte, ob er vielleicht ein Spitzel war. Aber dann hätte er sich doch anders

benommen und hätte versucht, unser Vertrauen zu gewinnen. Erst später erfuhr ich, daß Vacek einer der ersten sogenannten Funktionshäftlinge in Auschwitz war. Er hatte sich hier einer Gruppe von 30 Berufsverbrechern zugesellt, die im Konzentrationslager Sachsenhausen auf ihre Aufgaben besonders vorbereitet worden waren. Schon dort waren sie als prominente reichsdeutsche Häftlinge gefürchtete Lagerfunktionäre gewesen. Rapportführer Palitzsch hatte sie alle im Mai 1940 in das neugegründete Konzentrationslager Auschwitz mitgenommen, wo sie die brutalen Methoden der seit 1933 auf deutschem Boden bestehenden Konzentrationslager praktizieren sollten. Diese Gruppe von Berufsverbrechern und ihre Zöglinge, zu denen Vacek gehörte, hatten in der Häftlingsselbstverwaltung in Auschwitz eine besonders privilegierte Stellung und erfreuten sich der Wertschätzung der SS-Leute. Als Lagerfunktionäre brauchten sie körperlich nicht zu arbeiten und hatten faktisch unumschränkte Gewalt über Leben und Tod ihrer Mithäftlinge. Sie bekamen mehr und besseres Essen, trugen hohe Lederstiefel und maßgeschneiderte Häftlingsmonturen und hatten noch viele andere Vorteile und Privilegien.
Vacek kam nicht lange in deren Genuß. Im Herbst 1942 starb er im Krankenbau an Flecktyphus. Pfleger, die erfahren hatten, was für ein sadistischer Totschläger er gewesen war, sollen ihm, als er tot war, in den Mund fäkiert haben.
Auch als der Tee in die Gosse geschüttet worden war, kamen wir nicht zur Ruhe. Jetzt wurde Entlausung befohlen. Wir standen in kleineren Gruppen auf dem Hof, um unsere abgestreiften Hemden nach Läusen zu durchsuchen. Dieses Ungeziefer machte uns viel zu schaffen, und in unseren Hemden wimmelte es davon. Ich nahm mir eine nach der andern vor und zerknackte diese Quälgeister zwischen den Daumennägeln. Die andern taten das gleiche.
Von den vielen Parolen an den Wänden im Block entbehrte eine nicht impertinenter Zynik: »Eine Laus – dein Tod.« Das war keine Übertreibung, denn dieser Fall konnte jederzeit eintreten. Eine Laus konnte einen mit Flecktyphus infizieren,

und das bedeutete in Auschwitz den sicheren Tod. Aber auch jede Laus, die bei der Hemdenkontrolle von einem Kapo oder Stubendienst entdeckt wurde, konnte schlimmste Folgen haben. Das lag in der Logik der »Auschwitzer Gerechtigkeit« begründet. Denn ein Häftling, bei dem nach einer befohlenen Entlausung noch eine Laus gefunden wurde, hatte einen Befehl nicht befolgt. Damit war er ein Befehlsverweigerer, der hart bestraft werden mußte.

Daß nur selten einmal Wasser aus den Hähnen lief und wir weder Seife noch ein Handtuch hatten, interessierte niemand. Nach der Läusekontrolle wurden die Schikanen fortgesetzt, indem man uns damit beschäftigte, das harte, steife Oberleder unserer Holzpantinen mit schmutzigem Öl zu bearbeiten. Dann mußten wir die blutige Prozedur des »Rasierens« über uns ergehen lassen, die einmal in der Woche stattfand. Rasiert wurde ohne Seife, nur mit Wasser. Die Rasiermesser, mit denen die Barbiere arbeiteten, waren schon so stumpf, daß die Barthaare mehr herausgerissen als abrasiert wurden. Von all dem blieb Paskus verschont. Daran mußte ich denken, als ich sah, wie die Leichenträger seinen toten Körper auf einen hölzernen Wagen legten, mit dem die Erschlagenen weggebracht wurden.

Inzwischen war es Mittag geworden. Die Stubendienste schleppten mit hölzernen Tragstangen dampfende Kessel heran. Der Dunst der dünnen, alles andere als wohlriechenden Suppe breitete sich auf dem Hof aus und wurde gierig wahrgenommen. Leben kam wieder in uns, Schikanen, Quälereien und Totschlag waren vergessen. Alle Sinne waren auf den Fraß aus Futterrüben und zerkochten, fauligen Kartoffeln konzentriert, der zwar immer gleich schmeckte, aber doch eine Zeitlang das Überleben garantierte. Suppe war hier das Lebenselexier, und es war für jeden ein großes Ereignis, wenn er durch einen Glücksfall hin und wieder einmal eine zusätzliche Portion ergattern konnte.

Zitternd vor Gier stand ich in der langen Reihe, bis mir einer der Stubendienste mit einer Kelle einen Schlag in meinen rot-

emaillierten, schon angerosteten Blechnapf goß. Ohne einen Löffel zu benutzen, schlürfte ich bedächtig die Suppe hinunter, jeden Schluck auskostend. Dabei hatte ich das Gefühl, meine Lebensenergie würde sich erneuern. Aber gleichzeitig stellte ich voller Enttäuschung fest, daß die Suppe immer weniger wurde. Gierig leckte ich auch die letzten Reste aus der Schale. Dann ging ich, mehr durstig als hungrig, auf die Stube im Block, um mich dort der befohlenen Sonntagnachmittagsbettruhe zu unterziehen.
Die Stubendienste händigten jeweils zwei Häftlingen, die zusammen auf einer Pritsche lagen, eine Decke aus. Ich hatte mich in der Nähe der Tür in einen Verschlag im Parterre gelegt. Neben mir lag ein Häftling, der vielleicht 25 oder 26 Jahre alt war. Die gemeinsame Pritsche, auf der wir lagen, brachte uns einander näher, und bei dem allgemeinen Lärm, der herrschte, begannen auch wir ein Gespräch miteinander.
»Wo kommst du her?« fragte ich ihn.
»Pas compris, camarade«, erwiderte er.
»Sprichst du nicht deutsch?« fragte ich weiter.
»Un petit peu, pas beaucoup«, antwortete er mir.
»Ich heiße Filip und komme aus der Slowakei«, versuchte ich zu erklären.
Er verstand: »Moi, Maurice de l' Algérie; Je suis venu de Drancy.« Dann sagte er: »Moi kaputt, par ici alles kaputt.« Mit Gesten und gestammelten Worten versuchte er mir klarzumachen, daß wir hier alle früher oder später durch den Kamin gehen würden.
Dann tauchte plötzlich Schlage in der Tür auf. »Vielleicht gibt's bald Ruhe hier, ihr verlausten Scheißer, sonst könnt ihr was erleben!« schrie er gereizt. Mit einem Schlag wurde es ruhig, und die Stubendienste, ihre Angst vor dem SS-Schergen verbergend, trieben alle noch nicht auf einer Pritsche liegenden Häftlinge mit Stockschlägen in die nächste Koje. Schlage, lässig gegen den Türrahmen gelehnt, verfolgte das Vorgehen seiner Kreaturen mit Befriedigung. Er sah sich noch einmal gebieterisch um und entfernte sich dann.

Jetzt wurde es still, nur hin und wieder hörte man jemanden husten oder ächzen. Die meisten waren vor Erschöpfung in Schlaf gefallen. Viele schnarchten, auch ich sehnte mich nach Schlaf, aber ich konnte nicht einschlafen. Immer wieder mußte ich an Dr. Paskus denken. Mein Durst wurde immer quälender. Die Zunge klebte mir am Gaumen, und meine Kehle war völlig ausgetrocknet. Sich an die Wasserleitung im Block zu schleichen, hätte wenig Zweck gehabt; denn dort lief meistens kein Wasser.

Meinem Nachbarn auf der Pritsche ging es ähnlich. Er sagte etwas, was ich nicht richtig verstand. Deshalb fragte ich auf deutsch: »Was sagst du?«

»Aqua, aqua«, erwiderte er, »Aqua, Appell.« Mit Gebärden und Gesten versuchte er mir klarzumachen, was er vorhatte. Ich kapierte schließlich, daß er mit mir zusammen auf den Hof schleichen wollte. Dort standen jetzt schon die Bottiche mit dem Tee für den Abend, und da hätten wir Gelegenheit, unseren Durst zu löschen. Die Idee gefiel mir. Auch der Zeitpunkt, sie zu verwirklichen, schien günstig, denn fast alle schliefen. Auch der Gedanke, Vacek könnte am Abend den Tee vielleicht wieder wegschütten lassen, bestärkte mich darin, den Plan von Maurice auszuführen. Die Hoffnung, meinen quälenden Durst bald zu löschen, ließ mich die Furcht vergessen, ertappt zu werden. Ohne ein Geräusch zu verursachen, glitten Maurice und ich von unserer Pritsche und gingen auf Zehenspitzen zu der halboffenen Tür. Maurice streckte seinen Kopf hinaus, spähte nach rechts und links und gab mir dann ein Zeichen, ihm zu folgen. Vorsichtig schlichen wir weiter und tasteten uns dann behutsam und geräuschlos, Schritt für Schritt, die Steintreppe hinunter. Auf dem Hof herrschte Grabesstille. Rechts streifte mein Blick die schwarze Wand, die Hinrichtungsmauer; dem Galgen in der Ecke schenkte ich keine Beachtung. Meine Aufmerksamkeit war nach links gerichtet, wo die zwei Holzbottiche mit dem Tee nebeneinander standen. Irrsinnig vor Gier stürzten wir uns darauf. Mein hageres, verzerrtes Gesicht spiegelte sich einen

Augenblick lang in der dunklen Oberfläche der Flüssigkeit. Ich erschrak vor meinem Spiegelbild, aber nur für den Bruchteil einer Sekunde. Über den Rand des Bottichs geneigt, benetzte ich zuerst vorsichtig meine Lippen, dann schlürfte ich gierig und genüßlich den lauen Tee, der mich etwas erfrischte. Um Luft zu schnappen, hob ich den Kopf etwas hoch und schöpfte ein wenig Atem, die Hände immer noch auf den Rand des Bottichs gestützt. Dann sog ich von neuem das lebensspendende Naß in mich hinein.
Plötzlich spürte ich, daß mich jemand von hinten hart im Genick packte und meinen Kopf mit Gewalt in den Bottich drückte. Ich versuchte, mich herauszuwinden und von dem eisernen Griff zu befreien. Vergebens. Als ich verzweifelt den Mund aufriß, um nach Luft zu schnappen, war mein Kopf schon so weit in den Bottich gedrückt, daß mir der Tee in die Lungen drang. Meine Ohren dröhnten, und ich dachte, ich sollte wie eine Ratte ertränkt werden. Dann verlor ich das Bewußtsein.
Ein dumpfer Schmerz in den Waden, ein Rumoren im Kopf und ein seltsames Knacken in den Ohren überzeugten mich, daß ich noch lebte. Ich stellte fest, daß ich auf der Erde lag. Noch etwas benommen hörte ich, wie jemand krakeelte: »Los, los, aufstehen! Ihr verfluchten jüdischen Bolschewisten! Los, los! Dalli! Dalli!« Stechende Schmerzen hielten mich davon ab, die Augen zu öffnen. Als ich dann doch aufblickte, zeichneten sich die Umrisse einiger Gestalten ab. In die Wirklichkeit zurückgerufen, erkannte ich Blockführer Schlage und seinen Blockschreiber Vacek. Einen kleingewachsenen SS-Führer, der sich ihnen zugesellt hatte und dem ich am Abend nochmals begegnen sollte, sah ich zum ersten Mal.
Offensichtlich hatten sie gewartet, bis wir wieder zum Bewußtsein gekommen waren. Ein Eintunken in den Teebottich schien ihnen sicher eine zu geringe Strafe für unser Vergehen. Jetzt stand uns sicher Schlimmeres bevor als das, was uns gerade widerfahren war.
Mühsam stand ich auf. Der Anblick des totenblassen Gesichts

von Maurice, der noch regungslos am Boden lag, ließ mich erschrecken. Nach einer Weile kam aber auch er wieder zu sich und erhob sich. Vacek führte uns nun über die Treppe in den Block. Dort stellte er uns gegenüber der Blockführerstube mit dem Gesicht gegen die Wand. Ich war ziemlich schwach auf den Beinen und hatte Angst vor dem, was nun passieren würde.

Während wir so dastanden und warteten, malte ich mir in der Phantasie aus, was jetzt auf uns zukommen könnte. Vielleicht würden sie warten, bis wir wieder etwas bei Kräften waren, und dann »Sport« mit uns treiben. Im Geist hörte ich schon die Kommandos »Hinlegen! Auf, marsch, marsch! Lebhaft! Wollt ihr laufen! Hinlegen!«, wie Kugeln, die aus einem Maschinengewehr knattern und nichts anderes bedeuten als das Präludium des Todes. Unbemerkt verlagerte ich mein Körpergewicht von einem Fuß auf den andern, um meine verkrampften Glieder etwas zu entspannen. Doch den Kopf herumzudrehen wagte ich nicht. Das geringste Geräusch jagte mir einen panischen Schrecken ein. Jeden Augenblick fürchtete ich, unsere Peiniger würden kommen. Es schien, als stünde die Zeit still. Sekunden waren wie eine Ewigkeit, in meinem Gehirn jagte ein Gedanke den anderen. Die ganze mir bekannte Skala von Quälereien, mit denen man Häftlinge fertigzumachen pflegte, beschäftigte meine Phantasie: 25 Schläge auf das nackte Gesäß; an den gefesselten Händen aufgehängt werden; in der Dunkelzelle verhungern; Sport auf dem Hof . . . davor hatte ich am meisten Angst. Vielleicht würde ich es schaffen, mich hundertmal oder auch hundertfünfzigmal wieder aufzuraffen. Aber irgendwann wäre es mit Sicherheit soweit, daß ich nicht mehr die Kraft hätte aufzustehen. Dann würde ich von Vacek genauso erledigt wie die 35 anderen heute morgen.

Vor lauter Angst wäre es mir fast entgangen, daß jemand geläutet hatte und die Tür am Eingang zum Block aufgeschlossen wurde. Erst als Schlage schrie: »Raus aus dem Block, ihr Verbrecher!«, lief ich mit Maurice auf den Hof hinaus, wo schon ein SS-Posten wartete und uns zum Lagerausgang trieb. Am Haupttor übergab er uns an zwei SS-Leute, die dort bereitgestanden hatten. Hinter der Blockführerstube führten sie uns, die Waffe im Anschlag, nach rechts. Ich rechnete damit, jeden Augenblick einen Genickschuß zu bekommen.

Statt dessen hörte ich aus einiger Entfernung, es kann nicht weit gewesen sein, Musik. Deutlich erkannte ich Schubertsche Weisen. Sie konnten nur von einem richtigen Orchester stammen. Die Musik verdrängte meine düsteren Gedanken vom Sterben ein wenig. Denn an einem Ort, wo man mit Orchesterbegleitung Schuberts »Leise flehen meine Lieder durch die Nacht zu dir« sang, so dachte ich, müßte doch auch für ein wenig Menschlichkeit Platz sein.

Als uns die SS-Posten etwa hundert Meter weit geführt hatten, tauchte vor uns ein eigenartiges Gebäude mit einem flachen Dach auf. Dahinter ragte ein runder Schornstein aus roten Ziegeln in den Himmel. Zu diesem Gebäude führten uns die Posten durch ein hölzernes Tor. Wir befanden uns jetzt in einem Hof, der durch eine Mauer von der Außenwelt getrennt war. Rechts von uns lag das Gebäude, in dessen Mitte sich ein Eingang befand. Über der Tür hing eine eiserne, kunstgeschmiedete Laterne. Unter ihr stand ein noch junger, stattlicher, rotblonder SS-Mann mit den Rangabzeichen eines Unterscharführers. Später erfuhr ich, daß er Stark hieß. Drohend hielt er einen Ochsenziemer in der Hand. Mit den Worten: »Herein, ihr Schweinehunde!« empfing er uns und jagte uns mit Schlägen durch die Tür in einen Gang. Wir waren ganz verdutzt und wußten nicht, durch welche der hellblau gestrichenen Türen wir gehen sollten. »Geradeaus, ihr Drecksäcke!« schrie Stark und machte eine Tür auf. Wir kamen in einen Raum, in dem uns ein feuchter Geruch und stickiger, beißender Rauch entgegenschlug. Undeutlich konnte man die Umrisse mächtiger Öfen erkennen. Wir befanden uns im Verbrennungsraum des Auschwitzer Krematoriums. Ein paar Häftlinge liefen herum, den sechszackigen Judenstern auf ihren Monturen. Als der Schein der lodernden Flammen den

Rauch und Qualm durchbrach, sah ich in dem aus roten Ziegelsteinen gemauerten Quader zwei große Öffnungen. Es waren gußeiserne Verbrennungsöfen, zu denen Häftlinge auf einer Lore Leichen hinschoben. Stark riß jetzt eine weitere Tür vor uns auf, schlug auf Maurice und auf mich ein und trieb uns in einen größeren Raum neben der Verbrennungsanlage.

Vor uns lagen zwischen Koffern und Rucksäcken Haufen aufeinander- und durcheinanderliegender toter Männer und Frauen. Ich war starr vor Entsetzen. Ich wußte ja nicht, wo ich mich befand und was hier vor sich ging. Ein heftiger Schlag, begleitet von Starks Gebrüll: »Los, los! Leichen ausziehen!« veranlaßte mich das zu tun, was auch ein paar andere Häftlinge taten, die ich erst jetzt bemerkte. Vor mir lag die Leiche einer Frau. Zuerst zog ich ihre Schuhe aus. Meine Hände zitterten dabei, und ich bebte am ganzen Körper, als ich begann, ihr die Strümpfe auszuziehen. Zum ersten Mal in meinem Leben kam ich mit einer Leiche in Berührung. Sie war noch nicht richtig erkaltet. Als ich den Strumpf vom Bein herunterzog, riß er ein wenig ein. Stark, der es bemerkt hatte, schlug wieder auf mich ein und ereiferte sich: »Was ist das für eine Arbeit! Paß auf und tummel dich! Die Sachen werden noch gebraucht!« Um zu zeigen, wie es richtig gemacht wird, ging er zu einer anderen Leiche und begann, ihr die Strümpfe auszuziehen. Aber auch bei ihm ging es nicht ohne Riß ab.

Die Angst vor weiteren Schlägen, der grausige Anblick der gestapelten Leichen, der beißende Rauch, das Surren der Ventilatoren und das Flackern der lodernden Flammen aus dem Verbrennungsraum, dieses ganze chaotische, infernalische Tohuwabohu hatte meine Orientierung und mein Denkvermögen derart gelähmt, daß ich jeden Befehl wie hypnotisiert befolgte. Erst allmählich begann ich zu begreifen, daß da Leute vor mir lagen, die man vor kurzem umgebracht haben mußte. Aber ich konnte mir nicht vorstellen, wie so viele Menschen auf einmal getötet worden waren.

Als Stark wiederkam, beorderte er mich und Maurice in den Verbrennungsraum. Er drückte jedem ein langes Stemmeisen

und einen schweren Hammer in die Hand und befahl uns, damit die Schlacken von den Rosten der Öfen, die gerade nicht in Betrieb waren, zu entfernen. Maurice und ich hatten so etwas noch niemals getan, deshalb wußten wir nicht, was wir eigentlich machen sollten. So kam es, daß wir die Stemmeisen nicht in die Schlackenschicht auf den Rosten, sondern in den Aschenraum stießen, wo die Schamottausmauerung beschädigt wurde. Als Stark das entdeckte, jagte er uns zurück in den Leichenraum und holte Fischl, der später unser Vorarbeiter werden sollte. Dieser begann nun, die Roste zu reinigen. Maurice und ich fuhren fort, Leichen auszuziehen. Ich sah mich jetzt vorsichtig in dem Raum um, wo die Toten lagen. Hinten entdeckte ich auf dem Betonboden kleine, grünblaue Kristalle. Sie lagen verstreut unter einer Öffnung, die durch die Decke gebrochen war. Dort war auch ein großer Ventilator angebracht, dessen Propeller sich surrend drehte. Es fiel mir auf, daß sich an der Stelle, wo die Kristalle lagen, keine Leichen befanden, während sie weiter entfernt, vor allem in der Nähe der Tür, haufenweise herumlagen.
Der Aufenthalt im Lager hatte meine Gesundheit schon ziemlich angegriffen. Ich war vom Hunger geschwächt, meine Füße waren geschwollen und die Sohlen von den groben Holzpantinen aufgeschürft. Daher war es kein Wunder, daß ich mich bei der Hetze, die hier herrschte, nach einem Augenblick der Ruhe sehnte. Wachsam verfolgte ich jede Bewegung Starks, um unbemerkt etwas verschnaufen zu können. Dieser Augenblick war gekommen, als er in den Verbrennungsraum hinüberging. Mein Blick fiel auf einen halb geöffneten Koffer, in dem ich Lebensmittel entdeckte, die wohl als Reiseproviant hatten dienen sollen. Mit der einen Hand tat ich so, als wäre ich damit beschäftigt, einen Toten auszuziehen, mit der anderen durchwühlte ich den Koffer. Während ich Käsedreiecke und einen Mohnkuchen aus dem Koffer grapschte, spähte ich ständig zur Tür, um nicht von Stark überrascht zu werden. Mit meinen blutbeschmierten und verschmutzten Händen brach ich den Kuchen auseinander und schlang ihn gierig wie

ein Raubtier hinunter. Ich fand gerade noch Zeit, ein Stück Brot einzustecken, als Stark zurückkam. Die Kleiderhaufen waren ihm offensichtlich nicht groß genug, deshalb trieb er uns mit Geschrei und Schlägen an, schneller zu arbeiten. Nach einer weiteren Stunde hatten wir vielleicht hundert Leichen entkleidet. Sie lagen jetzt nackt da und konnten eingeäschert werden.

In einem anderen Koffer fand ich eine runde Käseschachtel mit der Aufschrift: »Liptovský Svätý Mikuláš«, in einem weiteren lagen mehrere Schachteln Zündhölzer mit dem Etikett »Slovenské zápalký«. Ich schaute mir nun auch die Gesichter der Toten an und erschrak, als ich eine ehemalige Mitschülerin erkannte. Kein Zweifel, es war Jolana Weis. Ihr Großvater hatte in meiner Heimatstadt Sered die Mikwe, das jüdische Ritualbad, verwaltet. Nein, ich träumte nicht, es war keine Vision. Ich hatte das Mädchen genau erkannt, als ich ihr Gesicht erblickt hatte. Um ganz sicherzugehen, faßte ich ihre Hand an, die, wie ich wußte, von Kind an verkrüppelt war, und überzeugte mich endgültig. Noch eine Tote erkannte ich: Es war Rika Grünblatt, die in Sered unsere Nachbarin gewesen war. Während die meisten Toten Zivilkleider anhatten, lagen auch einige in Militäruniformen am Boden, auf dem Rücken durch zwei rote breite Streifen und die schwarzen Buchstaben »SU« als sowjetische Kriegsgefangene gekennzeichnet.

In der Zwischenzeit hatte Fischl die Roste gesäubert. Alle sechs Öfen brannten, als Stark den Befehl gab, die nackten Leichen über den nassen Betonboden zu den Öfen zu schleifen. Dort ging Fischl von einem Toten zum andern und stemmte jedem mit einer Eisenstange den Mund auf. Wenn er einen Goldzahn entdeckte, riß er ihn mit einer Zange heraus und warf ihn in eine Blechbüchse. Die Toten, von allem beraubt, sollten nun Opfer der Flammen und in Rauch und Asche verwandelt werden. Stark gab den Befehl, die Ventilatoren einzuschalten. Auf einen Knopfdruck begannen sie zu rotieren. Sie wurden aber bald wieder ausgeschaltet, nachdem

Stark in den Ofen geschaut und sich überzeugt hatte, daß das Feuer gut brannte. Auf sein Kommando »In den Ofen!« machte sich jeder von uns an die Arbeit, die ihm zuvor zugewiesen worden war.
Ich hatte erkannt, in welch gefährliche Lage ich geraten war. Es gab im Augenblick nur eine einzige Chance weiterzuleben, und sei es auch nur für Stunden oder Tage. Ich mußte Stark davon überzeugen, daß ich alles konnte, was er von einem Arbeiter im Krematorium erwartete. Und so führte ich wie ein Automat alle Befehle aus.
Nachdem ich den ersten Schock überwunden hatte, begann ich, mich in der neuen Umgebung ein wenig umzusehen.
Wenn man von der Gaskammer in den Verbrennungsraum kam, standen zwei Öfen auf der linken und vier auf der rechten Seite. Zwei bildeten jeweils einen Komplex. Mitten durch den Raum war in einer Bodenvertiefung, die vielleicht ein Meter breit und 20 bis 25 cm tief war, ein Gleis verlegt. Es war ungefähr 15 Meter lang. Von ihm führten sechs Quergeleise, die etwa vier Meter lang waren, zu den Öfen.
Auf dem langen Gleis stand eine fahrbare Drehscheibe, die man hin- und herschieben konnte. Mit ihrer Hilfe war es möglich, den Rollwagen auf die Quergeleise zu rangieren.
Der gußeiserne Rollwagen hatte einen kastenförmigen Aufbau aus Stahlblech. Mit dem Aufbau war er knapp einen Meter hoch, genauso breit und vielleicht 80 cm lang. Hinten war ein eiserner Griff angebracht, der über die ganze Breite reichte. Vorn ragte die Ladepritsche aus starkem Stahlblech heraus, die knapp zwei Meter lang war. Sie hatte Seitenwände, die 12 bis 15 cm hoch waren. Die Pritsche, vorn offen, war nicht ganz so breit wie die Ofenöffnung, so daß sie in der Ofenmuffel gut Platz hatte.
Auf der Pritsche befand sich noch ein kastenförmiger Schieber aus Stahlblech. Er war ihrem Querschnitt angepaßt, war aber höher als die Seitenwände und oben abgerundet. Er war ungefähr 50 cm tief und 30 bis 40 cm hoch. Man konnte ihn auf der Pritsche leicht hin- und herschieben. Vor dem Beladen des Wagens wurde er an das hintere Ende der Pritsche geschoben.

Wenn der Rollwagen auf der Drehscheibe stand, wurde sie einfach zum nächsten Quergeleis geschoben und dann so weit gedreht, daß der Rollwagen auf das Gleis rangiert werden konnte. Dabei mußte die Drehscheibe festgehalten werden, damit der Rollwagen beim Herunterfahren nicht aus den Schienen sprang.
Zunächst wurden aus der Gaskammer Leichen in die Nähe der Öfen geschleift. Dann wurde der Rollwagen mit Hilfe der Drehscheibe vor ein Quergeleis gebracht und die Pritsche vorn mit einer Holzlatte abgestützt, damit der Wagen beim Beladen nicht kippen konnte. Nun goß ein Häftling einen Eimer Wasser auf die Pritsche, damit sie in dem glühenden Ofen nicht zu heiß wurde. Unterdessen waren zwei andere damit beschäftigt, einen Toten auf ein Brett zu legen, das neben der Pritsche auf dem Boden lag. Dann hoben sie es hoch und kippten es seitlich ab, so daß die Leiche auf die Pritsche fiel. Ein Häftling auf der anderen Seite brachte sie in die richtige Lage.
Wenn der Wagen beladen war, lagen an beiden Seiten der Pritsche zwei Tote mit dem Kopf zum Ofen, während der dritte umgekehrt zwischen diesen eingeklemmt worden war. Jetzt war es soweit, daß der Ofen geöffnet werden konnte. Glühende Hitze schlug einem entgegen.
Nachdem die Stützlatte entfernt war, packten zwei Mann vorne rechts und links die Pritsche, trugen sie bis an den Ofen und setzten sie am Rand der Muffel ab. Gleichzeitig schoben hinten zwei andere den Rollwagen und drückten so die Pritsche in den Ofen.
Die beiden, die vorne getragen hatten, waren inzwischen ein paar Schritte zurückgesprungen, stemmten sich mit den Armen gegen den Haltegriff am Wagen und drückten mit einem Bein von hinten kräftig gegen den Schieber. Auf diese Weise halfen sie mit, die Toten vollends in den Ofen zu befördern. Wenn sich der vordere Teil des Schiebers im Ofen befand, wurde der Wagen mit der Pritsche schon wieder zurückgezogen. Um zu verhindern, daß beim Zurückfahren die Fracht wieder herauskam, stieß ein Häftling eine Eisengabel von der

Seite in den Ofen und stemmte sie gegen die Leichen. Während die Pritsche, die sich mit mehr als drei Viertel ihrer Länge im Ofen befunden hatte, mit dem Rollwagen auf die Drehscheibe zurückbugsiert wurde, wurde die Ofentür wieder geschlossen.

Bei einem solchen Rückfahrmanöver kniete ich bei der Drehscheibe und hielt sie mit aller Kraft fest, damit der Wagen richtig auffahren konnte. Da ich ziemlich konfus war, setzte ich die Drehscheibe nicht exakt genug an die Auffahrschiene, so daß der leere Rollwagen, als er vom Ofen zurückratterte, aus dem Gleis sprang. Ich verspürte einen stechenden Schmerz im kleinen Finger der rechten Hand und merkte, daß ich blutete. Die Wunde jagte mir einen panischen Schrecken ein. Ich erinnerte mich, als Kind irgendwann einmal gehört zu haben, daß es gefährlich wäre, mit Leichengift in Berührung zu kommen. Deshalb riß ich einen Fetzen Stoff aus meinem verschwitzten Hemd und versuchte, die Wunde damit zu verbinden. Alles andere schien mir im Augenblick unwichtig, so daß ich mich ganz auf die Wunde konzentrierte. Aber da tauchte Stark auf. Er war verärgert wegen des entgleisten Wagens und schlug auf mich ein. Ich schrie vor Schmerzen, doch mit letzter Anstrengung sprang ich auf und half mit, den Wagen wieder auf das Gleis zu stellen. Es war mir klar, daß jedes Versagen jetzt meinen sicheren Tod bedeutet hätte.

Als alle sechs Öfen beschickt waren, gingen wir in die Gaskammer zurück und machten uns wieder daran, Leichen zu entkleiden. Ich war nun ganz besonders vorsichtig und bemühte mich, jede Berührung eines Toten mit dem verletzten Finger zu vermeiden. Stark stand in der Tür, von wo aus er beide Räume beobachten konnte. Ich hatte wegen der Wunde schreckliche Angst und zog die Leichen immer schneller aus, aber doch wieder so vorsichtig, daß kein Kleidungsstück zerriß oder beschädigt wurde. Aber die Wunde an meinem kleinen Finger blutete weiter und hatte den Notverband schon völlig durchnäßt. So passierte es, daß ein Wäschestück mit etwas Blut verunreinigt wurde, als Stark gerade in meiner Nähe

stand. Er hob drohend seinen Ochsenziemer und schrie mich an: »Los, die Leichen rühren!« Ich begriff zwar nicht, was er von mir wollte, rannte aber instinktiv in den Verbrennungsraum und schaute mich ratlos um. Dann kam Fischl, ging zu einem der Öfen, hob dort eine Klappe hoch und stocherte mit einer langen Gabel in dem Ofen herum. »Los, faß an«, raunte er mir zu, »stich hinein und rüttle, damit sie besser brennen! Mach schnell, sonst schlägt er dich tot!« Ich packte eine der Teufelsgabeln, stieß sie in den Ofen und rüttelte und harkte mit ihr, wie Fischl es mir gezeigt hatte, unter den brennenden, zerfallenden Leichen wie mit einem Schürhaken in einem Kohleofen herum.
Für die Verbrennung von drei Leichen hatte man höheren Ortes 20 Minuten veranschlagt, und Starks Aufgabe war es, dafür zu sorgen, daß diese Zeit eingehalten wurde. Während ich mit der Eisengabel erschöpft in den schweren, angesengten Rümpfen herumstocherte, rannten drei Häftlinge wie von Sinnen vor den Öfen herum. Sie hatten sich geweigert weiterzuarbeiten und versuchten, den Schlägen von Stark auszuweichen, der hinter ihnen herrannte. Schließlich warfen sie sich auf den Betonboden und flehten ihn an, doch Erbarmen mit ihnen zu haben und mit einer Kugel allem ein Ende zu machen. Stark trieb sie in den Raum, wo die Leichen lagen, und befahl ihnen, dort weiterzuarbeiten. Aber sie warfen sich erneut auf den Boden und achteten nicht mehr auf sein Geschrei. Stark lief rot an vor Wut, stürzte sich mit erhobener Hand auf die drei, hielt dann aber plötzlich inne und sagte ironisch: »Ihr Faulenzer, ihr werdet noch was von mir erleben!« Dann ging er, ohne noch ein Wort zu sagen, in den Verbrennungsraum zurück und gab dort den Befehl: »Los, die Leichen in die Öfen!«
Als alle sechs Öfen mit Leichen beschickt waren, wurden wir wieder in den Nebenraum gejagt, um weitere Leichen auszuziehen. Stark blieb im Verbrennungsraum. Ich versuchte, emsige Arbeit vortäuschend, neue Kräfte zu sammeln. Zwischen den Toten entdeckte ich unsere drei Kameraden, die regungslos dalagen. Zwar atmeten sie noch, aber physisch und psy-

chisch waren sie völlig am Ende. Sie hatten aufgegeben, offenbar war für sie schon alles gleichgültig und belanglos geworden.
Auf diesem Punkt der Hoffnungslosigkeit war ich noch nicht angelangt. Natürlich machte ich mir keine Illusionen. Auch ich wußte, daß mich hier mit Sicherheit ein schlimmes Schicksal erwartete. Aber ich war noch nicht bereit, zu kapitulieren. Je mehr der Tod drohte, um so stärker wurde mein Wille zu überleben. Ich war ja noch jung. Meine Eltern, meine Familie und meine Jugend in Sered verblaßten in meiner Erinnerung. Meine Gedanken waren jetzt einzig und allein darauf gerichtet, weiterzuleben, die nächste Minute, Stunde, den nächsten Tag, die nächste Woche zu erleben. Auf keinen Fall aufgeben! Dieser Gedanke, dieses Ziel, dieser Wille hatte mich ergriffen und beherrschte mich. Der Leichenhaufen, den ich gesehen und an dessen Beseitigung ich gezwungenermaßen mitgewirkt hatte, bestärkte mich in dem Willen, alles zu tun, um nicht auf die gleiche Weise zugrunde zu gehen, nicht unter einem solchen Haufen von Leichen zu liegen und nicht auf dem Rollwagen in den Ofen geschoben, mit einer Eisengabel gestochen und schließlich in Rauch und Asche verwandelt zu werden. Nein, alles, nur das nicht! Ich wollte nur eines: weiterleben. Irgendwann und irgendwie gab es vielleicht doch die Möglichkeit, hier wieder herauszukommen. Solche Gedanken beherrschten mich. Um aber das zu erreichen, gab es nur eines: sich zu unterwerfen und jeden Befehl auszuführen. Nur mit dieser Einstellung konnte ein Mensch das schreckliche Handwerk im Krematorium von Auschwitz betreiben.
Am späten Nachmittag hatten die Flammen schon viele der Toten in weißgraue Asche verwandelt. Der größere Teil lag aber noch herum, weil in einer Stunde höchstens 54 Leichen verbrannt werden konnten, wenn in Abständen von 20 Minuten 3 Leichen in jeden Ofen kamen. Es würde schon noch eine Zeitlang dauern, bis alle eingeäschert wären, dachte ich. Doch was würde dann mit uns geschehen? Ich versuchte, dieser unangenehmen, lästigen Frage, auf die es ja keine Antwort

gab, auszuweichen. Vielleicht würde darüber auch erst morgen entschieden werden. Und heute lebte ich ja noch. Das war die Hauptsache.
Während die Leichen brannten, bereiteten wir eine weitere Beschickung der Öfen vor. Immer noch arbeiteten wir nur zu viert. In höllischem Tempo hetzten wir herum, und jeder von uns mußte die Arbeit für zwei bewältigen. Es blieb keine Minute, um einmal Atem zu schöpfen. Das Gehetze hatte uns so ermüdet und abgestumpft, daß wir an einem Ofen vergessen hatten, die Ventilatoren auszuschalten, weil wir das Gedröhne gar nicht mehr bemerkten. Die Flammen waren schon so stark angefacht worden, und die Glut hatte schon eine solche Intensität erreicht, daß sich die Schamottziegel im Kamin lockerten und der Ofen durchbrannte, wobei Ziegel in den Kanal fielen, der den Ofen mit dem Kamin verband. Dadurch wurde den Flammen der Weg ins Freie versperrt. Rote Feuerzungen loderten aus dem Ofen, und im Nu war der Verbrennungsraum in einen Nebel aus dichtem, würgendem, süßlichem Qualm gehüllt. Stark rannte wie von Sinnen herum und lief schließlich hinaus in Richtung auf den runden Schornstein, in dessen unmittelbarer Nähe eine Holzbaracke stand, wo die Dienststelle der Politischen Abteilung untergebracht war. Er kam in Begleitung einiger SS-Männer zurück, die uns Anweisungen gaben, wie wir das Feuer löschen sollten. Nachdem wir einen Schlauch an einem Wasserhahn angeschlossen hatten, öffneten wir einen der Öfen und versuchten, die Flammen, die gerade die halbverbrannten Leichen beleckten, mit dem Wasserstrahl einzudämmen. Wenn dieser ins Feuer traf, zischte und prasselte es so heftig, als würde ein Stück Eis in siedendes Fett geworfen. Die Flammen verlöschten zwar, aber unter der Oberfläche schwelte die Glut weiter, und grauschwarzer Rauch drang ständig aus dem Ofen. Aus den Türritzen der übrigen Öfen pufften in Sekundenabständen explosionsartig Flammen und Qualm heraus. Stark rannte aufgeregt herum und schrie, wir sollten mit Eimern Löschwasser herbeischaffen. Dann rissen wir auch die Türen der anderen Öfen auf.

Unter Schlägen, Drohungen und großem Geschrei der SS-Männer liefen wir wie scheue Pferde mit den Eimern von der Wasserleitung zu den Öfen und schütteten immer wieder Wasser auf die Brennroste. Blutig geschlagen kämpften wir noch etwa eine halbe Stunde lang mit den Flammen, bis endlich die Häftlingsfeuerwehr anrückte.
Stark rannte immer noch nervös hin und her. Von allen SS-Leuten war er am meisten aufgeregt. Vielleicht fürchtete er, daß man ihn wegen des Brandes zur Verantwortung ziehen würde.
Plötzlich schreckten mich ein paar Schüsse aus dem Nebenraum auf, wo die drei Häftlinge, die sich geweigert hatten weiterzuarbeiten, noch am Boden lagen. Als ich durch die halbgeöffnete Tür hinüberblickte, sah ich, daß man sie erschossen hatte.
Am Abend gelang es schließlich, den Brand zu löschen. Das Krematorium war nun natürlich nicht mehr betriebsfähig. Die Öfen rauchten noch schwach, und man konnte in ihnen noch Reste von verkohltem, angesengtem Fleisch erkennen, das durch nichts mehr an Menschen erinnerte. Wir standen bis zu den Knöcheln im Wasser, und Rauch zog noch immer durch die Fenster und Türen des Krematoriums ins Freie. Auch der Raum, wo die Leichen lagen, war noch voller Qualm, da bei den Löscharbeiten der Ventilator an der Decke beschädigt worden war. Wir Häftlinge waren völlig abgestumpft, gleichgültig sogar gegenüber dem Schicksal, das jetzt vielleicht auf uns wartete. Das war gut, denn sonst wären wir vielleicht auf den Gedanken gekommen, daß jetzt, wo die Öfen kaputt waren, auch wir überflüssig geworden waren. Vielleicht hätte man uns noch die restlichen Toten ausziehen lassen, aber was dann?
Es herrschte jetzt eine merkwürdige Atmosphäre. Niemand schrie, niemand schlug uns. Wir saßen wie Delinquenten, die auf ihre Hinrichtung warten, in einer Ecke des Verbrennungsraums, ohne daß sich jemand um uns kümmerte. Der Abend brach herein. Glühbirnen schimmerten matt durch das neblige

Grau und erinnerten an die Friedhofskerzen zu Allerseelen. Die schwarze, kunstgeschmiedete Laterne über dem Eingang zum Krematorium verbreitete ein schummriges Licht und umriß die Konturen des Rebenlaubes, der grauen Wand und der massiven Tür. Ein nichtsahnender Beobachter hätte hinter der freundlichen Fassade des Eingangs vielleicht einladende Räume vermutet. Kein Fremder hätte geglaubt, daß hinter dieser Tür das Inferno begann.

Auch die drei neuen Kameraden, die jetzt kamen, hatten sicher nicht geahnt, wohin sie geraten würden, als sie durch dieses romantisch wirkende Tor gingen. Wie wir am Nachmittag, so waren sie jetzt von SS-Posten hierhergebracht worden, um den Platz der drei erschossenen Häftlinge einzunehmen. Das bedeutete aber, daß man auch uns noch brauchte. Ich schöpfte daher wieder neue Hoffnung.

Am späten Abend rollte ein Lastwagen, mit einer Plane abgedeckt, im Rückwärtsgang durch das Tor auf den Hof des Krematoriums. Eine Weile später erschien eine Gruppe von SS-Führern auf dem Hof. Unterscharführer Stark und seine Spießgesellen standen stramm, rissen den rechten Arm hoch und riefen zackig: »Heil Hitler!« Nach einer kurzen Meldung befahl man uns, die übriggebliebenen Leichen, die inzwischen alle entkleidet worden waren, auf den Lastwagen zu laden.

Maurice und ich schleiften die Toten über den glitschigen Betonboden des Krematoriums nach draußen. Dort packten wir sie an Händen und Füßen und warfen sie mit Schwung auf den Lastwagen. Oben wurden sie von Schwarz und Fischl wie Holzscheite aufeinandergeschichtet. Das alles geschah in einem irrsinnigen Tempo unter großem Geschrei der SS-Männer, denen es nicht schnell genug ging. Unsere neuen Kameraden waren völlig verstört und hatten noch Hemmungen, die glitschigen Leichen anzufassen. Die nassen Arme und Beine entglitten ihnen öfters, so daß die Toten dann auf den Boden fielen. Die SS-Leute reagierten darauf mit Schlägen und Geschrei. Als zwei Neulinge zu Boden gingen, gab es eine üble Schimpferei: »Wenn ihr blöden Hunde die Öfen kaputtmacht, dann muß es eben anders gehen! Rauf mit den Leichen, los, los, dalli, dalli, sonst reiß ich euch den Arsch auf!« Am lautesten krakeelte der kleine SS-Führer, den ich am Nachmittag auf dem Hof von Block 11 bei den Teebottichen gesehen hatte. Seine heisere, rauhe Stimme verriet den Alkoholiker. Breitbeinig, die Hände in die Hüften gestemmt, stand er da, den Oberkörper etwas nach vorn gebeugt, und verfolgte unsere Arbeit. Ab und zu wandte er sich an die SS-Führer und Unterführer, die um ihn herumstanden, und redete mit wichtigtuerischen Gebärden auf sie ein. Später erfuhr ich, daß es Aumeier war, der Lagerführer des Stammlagers. Neben ihm stand der Chef der Politischen Abteilung der Gestapo, SS-Untersturmführer Max Grabner.

Der Lastwagen war inzwischen so voll beladen, daß die Leichen schon über die seitlichen Klappen des Laderaums hinausragten. Zwei von uns sprangen herunter, hoben die hintere Klappe hoch und machten den Kasten zu. Dann zurrten sie die Plane darüber, so daß man von der Fracht nichts mehr sehen konnte. Nachdem die Ladung so gesichert und getarnt war, daß das Fahrzeug keine Aufmerksamkeit mehr erregen konnte, fuhr der Wagen aus dem Hof des Krematoriums und wurde unweit des SS-Lazaretts am Straßenrand abgestellt.

Es war vielleicht kurz vor Mitternacht, als wir das vierte und letzte Auto beladen hatten. Hinten, zwischen den Toten, war noch ein kleines Plätzchen frei. Dort drängten wir uns hinein. Zusammengepfercht lehnten wir uns gegen die Toten wie gegen eine Wand. Bevor die Lastwagen abfuhren, bekamen wir von einem SS-Mann noch Brotrationen. Wie hungrige Wölfe verschlangen wir das Brot, ohne uns darum zu kümmern, daß unsere Hände mit Blut und Unrat besudelt waren. Der Hunger hatte uns gelehrt, Brot zu schätzen. Sein bloßer Anblick ließ uns alles andere vergessen.

Stück für Stück brach ich davon ab, speichelte es langsam ein und kaute es bedächtig wie eine Delikatesse. Dabei merkte ich gar nicht, daß sich unser Auto schon in Bewegung gesetzt hatte. Erst Lichtstrahlen, die durch die Zeltplane drangen, machten mich darauf aufmerksam. Ich war neugierig und schob die Plane etwas beiseite. Das Licht kam von den Scheinwerfern eines Personenwagens, der hinter uns herfuhr. Seine Insassen sollten wohl aufpassen, daß keiner von uns in der Dunkelheit zu entkommen versuchte. Offenbar hatte man unsere Energien überschätzt. Aber wir waren so niedergeschlagen und entkräftet, daß in diesem Augenblick keiner an Flucht auch nur dachte.

Durch eine Ritze zwischen Ladeklappe und Plane beobachtete ich, daß wir durch eine kleine Stadt fuhren. Hin und wieder ging ein einsamer Passant auf der Straße. Vermutlich fuhren wir durch Auschwitz. Der Motorenlärm der vier Lastwagen hallte durch die stillen und leeren Gassen. Als der gespenstische Konvoi an den letzten Häusern vorbeigerollt war, führte der leicht ansteigende Weg über ein Bahngleis. Dann bogen wir in einen Feldweg ein. Stöße und das Hin- und Herschaukeln des Autos zeigten an, daß wir über einen holprigen Weg fuhren. Als ich mich einmal umdrehte, bemerkte ich, daß die Leichen hinter uns in Bewegung geraten waren. Die Toten, die oben lagen, stießen gegeneinander. Durch die schaukelnde Fahrt über das unebene Gelände war die schaurige Ladung ins Schwanken geraten. Sie hob und senkte sich, so daß es schien, als wären die Toten wieder zum Leben erwacht. Als der Fahrer in einer Kurve plötzlich abbremste, um dann ruckartig wieder anzufahren, rutschte die obere Schicht der Toten in den hinteren Teil des Laderaums und stürzte auf uns herab. Dutzende steifer Leichen fielen wie Balken auf uns und drückten uns auf den Boden der Ladefläche. Dort lag ich jetzt auf dem Bauch; alle Versuche, mich freizumachen, waren vergebens. Mit jedem Stoß verstärkte sich der Druck, und ich bekam kaum noch Luft. Ich rief um Hilfe, aber meine Stimme ging unter im Lärm des Motors und dem Knarren der Karosserie. Meinen sechs Kameraden ging es nicht anders. Wir gaben den vergeblichen Kampf mit den glitschigen, steifen Leichen auf, die von allen Seiten auf uns gestürzt waren, als wollten sie uns unter sich begraben und mit in den Tod reißen.

Endlich hielt der Lkw an. Ein SS-Mann schrie: »Los! Los! Habt ihr nicht gehört! Runter vom Wagen! Los! Raus! Etwas Bewegung!« Die Toten, die auf uns lagen, ließen diese Drohungen kalt, und wir konnten uns nicht vernehmlich machen. Erst als die Scheinwerfer des Wagens, der hinter uns gefahren war, das Heck unseres Lastwagens anstrahlte, konnten die SS-Männer wohl ahnen, was passiert war. Nachdem sie die Ladeklappe heruntergelassen und einige Leichen vom Wagen geworfen hatten, konnten wir uns befreien. Jede Bewegung verursachte mir Schmerzen, ich glaubte, ich hätte alle Rippen gebrochen. Auch meine Kameraden stöhnten. Wir saßen auf der Erde und schnappten nach Luft. Ein paar Schritte weiter standen die bis unter die Planen beladenen Lastwagen und ein Sanitätswagen, der auf allen Seiten mit dem Emblem des Roten Kreuzes bemalt war. Seine Scheinwerfer beleuchteten eine verhältnismäßig große Fläche, in deren Mitte sich eine tiefe, ovale Grube befand. Auf ihrem Grund hatte sich eine Wasserlache gebildet, in der sich der Mond spiegelte. Die Ränder der Grube waren von Aufschüttungen aus lockerem, nicht festgestampftem Lehm umsäumt, ein untrüglicher Beweis, daß es noch nicht lange her war, seit man sie ausgehoben hatte. Den Gesprächen der in der Nähe palavernden SS-Leute entnahm ich, daß Grundwasser in die Grube eingesickert war. Man war sich offenbar noch nicht klar, ob sie für den Zweck geeignet war, für den man sie hatte ausheben lassen. Die SS-Männer besichtigten eingehend die Erde an den Rändern, dann wurde einer von ihnen an einem Seil die Grubenwand hinuntergelassen. Dort stellte er fest, wie hoch das Grundwasser stand; dann kletterte er wieder herauf und teilte das Ergebnis seiner Beobachtungen den andern mit, die nun erneut über das Grundwasser diskutierten.

Meine Müdigkeit war größer als meine Neugier. Die Beratungen der SS-Leute boten eine unerwartete Gelegenheit, sich auszuruhen. Ich hörte auf, mich weiter für das, was um mich herum vorging, zu interessieren, legte mich auf den Boden und schlief ein.

Durch die Geräusche von Autos, die sich näherten, wurde ich aus dem Schlaf gerissen. Eine Gruppe von SS-Führern mit dem Lagerführer Aumeier und dem Gestapochef Grabner an der Spitze stieg aus. Sie liefen schnurstracks auf die beleuchtete Grube zu, betrachteten und prüften sie von allen Seiten und palaverten dann eine Zeitlang. Dann forderte man uns auf, die Leichen in die Grube zu werfen. Während Fischl und Schwarz sie vom Wagen herunterwarfen, schleiften sie die drei französischen Kameraden an den nahen Rand der Grube. Dort standen Maurice und ich bereit. Wir packten die Toten an den Händen und Füßen und warfen sie mit Schwung möglichst weit zur Mitte der Grube hin. Sobald sie klatschend auf die Wasserfläche fielen, spritzte es nach allen Seiten. Danach lief das Wasser, wenn sie wie Mühlsteine auf den flachen Grund sanken, über ihnen zusammen. Allmählich verließen uns die Kräfte, und die letzten Leichen aus dem ersten Lastwagen brachten wir gerade noch über den Rand der Grube. Als die SS-Leute sahen, daß wir beide mit unseren Kräften am Ende waren, ließen sie uns ablösen. An unsere Stelle traten jetzt die neuen Kameraden aus Frankreich.
Der Morgen graute schon, als wir in das Lager zurückkehrten. Alle schliefen noch. Hunderte von Glühbirnen, die an den Betonpfeilern des Stacheldrahtzaunes hingen, umsäumten die Lagerstraße, auf der kein Mensch zu sehen war. Nur das Klappern unserer Holzpantinen hallte durch die gespenstische Stille und Leere. Der Anblick der uns umzingelnden endlosen, aus Stacheldraht gebildeten Parallelen mit Warnschildern »Achtung, Lebensgefahr!«, auf die Totenköpfe mit gekreuzten Gebeinen gemalt waren, der Blick auf die Wachttürme mit den drohend auf uns gerichteten Mündungen der Maschinengewehre, die unwirtlichen Häftlingsblocks aus roten Ziegelsteinen, all das konnte einen in einen Zustand völliger Hoffnungslosigkeit und grenzenloser Verzweiflung versetzen. Viele wählten daher, wenn sie ihre Lage erkannt hatten, den Freitod. Auch jetzt, als wir ins Lager einrückten, lagen wieder einige Tote in der »verbotenen Zone«, »im Todesstreifen«,

wie das Terrain entlang der mit Starkstrom geladenen Drähte genannt wurde. »Er ist in den Draht gegangen«, sagte man im Lagerjargon, wenn ein Häftling entweder durch einen Stromstoß oder, noch bevor er den Draht erreicht hatte, von einer Maschinengewehrgarbe von seinen Leiden erlöst wurde.
Die SS-Männer führten uns zum Block 11, dessen Eingangstür im Gegensatz zu den übrigen Häftlingsunterkünften abgeschlossen war. Einer der Posten stieg die Treppen hinauf und läutete. Oberscharführer Plagge schloß auf und ließ uns ein. Während er zu dem Labyrinth von Kerkerzellen im Keller des Blockes hinunterstieg, wurde die nächtliche Ruhe nur durch das Gerassel seiner Schlüssel gestört. Das Schloß knarrte, als Plagge die eiserne Gittertür aufschloß, durch die wir in den mittleren Gang gelangten. Aus ihm schlug uns eine Wolke würgenden Gestanks entgegen. In dem funzligen Licht hoben sich die mit Kalk geweißten Wände von dem schwarzen, geölten Fußboden des Ganges ab, in dem sich die Gefangenenzellen befanden. Die Zelle, in die wir von Plagge getrieben wurden, hatte weder ein Fenster noch irgendeine Lüftung. Sie war drei Schritte lang und ebenso breit. Nachdem unser Aufseher die eisenbeschlagene Zellentür wieder abgeschlossen hatte, ging auch das Licht aus. Todmüde ließen wir uns auf den Boden fallen, wo wir sofort vom Schlaf überwältigt wurden. Erst jetzt war dieser folgenschwere Tag für mich zu Ende gegangen.
Als ich aufwachte, mußte es schon längst Tag sein. Ich entnahm das den Stimmen, die von draußen zu uns drangen; denn in unserer Zelle, in die sich auch nicht der kleinste Lichtstrahl verirren konnte, gab es keine Zeitorientierung. In dieser Abgeschiedenheit kam mir sogar das Leben im Lager wie eine Oase der Freiheit vor.
Wir schlugen in der Zelle das Wasser ab wie Tiere in einem Stall, denn in der Dunkelheit hatte keiner bemerkt, daß neben der Tür ein Eimer mit einem Holzdeckel stand. Ich hatte Schmerzen am ganzen Körper, die mir jede Bewegung zur Qual machten. Dazu plagte mich unerträglicher Durst, der mich fast um den Verstand brachte.

Das Gerassel von Schlüsseln, das Öffnen der Gitterverschläge, das Aufschließen der Zellen, die Schritte der Aufseher, all das erzeugte in den Zellen eine fast unerträgliche Spannung. Denn keiner wußte, was es bedeutete, wenn die Zelle aufgeschlossen wurde. Es konnte sein, daß man in die ersehnte »Lagerfreiheit« zurückgelangte, es konnte aber auch sein, daß man auf den Hof hinausgeführt und an der schwarzen Wand mit einem Genickschuß erledigt wurde. Noch schlimmer war vielleicht ein Verhör bei der Politischen Abteilung der Gestapo, das fast immer mit grausamen, lange dauernden Folterungen verbunden war.

Wir hingegen registrierten jedes Geräusch und Lebenszeichen von draußen als ein gutes Omen. Doch vergebens warteten wir darauf, hinausgelassen zu werden. Man ließ uns einfach hier drinnen, in Unsicherheit, in absoluter Finsternis, schlimmer als Vieh. Endlich, nach langem Warten, ging das elektrische Licht an. Die Tür wurde aufgeschlossen, Schlage tauchte auf und jagte uns aus der Zelle auf den Gang. Dort wartete schon ein SS-Mann, der uns zum Haupttor führte. Es war offenbar schon Mittag, denn die Stubendienste trugen aus dem nahegelegenen Küchengebäude Kessel mit Rübensuppe heraus. Sie hingen an langen Stangen, die sich unter der Last durchbogen. Auf der Lagerstraße, die im Schein der Sonne lag, wimmelte es von Häftlingen. Obwohl auch sie hinter Stacheldraht lebten, kamen sie mir wie frei vor, und ich beneidete sie. Einige von ihnen wandten sich uns zu, als ob sie uns ansprechen wollten, führten ihr Vorhaben aber nicht aus, als sie auf unseren Händen und in unseren Gesichtern verkrustetes Blut, Schlamm und Dreck bemerkten. Fast alle gingen weiter, ohne uns zu beachten. Offenbar knurrte ihnen der Magen, so daß ihr Interesse mehr auf das unmittelbar bevorstehende Ritual der Suppenausgabe gerichtet war.

Vor dem Tor wartete ein grüner Sanitätskraftwagen auf uns. Wir stiegen ein und fanden einen Kessel voll dampfender Suppe vor. Es waren vielleicht fünfundzwanzig Liter, etwa drei Liter für jeden von uns. Als wir uns den Magen mit der dünnen Steckrübenbrühe vollgeschlagen hatten, wandte ich mein Augenmerk der Umgebung zu. Die Sonne stand gerade im Zenit und strahlte auf eine flache Landschaft, in der weder ein Baum noch ein Strauch zu sehen war. Die Fahrt ging vorbei an Mooren und morastigen Wiesen, die vereinzelt von gelb- und auch rotgefärbter, lehmiger Erde durchzogen waren. Wohin das Auge auch blickte, überall dehnte sich eine öde, trostlose, wie tot scheinende Landschaft aus. Nur weit in der Ferne zeichnete sich am Horizont schwach die Silhouette der Beskiden ab. Es erschien mir unwirklich, daß dahinter, nur ein paar Stunden Bahnfahrt entfernt, meine Heimatstadt Sered lag. Dort hatte ich zwanzig Jahre meines Lebens verbracht, bis man mich vor etwas mehr als einem Monat hierher deportiert hatte. Doch schon diese kurze Zeit kam mir vor wie eine Ewigkeit.

Als der Sanitätswagen anhielt, riß ein SS-Mann die Tür auf und befahl uns auszusteigen. Wir setzten uns auf die Erde, während die SS-Leute um uns herumstanden. Neben dem in der Nähe aufgeworfenen Lehm tuckerte eine Motorpumpe. Aus mehreren Schläuchen ergoß sich Wasser auf die umliegenden Felder. Hinter der Lehmaufschüttung war unschwer die Grube zu erkennen, in die wir während der vergangenen Nacht die Leichen geworfen hatten.

Aus den Blicken, die wir uns gegenseitig zuwarfen, sprach Angst. SS-Männer in hohen Gummistiefeln hantierten an den Pumpen herum. Einige schraubten Dichtungen fest und verlegten Schläuche, andere standen breitbeinig auf dem aufgeworfenen Lehmdamm und beugten sich immer wieder, die Hände in die Hüften gestemmt, über den Rand der Grube, um den Pegelstand des Wassers auf dem Grund der Grube zu beobachten. Ein Uneingeweihter hätte sie vielleicht für Feuerwehrleute oder für Fischer halten können, die gerade einen Teich abließen. Mir war klar, daß uns nichts Gutes erwartete, wenn die Motoren der Pumpe abgeschaltet und das Wasser aus der Grube abgesaugt sein würde. Vielleicht würden wir am Ende selbst die oberste Schicht der Toten in der Grube bilden.

Wieder überkam mich jenes beklemmende Gefühl der Angst, gegen das ich nichts tun konnte. Ich suchte nach irgend etwas, was mich hätte beruhigen können. Ich rief mir bedeutende und vorbildliche Menschen ins Gedächtnis, die auch hatten sterben müssen, und dachte daran, daß es vor dem Tod kein Entrinnen gab. Die lähmende Untätigkeit brachte mich auch auf den Gedanken, daß der Tod zwangsläufig Teil des Lebens eines jeden Menschen sei und irgendwann einmal eintreten müsse. Solche Erwägungen vermochten jedoch meine Angst nicht zu verdrängen. Daß ich unter ihr litt, bewies eigentlich nur, daß immer noch ein unbeugsamer Lebenswille in mir steckte.

Als die Motoren der Pumpen verstummt waren, führten uns bewaffnete SS-Posten zu der Grube. Bei Tageslicht sah alles ganz anders aus. Die Grube war nicht einmal zur Hälfte mit einigen hundert nackten Leichen angefüllt. Ihre glotzenden, pflaumengroßen Augäpfel waren aus den Höhlen herausgetreten, die geschwollenen Lippen wie von einer blauroten Membrane überzogen. Die unbeschreibliche, grausige Erscheinung des Todes faszinierte und zog mich geradezu an, als gehörte ich dazu. Bevor wir jedoch Zeit fanden, dieses grausige Bild, das sich uns bot, richtig in uns aufzunehmen, hagelte es schon Schläge, begleitet von lautem Geschrei: »Los! Rein in die Grube, ihr Scheißer! Los! Los! Die Leichen auf einen Haufen in die Mitte der Grube ziehen!«

Von Schlägen getrieben, sprangen wir über den Aushub hinweg in die Grube hinunter, mitten unter die Toten. Ich versank in schmierigem, lehmigem Schlamm, in dem meine Holzpantinen nach den ersten Schritten steckenblieben. Man forderte uns auf, die Toten, die am Rand der Grube lagen, in die Mitte zu schleifen. Das taten wir unter ständigen Drohungen der SS-Leute, die oben am Rande der Grube herumstanden. Sie hatten ihre Pistolen gezogen und fuchtelten damit herum, um ihren Drohungen Nachdruck zu verleihen. Mühsam watete ich durch den Schlick am Rande der Grube, wo eine tote Frau lag. Aber ihre glitschige Hand, an der ich sie in die Mitte der Grube schleifen wollte, entglitt mir. Ich rutschte aus, fiel mit dem Gesicht in den Schlamm und kam nur mit Mühe wieder hoch. Ich hatte die Lippen fest aufeinandergepreßt, wischte die Augen und schlug dann vorsichtig die dreckverklebten Augenlider auf. Meinen Kameraden erging es nicht anders. Auch sie waren vom Schlamm in der Grube völlig verdreckt.

Zwei von den SS-Leuten ließen sich nun in die Grube abseilen, während oben Lagerführer Aumeier, Lagerführer Schwarzhuber und der Gestapo-Chef Grabner wie aufgescheuchte Hühner hin- und herliefen. Sie beratschlagten, fuchtelten mit den Händen, schrien und stießen immer neue Drohungen aus: »Wenn ihr das nicht schafft, ihr Drecksäcke, könnt ihr was erleben!«

Die Toten ließ dieses Geschrei kalt. Ihnen war es egal, wo sie lagen, ob oben oder unten, am Rand oder in der Mitte der Grube, es interessierte sie auch nicht mehr, ob wir wegen ihnen Schwierigkeiten hatten, weil sie uns aus den Händen glitten und wir uns abmühten, ihre glitschigen, nassen Leiber in den Schlamm dieses Abgrunds des Todes zu werfen.

Das Wasser in der Grube begann wieder zu steigen. Der zunächst teigige Schlamm verwandelte sich mehr und mehr in einen dünnen Brei, der uns die Arbeit zusätzlich erschwerte. Zwei unserer Kameraden konnten schon nicht mehr. Sie lagen völlig erschöpft am Rande der Grube. Dort versuchten sie ein wenig zu verschnaufen und neue Kräfte zu sammeln. Das Gesicht des einen war von einer grauen Schlammschicht verkrustet.

Trotzdem konnte man immer noch eine schwarze Klappe erkennen, die seine leere Augenhöhle verdeckte. Auf der andern Seite der Grube jammerte ein junger Student aus Paris, der offenbar ausgerutscht war, Wasser geschluckt hattte und nun hustete, als wäre er am Ersticken. Die herumstehenden SS-Männer versuchten, die beiden zur Arbeit anzutreiben, und schrien: »Los, dalli, dalli! Rappelt euch auf, ihr Scheißer! Weitermachen!« Aber die beiden reagierten nicht mehr, alles was um sie herum vorging, war ihnen schon egal.

Aumeier hatte das Geschehen aus der Distanz beobachtet. Er mischte sich nun auch ein und brüllte: »Macht doch diese Scheißkerle endlich kaputt!«
Seine Unterführer ließen sich das kein zweites Mal sagen und zogen ihre Pistolen. Nach ein paar gezielten Schüssen sackten die Körper der beiden langsam in sich zusammen. Auf dem Grunde der Grube hinterließ ihr Blut rote Rinnsale im Grundwasser.
Jetzt waren wir noch fünf und schleiften immer noch die verstreut herumliegenden Leichen ins Innere der Grube, wo sie so etwas wie eine Pyramide bildeten, die wie eine Insel aus dem schlammigen und dreckigen Grundwasser herausragte.
Als nach Stunden unsere Arbeit in der Grube beendet war, kletterten wir heraus. Hunderte von Armen, Beinen, leblosen Gesichtern und ineinanderverschlungenen Gliedern starrten uns wie eine gräßliche Laokoongruppe an. Dann gab jemand den Befehl, das Massengrab zu desinfizieren. Mit den Händen schöpften wir aus einem bereitgestellten Holzbottich pulverisierten Chlorkalk und streuten ihn auf die Kadaver in der Grube. Er wurde uns vom Wind ins Gesicht geblasen, so daß unsere Augen brannten und wir sie kaum noch offenhalten konnten. Aber die Arbeit ging weiter. Auch nur einen Augenblick lang zu verschnaufen hätte das sichere Ende bedeutet. Das war jedem klar, der das hysterische Geschrei der SS-Leute hörte, die um uns herumstanden. Zum Glück legte sich der Wind. Der weiße Staub auf den Toten war jetzt grau geworden. Ich spürte, wie der ätzende Chlorgeruch die vom Hauch der Verwesung erfüllte Luft durchdrang. Von oben warfen wir dann mit Schaufeln Lehm in die Grube, um die Leichenpyramide, aus der da und dort noch reglose Glieder herausragten, unsichtbar zu machen. Das alles geschah in irrsinniger Hetze unter unaufhörlichem Geschrei und ständigen Drohungen der SS-Leute, denen wir die Spuren ihrer Verbrechen nicht schnell genug verwischten. Ihr Anführer Aumeier sagte es klipp und klar: »Man sieht, daß ihr nie richtig gearbeitet habt. Jetzt ist aber endgültig Schluß mit eurem Gescha-

cher!« Aber auch diese Drohung blieb für uns ohne Nachhall, wir waren schon zu sehr erschöpft. Wenn ich daran dachte, welch kleinen Teil der großen Grube wir erst zugeschüttet hatten, hätte ich verzweifeln können. Die Leichen waren zwar schon nicht mehr zu sehen, weil sie mit einer dünnen Schicht Erde oberflächlich bedeckt waren. Es schien, als ob die uniformierten Totengräber für heute genug hätten. Sie rüsteten sich zum Aufbruch, nachdem eine andere Gruppe von bewaffneten SS-Männern erschienen war, um rings um das Massengrab Posten zu beziehen.

Völlig durchnäßt, barfuß, von Schlamm und Blut verschmutzt, stiegen wir in den Ambulanzwagen. Das Emblem des humanitären internationalen Roten Kreuzes wirkte grotesk. Mußten wir bei seinem Anblick doch davon überzeugt sein, daß es keine Macht der Erde gab, die diesem teuflischen Spuk hätte ein Ende machen können. Der Lebensfunke, der noch in uns glühte, war schwächer geworden nach dem, was wir erlebt hatten.

Durch die Fenster des Ambulanzwagens, der durch die Abenddämmerung fuhr, war nichts zu erkennen. Ich hatte mich ermattet auf die Planken des Fahrzeugs niedergelegt. Im Halbschlaf war ich in Sered an der Waag. Ich sah den hageren Kommandanten der slowakischen Hlinka-Garde wieder, wie er gutmütig zu uns sagte: »Ihr fahrt jetzt nach Osten! Dort könnt ihr euch eine neue Heimat aufbauen. Ihr braucht keine Angst zu haben. Wir behandeln euch menschlich, und dort wird es genauso sein. Jeder von euch wird tun, was er kann. Der Schuster wird Schuhe machen, der Schneider Anzüge und Kleider, und die Ärzte werden die Kranken behandeln. Vor allem, ihr seid dort unter euch! Wer gesund ist und die Arbeit nicht scheut, dem wird es auch dort gutgehen. Von Zeit zu Zeit werden wir euch besuchen, nach dem Rechten sehen und uns vergewissern, wie ihr dort lebt.« Nach dieser Ansprache waren wir auf dem Rangiergeleise des Bahnhofs von Sered in die bereitgestellten Güterwaggons eingestiegen. Der Häuptling der Hlinka-Gardisten – einer Art slowakischer

SS –, auf dessen Uniformärmel ein Doppelkreuz, das Emblem des neuen slowakischen Staates, prangte, hatte uns beim Abschied noch wohlwollend zugewinkt und »Glückliche Reise!« zugerufen.
Unser Ambulanzwagen hielt vor dem Lagertor mit der Inschrift »Arbeit macht frei« und warf mich in die harte Wirklichkeit zurück. Die Posten eskortierten uns wieder durchs Tor, führten uns den Lagerweg entlang, der sich zwischen den zweistöckigen Häftlingsblocks aus roten Ziegelsteinen hinzog. Vor Block 11, dessen unterirdischer Kerker uns schon in der vergangenen Nacht zur Wohnung geworden war, blieben wir stehen. Oberscharführer Engelschall, der gerade Dienst hatte, jagte uns in unseren finsteren Koben. Auf dem Boden lagen in einer Reihe sieben Portionen Brot, auf jeder ein Harzer Käse, aber nur drei Portionen Tee in rotemaillierten Blechschalen. Engelschall erschien uns in diesem Augenblick menschlicher als seine Kollegen, denn als er die Tür unserer Zelle abschloß, ließ er das Licht brennen. So konnten wir wenigstens richtig essen. Wir fanden das »anständig« von ihm. Zuerst stürzten wir uns wie Wölfe auf das Brot und den Käse. Als es dann an das Trinken ging, wurde es schwierig. Drei Schalen Tee waren da, und wir waren fünf. Fischl, der stärkste von uns, hob eine davon hoch und zeigte mit dem Finger an, bis zu welchem Pegel jeder trinken durfte. Da ich der Jüngste war, bekam ich aus jeder Schale den Rest. Als der Tee alle war, lagen die beiden Brotportionen, die für unsere erschossenen Kameraden bestimmt waren, noch unberührt auf dem Boden. Fischl brach sie mit peinlicher Genauigkeit in möglichst gleiche Teile und verteilte sie dann. Ausgehungert, wie wir waren, verschlangen wir das Brot. Währenddessen hatte Fischl wie aus heiterem Himmel begonnen, ein Gebet zu murmeln. Dabei blickte er zu der niedrigen Decke empor, als ob er den Himmel sähe, rief Gott an, neigte sich in regelmäßigem Rhythmus vor und zurück, wendete sich nach rechts und links und betonte in seinem unverständlichen Gemurmel irgendwelche Worte, denen ich betroffen entnahm, daß er den Kaddisch sprach. Plötzlich,

als wäre er aus einer Trance erwacht, starrte er uns wie geistesabwesend an. Als er sah, daß wir am Essen waren, während er inbrünstig betete, schlug er mit den Fäusten auf uns ein und schrie erregt: »Ihr Hurensöhne, fressen, das könnt ihr, aber dawenen für die Tojten, deren Brojt ihr freßt, tuts nischt!« Dann geriet er wieder in Ekstase. Er hob seine großen, blutunterlaufenen Augen zum Himmel empor und beendete sein Gebet mit den Worten: »Oseh scholom bimromov Hu jaaseh scholom olenu weal Kol – Jisroel weimru Omen. – Der Frieden stiftet in seinen Himmelshöhen, stifte Frieden unter uns in ganz Israel, sprechet Amen.«
Fischl, unser Vorarbeiter, ein untersetzter, muskulöser Mann, blickte nun etwas zufriedener drein. Ich sah Tränen in seinen Augen. Eine Weile später, wie wenn sich ein Krampf, der seine Kehle zuschnürte, gelöst hätte, sagte er demütig: »Der Mensch unterscheidet sich dadurch vom Tier, daß er an Gott glaubt.« Seine letzten Worte an diesem Tag, bevor er sich hinlegte, lauteten: »As men dawent, is man a Mensch. E gite Nacht, Jiden!«
Damit war ein weiterer schwerer Tag zu Ende gegangen. In unseren verdreckten Monturen legten wir uns auf den Boden und waren im Nu eingeschlafen. Als Engelschall am nächsten Morgen die Tür aufschloß, lagen wir wie schlammverkrustete Nilpferde da und schnarchten. Wir mußten schlimm ausgesehen haben, denn Engelschall herrschte uns an: »Marsch, in den Waschraum mit euch Schweinen!« Verschlafen wankten wir auf den Gang, von wo er uns zum Waschraum im Erdgeschoß hinaufführte. Durch das Fenster, das auf den Hof hinausging, erkannte ich den »Sportplatz«, der jetzt öd und leer dalag.
Im Waschraum war es ziemlich kalt. Aus den Wasserhähnen, die über dem gußeisernen Waschtrog aus der Wand ragten, floß erstaunlicherweise tatsächlich Wasser. Eine seltene Gelegenheit, unseren Durst einmal richtig zu löschen. Ich drehte den Hahn auf und trank so gierig von dem Wasserstrahl, daß ich fast erstickt wäre. Dann zogen wir uns aus, legten die

verdreckte Kluft und die schmutzige Wäsche auf den Betonboden und versuchten, unsere Dreck- und Schlammkruste abzuwaschen. Nach dem Duschen bekam jeder eine neue, gestreifte Häftlingsmontur und ein frisches Hemd. Damit kehrten wir in die Unterwelt zurück. Diesmal jedoch nicht in unser dunkles, muffiges Verlies, sondern in die Zelle 13, wo es sogar Tageslicht gab. Es fiel durch ein Fenster, das auf den Hof des Hinrichtungsblocks hinausging, aber von allen Seiten so ummauert war, daß nur senkrecht von oben Licht hereindrang, man also nicht sehen konnte, was draußen auf dem Hof vorging. Wir legten uns auf den Boden, aber an Schlaf war nicht mehr zu denken. Wir fragten uns, was es wohl zu bedeuten hatte, daß man uns saubere Monturen und sogar ein wenig Tageslicht hatte zukommen lassen. Fischl schrieb diese offenkundige Wende zum Besseren seinen Gebeten und dem Gott Zebaoth zu. »Der Schemisborah werd schojn helfen! Men darf, Jatten, dawenen – Gott wird schon helfen! Man darf, Burschen, beten!« Nach diesen Worten erhob er sich, wandte sich mit dem Gesicht dem Fenster zu und begann, das Morgengebet zu murmeln, zu dem jeder fromme Jude Tefilim, das sind lederne Gebetsriemen, anlegen muß. Da Fischl keine hatte, ahmte er das Umwickeln durch Gesten mit einer solchen Geschicklichkeit nach, wie ich sie vergebens zu erlernen mich bemüht hatte, als unser Rabbiner mich als Dreizehnjährigen auf meine Einsegnung, die Bar Mizwah, vorbereitete.
Wenn Fischl betete, gab er uns mit der Hand ein Zeichen zum Aufstehen, und jedesmal, wenn er nach einem bestimmten Abschnitt des Gebetes mit dem Kopf nickte, antworteten wir ihm: »Omen!« Es schien mir unsinnig, in Auschwitz zu beten, und absurd, hier noch an Gott zu glauben. In jeder anderen Situation und an jedem anderen Ort hätte ich Fischl, diesen eigenwilligen, in vielem abstrusen Mann, nicht ernst genommen. Aber hier, an der Markscheide von Leben und Tod, folgten wir gefügig seinem Beispiel, weil uns nichts anderes mehr blieb oder weil wir fühlten, daß sein Glaube uns stärkte.
Unser isoliertes Leben ging auch in der Zelle 13 weiter. Wir

waren jetzt, ohne es zu wissen, »Geheimnisträger« geworden und durften deshalb mit anderen Häftlingen und auch mit uneingeweihten SS-Männern nicht mehr in Berührung kommen. Aus diesem Grund traten wir auch nicht mit den übrigen Häftlingen im Block zum Zählappell an; wir wurden vielmehr auf einer besonderen Häftlingsliste geführt, in der wir nur nach der Nummer unserer Zelle verzeichnet waren. In den nächsten Tagen ging die Zellentür regelmäßig dreimal am Tag auf, wenn Essen ausgegeben wurde. Zur Arbeit wurden wir nicht gerufen, es war, als hätte man uns vergessen. Dabei herrschte im Untergeschoß des Blockes 11 ein reges Treiben. Die Eisentür und die Gitter des Kerkers öffneten sich auch heute, und aus den Gesprächen draußen hörten wir heraus, daß eine Gruppe von SS-Leuten in den Keller gekommen war. Sie schlossen eine Zelle nach der andern auf, und jedesmal hörten wir, wie ein Häftling in großer Erregung »Achtung!« rief. Unter den Stimmen erkannte ich das heisere Gekrächze des Trinkers Aumeier und die zackigen Einwürfe des Gestapochefs Grabner.

Beide ließen sich von dem Rapportführer, der sie begleitete, kurz berichten, warum die einzelnen Häftlinge hier einsaßen. Dann beratschlagten sie kurz und gaben ihre Entscheidung bekannt, die meist lapidar lautete: »Los, heraus!« Mit diesen beiden Worten, die einem Standgerichtsurteil gleichkamen, wählten sie die Todeskandidaten aus. Als sie an unserer Nebenzelle angelangt waren, befiel auch uns Erregung und Angst, was jetzt wohl mit uns geschehen würde. Sie gingen aber an unserer Zelle vorbei und wandten sich der nächsten zu. Die Selektion der Todeskandidaten dauerte etwa eine Stunde. Das Nachspiel folgte an der schwarzen Todeswand. Wir konnten zwar nicht auf den Hof hinausschauen, doch hörten wir von draußen klägliches, verzweifeltes Jammern, Flehen und Weinen, Anrufungen Gottes, aber hin und wieder auch patriotische Ausrufe in polnischer und russischer Sprache wie: »Es lebe ein freies Polen«! oder: »Es lebe Stalin!« Aumeier liebte solche Szenen nicht. Damit die Opfer ihn verstanden, bediente er sich der einzigen Worte, die er aus ihrer Muttersprache aufgeschnappt hatte. Während er »szybko, szybko«! (schnell, schnell!) krächzte, wurden sie wie am laufenden Band ins Jenseits befördert. Starr vor Schrecken saßen wir auf dem Boden unserer Zelle und hörten dem eigenartigen Pitschen der schallgedämpften Kleinkalibergewehre zu. So konnten wir die Hinrichtungen zwar akustisch wahrnehmen, ohne aber etwas davon zu sehen. Wenn jeder Schuß einen Toten bedeutete, dann waren an diesem Tag mehr als 100 Häftlinge erschossen worden. Der Tod hatte an der schwarzen Wand im Hof des Blockes 11 wieder einmal reiche Ernte gehalten. Als alles vorbei war, breitete sich Totenstille aus, die erst durch den Ruf »Essenholer raustreten«! unterbrochen wurde. Einige Zeit später brachte man auch uns einen Schlag Suppe. Wir schlangen sie hinunter, und während dieser Beschäftigung war alles andere vergessen.

Es waren schon einige Tage vergangen, die wir untätig in unserer Zelle verbracht hatten, als nach dem Abendappell plötzlich die Tür aufgeschlossen wurde. Draußen auf dem Gang stand Stark, neben ihm ein Häftling, den wir nicht kannten. Offenbar sollte er an die Stelle der Kameraden treten, die in der Grube erschossen worden waren. Stark trieb uns, nachdem wir den Block verlassen hatten, im Laufschritt zum Haupttor und von dort spornstreichs auf den Hof des Krematoriums. Dann mußten wir uns neben dem vergitterten Fenster des Verbrennungsraumes an die Wand stellen. Dort ermahnte uns Stark zu äußerster Verschwiegenheit und drohte uns die schlimmsten Strafen an, falls wir mit irgendeinem Menschen, der hierherkam, sprechen würden. Mit einem Augenzwinkern gab er Fischl zu erkennen, daß er ihn als Garanten für die strikte Einhaltung seines Befehls ansehe. Fischl bestätigte gehorsam: »Jawohl, Herr Unterscharführer!«

Stark machte seinem Namen alle Ehre. Er war eine große, stattliche Erscheinung, hatte rotblonde Haare, und auf seinen stämmigen, muskulösen Beinen ruhte ein breiter, kräftiger Oberkörper. Er machte den Eindruck eines gesunden, sportlich durchtrainierten jungen Mannes. Seine schlimmste Eigenschaft war sein Jähzorn. Wenn er – oft aus nur geringfügigem Anlaß – einen seiner Tobsuchtsanfälle bekam, verschwand man am besten aus seiner Nähe; denn sonst wurde es gefährlich.

Es waren Welten, die ihn von uns Häftlingen trennten. Uns gegenüber schien er keiner menschlichen Regung oder Lebensäußerung fähig zu sein. Wir kannten ihn nur, wie er schroff seine Befehle erteilte, uns wüst beschimpfte, schlimme Drohungen ausstieß, uns zur Arbeit antrieb, schlug und knüppelte. Seinen Vorgesetzten gegenüber zeigte er sich dagegen dienstbeflissen und unterwürfig.

Ich habe mir oft Gedanken gemacht, wie es kam, daß dieser junge Mensch, der kaum älter war als ich, so grausam und brutal sein konnte und weshalb er einen so abgrundtiefen Haß gegen die Juden hatte. Ich zweifelte daran, ob er überhaupt schon einen Juden kennengelernt hatte, bevor er nach Auschwitz gekommen war. Wahrscheinlich war er ein Opfer jener Naziindoktrination geworden, die den Juden die Verantwortung für jede Not und jedes Elend, für den Krieg und jede Misere überhaupt in die Schuhe schob. Wie konnte es geschehen, so fragte ich mich oft, daß ein normal begabter, zivilisiert aussehender, sonst unauffälliger junger Mann Untaten von so schrecklichem Ausmaß in dem Bewußtsein vollbringen konnte, dadurch seine vaterländische Pflicht zu erfüllen, ohne zu durchschauen, daß er von pervertierten politischen Machthabern als Werkzeug mißbraucht wurde?

Vom Hof des Krematoriums waren alle Spuren des Grauens der vergangenen Tage beseitigt worden. Auch die Pflastersteine, mit denen der Hof ausgelegt war, waren von den Blutspuren gereinigt worden und glänzten vor Sauberkeit. Hinter der hohen äußeren Betonmauer, in Richtung zur »SS-Fahrbereitschaft«, dem Kraftfahrzeugpark, begann ein riesiger, weit ausladender Baum mit mächtigen Ästen zu grünen. Sein Wipfel sollte heute mit uns zusammen Zeuge einer Aktion werden, der Himmler oder gar der Führer selbst den Namen »Geheime Reichssache« gegeben hatte.

SS-Leute tauchten auf dem Hof auf, alle mit Knüppeln in der Hand. Nach ihnen kam die Lagerprominenz, Aumeier, Grabner und Untersturmführer Hössler sowie ein weiterer SS-Führer, den ich nicht kannte und der das Emblem der Ärzte, den Äskulapstab mit der Schlange, am Ärmel trug. Ich zog daraus den Schluß, daß es sich um einen Arzt handelte. Vergebens versuchte ich dahinterzukommen, was für eine Aufgabe er bei dem zu erwartenden Massaker haben könnte.
Wir standen noch nicht lange auf dem Hof, als eine große Menge Menschen durch das geöffnete Holztor hereinströmte, die meisten in dunklen Kleidern. In Brusthöhe trugen sie rechts den gelben sechszackigen Judenstern. Nach und nach füllten die Menschen die ganze Fläche des Hofes. Sie sprachen polnisch und jiddisch miteinander. Daraus entnahm ich, daß es sich um einen Transport polnischer Juden handelte. Die meisten waren mittleren Alters, es waren aber auch alte Männer, Frauen und Kinder dabei. Alle waren etwas außer Atem und machten den Eindruck, als hätte man sie hierher gehetzt. Diese Annahme wurde durch eine Gruppe alter Frauen bestärkt, die jetzt völlig erschöpft, meistens mit gebeugtem Rükken, durch das Tor hinterhergetrippelt kamen. Offensichtlich hatten sie dem Marschtempo der großen Masse nicht folgen können. Als auch sie auf dem Hof waren, wurde das Hoftor geschlossen.
Nun traten die uniformierten Schergen vor die erschöpfte, ungeduldige, mehrere hundert Menschen zählende Menge. Wie auf Befehl fingen sie an, die Menschen anzuschreien, wobei sie mit ihren Knüppeln herumfuchtelten und den Befehl gaben, alle sollten sich so schnell wie möglich ausziehen. Die Menschen waren völlig verstört. Sicher ahnten sie, daß ihnen etwas Schlimmes bevorstand, aber sie konnten nicht recht einsehen, warum sie sich hier auf dem Hof ausziehen sollten, die Männer vor den Frauen und umgekehrt. Aber die SS-Leute, die ihnen keine Gelegenheit zum Nachdenken geben wollten, schrien in einem fort: »Los, los! Ausziehen! Schneller machen! Los, los! Ausziehen!«

Jetzt begriff ich, was hier vorging. Irgendeiner mußte auf die Idee gekommen sein, daß es zweckmäßiger wäre, die Menschen nackt in die Gaskammer zu schicken; denn dann brauchte man sie hinterher nicht mehr mühsam und zeitraubend auszuziehen. Außerdem würden die noch Lebenden, wenn sie sich auszogen, ihre Kleidungsstücke nicht beschädigen, weil sie glaubten, daß sie sie noch brauchen würden. Mir wurde klar, daß diese neue Prozedur heute zum ersten Mal erprobt werden sollte.
Sie funktionierte jedoch nicht ganz nach den Vorstellungen derer, die sie ausgedacht hatten. Mißtrauen und Angst spiegelten sich in den erschrockenen und verlegenen Gesichtern der auf dem Hof Versammelten. Sie wußten zwar nicht, was sie erwartete, aber sie ahnten doch den Ernst der Lage und spürten die Gefahr, in der sie sich befanden. Auf die Drohungen, die ständig ausgestoßen wurden, reagierten die meisten Männer so, daß sie anfingen, sich den Kragen und die Hemdbrust aufzuknöpfen, während die Frauen sich bückten und verlegen ihre Schnürsenkel aufknüpften. Das alles ging sehr langsam, nicht so, wie es sich die SS-Leute vorgestellt hatten. Sicher überlegten viele, wozu das alles gut sein sollte.
In der Ecke rechts neben dem Tor bemerkte ich eine junge Mutter mit ihrem Kind. Krampfhaft preßte sie ihren Mund so fest zusammen, daß man ihre Lippen kaum noch sehen konnte. Sie wirkten wie eine Narbe. Dann sah sie ihr Töchterchen an, streichelte es und zog es langsam aus. Größere Kinder, die genauso verstört waren wie ihre Eltern, fingen nun auch an, sich langsam auszuziehen.
Die Repräsentanten der SS-Hierarchie standen währenddessen auf dem Erdwall, der auf die Decke des Krematoriums aufgeschüttet worden war. Von dort beobachteten sie wie aus der Vogelperspektive den Verlauf der Aktion. Sie griffen nicht ein und überließen alles den Unterführern. Aber das Unbehagen und die Unruhe der Menschen wurden größer, ihre Angst, daß ihnen Gefahr drohte, wuchs von Minute zu Minute, und deshalb zogen sie sich nur langsam aus, um Zeit zu gewinnen.

Sie kamen aus dem Ghetto Sosnowitz, das nur wenige Kilometer entfernt war. Sicher hatten sie dort schon manches über das Lager Auschwitz gehört und sich vielleicht auch Gedanken gemacht, ob alles, worüber gemunkelt wurde, nur Gerüchte waren oder ob man tatsächlich das Schlimmste annehmen mußte.
Das brutale Vorgehen der SS-Schergen übertraf all ihre Befürchtungen. Die Menschen fühlten instinktiv, daß sie sich in großer Gefahr befanden, und fingen an, miteinander zu reden. Auf dem Hof summte es jetzt wie in einem Bienenkorb. Als die SS-Leute erkannten, daß ihr Täuschungsmanöver durch das Verhalten der Opfer in Frage gestellt war, stürzten sie sich in die Menge, schlugen mit ihren Stöcken blindlings um sich und brüllten: »Los! Los! Ausziehen! Schneller machen!« Die beabsichtigte Wirkung blieb nicht aus. Die Menschen schienen aus einem bedrückenden Schlaf zu erwachen. Die Männer, von denen die meisten bislang nur ein paar Knöpfe am Hemd und Kragen aufgemacht und die Schnürsenkel an den Schuhen gelöst hatten, zogen nun hastig Röcke, Schuhe und Hosen aus. Viele Frauen liefen ratlos hin und her und suchten bei ihren Männern Schutz, erschrockene Kinder schmiegten sich noch enger an ihre Mütter. Die Drangsalierungen hatten die Menschen ganz aus der Fassung gebracht. Sie waren verwirrt, verschreckt, unfähig, sich richtig zu verständigen und außerstande, noch zu denken oder zu überlegen. Da die SS-Männer weiter wüteten, geriet die Menge in einen chaotischen Zustand. Auch der passive Widerstand der Menschen war jetzt gebrochen, und sie taten, was man ihnen von allen Seiten immer wieder mit Schlägen einbleute: »Los! Ausziehen! Los! Schneller machen! Dalli, dalli!« Männer, Frauen und Kinder zogen sich jetzt hastig aus, sie rissen sich geradezu die Kleider vom Leib, einer half dem andern, um den pausenlosen Schlägen zu entgehen. Innerhalb kürzester Zeit standen nun alle nackt da, und jeder hatte ein Häufchen Kleider vor sich aufgestapelt!
Auch wir waren entsetzt und bebten am ganzen Körper. Noch

nie hatte ich etwas so Schreckliches erlebt. Selbst der fromme Goliath Fischl zitterte, aber trotzdem hatte er noch so viel Kraft und Glauben, leise zu beten und Gott anzurufen: »Schema Jisrael, Adonaj Elojhenu . . .« Als er sich bewußt wurde, daß er mit seinem frommen Gemurmel die Aufmerksamkeit der SS-Leute auf sich lenken könnte, verstummte er. Er war zwar als starker und beflissener Roboter schwer entbehrlich für sie, doch hätten sie für seine religiöse Leidenschaft wohl kaum Verständnis aufgebracht.

Mein Blick fiel währenddessen wieder auf die junge Mutter in der Ecke am Tor. Auch sie stand jetzt entkleidet da und trug ihr Kind auf dem Arm. Sie schämte sich ihrer Blöße nicht, aber die Ahnung, daß sie sich und ihr Kind vielleicht zum letzten Mal im Leben ausgezogen hatte, versetzte sie in einen Zustand ratloser Gottergebenheit.

Zwei SS-Männer bezogen jetzt zu beiden Seiten der Eingangstür Posten. Die übrigen jagten mit großem Geschrei und mit Stockschlägen die nackten Männer, Frauen und Kinder in den großen Raum im Krematorium. Zurück blieb nichts als die Kleiderhäufchen, die wir aufsammeln und wegschaffen mußten, damit der leergeräumte Hof die restlichen Menschen des Transports aufnehmen konnte. Wie Kraut und Rüben trugen wir Koffer, Rucksäcke, Kleider und Schuhe in eine Ecke des Hofes. Dort stapelten wir alles auf einen großen Haufen und deckten ihn mit einer Zeltplane ab.

Als wir damit fertig waren, strömten von neuem mehrere hundert Menschen auf den leeren Hof. Das Präludium des Todes wiederholte sich mit der gleichen Brutalität und dem gleichen Verlauf. Im Krematorium waren am Ende an die 600 verzweifelte Menschen eingepfercht. Einige SS-Männer kamen aus dem Gebäude, und der letzte von ihnen schloß die Eingangstür zur Gaskammer von außen zu. Es dauerte nicht lange, dann konnte man hinter der Tür immer lauter werdendes Husten, Schreie und Hilferufe vernehmen. Einzelne Worte konnte ich nicht verstehen, denn die Schreie wurden vom Poltern und Pochen gegen die Tür übertönt, in das sich auch Heulen und

Weinen mischte. Nach einiger Zeit wurde der Lärm immer schwächer, die Schreie verstummten, nur hier und da war noch ein Stöhnen, Röcheln oder ein dumpfes Klopfen gegen die Tür zu vernehmen. Aber auch das hörte bald auf, und in der plötzlich eingetretenen Stille spürte jeder von uns das Grauen dieses schrecklichen, hundertfachen, qualvollen Todes.

Während der ganzen Aktion war im SS-Lazarett, das sich in einiger Entfernung gegenüber dem Krematorium befand, hinter einem der Fenster einige Male eine Gestalt aufgetaucht, die sich aber immer rasch wieder abwandte. Auch in den Unterkünften im Lager, die etwa 100 Meter entfernt waren, hatte man die Schreie der Sterbenden vielleicht hören können. Aber zu der Stunde, als die Deportierten eines schrecklichen Todes starben, wurde auf den Blöcken das Essen ausgegeben. Dann waren die Häftlinge, ermüdet von der Fron des Tages, mit nichts anderem beschäftigt als mit dem Verzehr ihrer Portion Brot und dem Löffel voll Rübenmarmelade, die es dazu gab. Aber auch dann, wenn sie geahnt hätten, was nur ein paar Schritte weiter geschah, hätten sie am Lauf der Dinge nichts ändern können und wären nur noch in tiefere Resignation verfallen.

Als es im Krematorium ruhig geworden war, erschien auf dem flachen Dach Unterscharführer Teuer, von einem Helfer gefolgt. Beiden baumelten Gasmasken um den Hals. Sie stellten längliche Blechdosen hin, die wie Konservenbüchsen aussahen. Auf den Dosen waren Etikette mit einem Totenkopf und der Aufschrift »Achtung Gift«! aufgeklebt. Eine furchtbare Vorstellung wurde zur Gewißheit: die Menschen im Krematorium waren mit Gas vergiftet worden.

Nachdem die SS-Führer verschwunden waren, mußten wir die Kleider sortieren und sie nach Geld und Wertsachen durchsuchen. Da der Hofraum nur von der Laterne über dem Eingang spärlich erleuchtet wurde, war es ziemlich düster. Daher sortierten wir die Effekten nur grob und oberflächlich. Die Dinge, welche die Menschen in ihren Taschen und Schu-

hen versteckt hatten, waren ein Beweis, daß sie nicht glaubten, es werde ihnen etwas Schlimmes passieren. Nichts deutete darauf hin, daß auch nur einer von ihnen mit dem Tod gerechnet hatte.
Nachdem einige Kisten auf den Hof gebracht worden waren, sollten wir in die erste das Geld, in die zweite Uhren, Gold- und andere Wertsachen werfen. Kleider, Schuhe und Wäsche mußten wir gesondert sortieren. Daneben legten wir auf andere Stapel Messer, Brillen, Flaschen, Medikamente und Puppen, die von ihren kindlichen Müttern für immer verlassen worden waren. Einen großen Haufen bildeten auch die Gebetbücher und die Samtbeutel mit den jüdischen Gebetsriemen Tefilim. An diesem Haufen machte sich Fischl in auffälliger Weise zu schaffen; in einem unbeobachteten Augenblick gelang es ihm, einen Tefilim-Beutel unter seiner Jacke zu verstecken. Alle aussortierten Sachen wurden auf einen Rollwagen geladen und in die Kleiderkammer des Lagers gebracht.
Es war schon spät am Abend, als wir wieder in die Zelle 13 auf Block 11 eingeschlossen wurden. Auch heute brannte das Licht noch eine Weile, damit wir essen konnten. Wir stürzten uns diesmal nicht wie wild auf unsere Brotrationen, sondern zogen unter unseren Hemden, Jacken und aus den Taschen die Sachen hervor, die wir »organisiert« hatten. Einer nach dem andern legte Brot, Zucker, Sacharin, Machorka-Tabak und andere Dinge vor unseren Vorarbeiter hin.
Fischl schaute sich alles genau an, sortierte und verteilte die Beute in sechs gleiche Teile. Trotz allem, was wir erlebt hatten, schien Fischl heute der Zufriedenste von uns zu sein. Adonaj hatte ihn erhört – jetzt besaß er ein hebräisches Gebetbuch und Tefilim, die er in den Bunker geschmuggelt hatte. Früh am nächsten Morgen erhob er sich als erster, wickelte sich die Tefilim um den linken Arm über den Nacken bis zum Scheitel des Kopfes und band sich den kleinen, schwarzen Würfel mit der Tefilah vor die Stirn. Dann begann er zu beten. Dabei beugte er sich vor, drehte sich zur Seite, betonte manche Worte unverständlich murmelnd mit frommer Hingabe

und schrie ganze Sätze voller Leidenschaft heraus. Fischl betete so inbrünstig und so gottergeben, daß Gott – falls es ihn gab – seine Stimme hätte hören müssen; denn sie erhob sich von einem Ort, wo Menschen vom gleichen Stamm, die wie er an den Ewigen glaubten und den allmächtigen HERRN anbeteten, wie Vieh hingeschlachtet wurden.

Und dieser Vorarbeiter, der gezwungen war, den SS-Mördern zu helfen, seine eigenen Blutsbrüder und Glaubensgenossen ins Verderben zu führen, dieser starke, auf den ersten Blick scheinbar zu allem bereite Fischl verzichtete in seiner Seele nicht auf den Glauben seiner Väter. In diesem Augenblick war er wohl der einzige von Millionen Juden auf der Welt, der den Namen Gottes an einem Ort pries, wo er am verworfensten geschändet wurde. Fischl kam mir wie ein Geschöpf aus einer anderen Welt vor, aus einer Welt, die Gott, den ich in Auschwitz vergebens zu begreifen suchte, allein regierte und verkörperte.

Unsere Befürchtungen, daß wir am nächsten Morgen wieder ins Krematorium müßten, um Tote zu verbrennen, erwiesen sich vorerst als unbegründet. Wir blieben drei Tage lang in unserer Zelle; am vierten Tag weckte uns in aller Herrgottsfrühe die schreckenerregende Stimme von Stark, der vom Hof durch das Zellenfenster schrie: »Fischl-Kommando, fertigmachen!« Unsere Arbeitsgruppe hatte jetzt einen Namen bekommen.

Es war im Morgengrauen, einige Stunden vor dem Appell, als wir den Hof des Krematoriums betraten. Die Häftlinge im Lager schliefen noch. Doch die SS-Leute mit ihren Maschinengewehren auf den Wachttürmen waren gerade jetzt besonders wachsam, denn bei Tagesanbruch pflegten sich jene Häftlinge für den einzigen Weg des Entrinnens zu entscheiden, den es gab – über die Sperrzone in den hochgespannten Strom des Stacheldrahtzauns. Oberscharführer Quackernack erschien jetzt mit einigen jungen SS-Unterführern. Es fiel mir auf, daß sie heute keine Stöcke trugen. Wir mußten uns wieder unter dem Fenster des Verbrennungsraumes an die Wand stellen.

Ein paar Minuten lang herrschte spannungsgeladene Stille. Dann hörten wir das Motorengeräusch von Lastwagen sich nähern. Vor dem Hof des Krematoriums hielten sie an, die Motoren wurden abgestellt, und dann wurde es wieder still, bis sich die beiden Flügel des hölzernen Hoftors öffneten. Eine Prozession von einigen hundert Männern und Frauen mittleren Alters kam auf den Hof. Auch einige Greise und ein paar Kinder waren dabei. Sie schritten friedlich herein, und man konnte bei ihnen keine Zeichen von Erschöpfung erkennen, wie bei den gejagten Menschen vor ein paar Tagen. Auch die sie begleitende SS-Eskorte benahm sich anders als zuvor. Die SS-Männer schrien nicht, trieben keinen an und schienen auch ihr ständiges Geschrei vergessen zu haben. Ihre Pistolen hatten sie unauffällig verborgen, und kein böses Wort kam aus ihrem Mund. Die Posten am Tor wurden schon ungeduldig, etwas schien ihnen nicht geheuer, die Kolonne ging zu langsam, und sie mußten, bevor sie das Tor schließen konnten, geduldig warten, bis auch der letzte des Zuges, ein einbeiniges, an einer Krücke humpelndes Männlein, den Hof erreicht hatte.
Auch uns kam das überraschend sanftmütige Auftreten der SS-Leute merkwürdig vor. Alle schauten freundlich drein, sie schubsten keinen, trieben die Menschen nicht an, prügelten nicht und zeigten den Leuten wie Verkehrspolizisten auf einer Straßenkreuzung mit den Armen an, wohin sie gehen sollten, damit alle gleichmäßig über den Hof verteilt waren. Manche aus dem Zug schauten sich neugierig, aber doch beunruhigt um und stellten erst dann ihre kleinen Koffer, Rucksäcke, Pakete und Bündel, die sie auf ihrem letzten Weg bei sich hatten, vor sich auf den Boden. Aus ihren Mienen und ihrem Aussehen konnte man entnehmen, daß sie schon viel mitgemacht hatten. Sie sprachen polnisch und jiddisch. Auch ich konnte einige Worte aufschnappen und daraus entnehmen, daß die Leute in einer Fabrik gearbeitet hatten. Von dort waren sie – angeblich als Fachleute für wichtige Aufgaben – abtransportiert worden. Obwohl das Verhalten der SS-Leute keinen

Grund zur Beunruhigung gab, rief der abgeriegelte Hof bei den Ankömmlingen ein gewisses Mißtrauen hervor. Die Worte »melochenen, hargenen, Fachowez, Malchemowes, Tojt – arbeiten, töten, Facharbeiter, Todesengel, Tod«, die ich mehrmals hörte, waren ein untrüglicher Beweis, daß ihre Gedanken sich an der Grenze von Leben und Tod bewegten und daß sie auf etwas warteten, was darauf hindeutete, daß man ihnen eine Chance geben würde, noch etwas Nützliches und Brauchbares zu tun. Das Leben und die Erfahrung im Ghetto, aus dem sie – mit dem gelben Judenstern gezeichnet – gekommen waren, hatten sie gelehrt, daß nur derjenige eine Chance hatte zu überleben, der sich als »nützlich« erwies und den die Nazis für ihre Ziele und Zwecke noch brauchen konnten. In dieser merkwürdigen Atmosphäre auf dem Hof des Krematoriums, wo zwar nichts auf eine Gefahr hindeutete, empfanden die Menschen dennoch Unsicherheit und Angst. Das Barometer ihrer Hoffnung schwankte auf und ab, wie ich aus vielen Gesprächsfetzen heraushörte.

Ich dachte nach, wie wir uns in dieser Situation verhalten sollten und was wir tun könnten; wir wußten ja, was mit den Menschen geschehen würde. Wie angewurzelt standen wir an der Wand, gelähmt von einem Gefühl der Ohnmacht und der Gewißheit von ihrem und auch unserem unabwendbaren Ende.

Ich kam zu der Überzeugung, daß es keine Macht auf der Welt gab, weder im Himmel noch auf Erden, die diese unschuldigen, arbeitsamen, nach Gottes Ebenbild geschaffenen Menschen vor dem Tode hätte retten können, zu dem sie ein größenwahnsinniger Diktator ohne Richter und ohne Urteil verdammt hatte, der sich eine Theorie über die Schädlichkeit der Juden erdacht hatte und entschlossen war, sie wie Ungeziefer auszurotten, wo immer er in seinem Machtbereich ihrer habhaft werden konnte. Hitler und seine Spießgesellen hatten diese Absicht nie verheimlicht und schon lange unverblümt kundgetan. Die ganze Welt wußte es und schwieg, und wer schweigt, so glaubten wir, stimmt zu. Solche Überlegungen hatten mich und meine Gefährten zu der Überzeugung kommen lassen, daß die Welt mit dem, was hier geschah, einverstanden sein mußte.

Hätte sich daher etwas am Lauf der Dinge geändert, wenn einer von uns vor die Menge getreten wäre und gerufen hätte: »Leute, laßt euch nicht hinters Licht führen, ihr geht euren letzten Gang, ein schrecklicher Tod wartet in der Gaskammer auf euch!«?

Die meisten hätten uns wahrscheinlich nicht geglaubt, weil das, was ihnen bevorstand, zu schrecklich war, als daß man daran hätte glauben können. Eine Warnung hätte nur Panik hervorgerufen, die mit einem blutigen Massaker geendet und auch unseren sicheren Tod bedeutet hätte. Hatten wir das Recht, solch ein Risiko einzugehen und damit unsere Chance zu verspielen, wenigstens vorläufig noch weiterzuleben? Was war in diesem Augenblick wichtiger, einige hundert noch lebende, aber vor dem unmittelbar bevorstehenden Tod nicht zu rettender Menschen oder eine Handvoll Augenzeugen, von denen der eine oder andere um den schrecklichen Preis des Leids und der Selbstverleugnung womöglich überleben und dereinst Zeugnis wider die Mörder ablegen konnte?

Das Geraune und Gemurmel der Menge verstummte plötzlich. Der Blick einiger hundert Augenpaare wandte sich nach oben zu dem flachen Dach des Krematoriums, auf das einige SS-Führer über den schrägen Damm hinaufgestiegen waren. In ihrer Mitte, direkt über dem Eingang zum Krematorium, stand Aumeier, flankiert von Grabner, dem Chef der Lagergestapo, und von Hössler, der später Führer des Frauenlagers wurde.

Als erster ergriff Aumeier das Wort. Mit seiner versoffenen Stimme redete er großsprecherisch auf die verschreckten, verängstigten und von Zweifeln geplagten Menschen ein. »Ihr seid hierhergekommen«, so ließ er sich laut vernehmen, »um so zu arbeiten, wie unsere Soldaten an der Front kämpfen. Wer arbeiten kann und will, dem wird es hier gutgehen.«

Nach Aumeier ergriff Grabner das Wort. Er forderte die Leute

auf, sich auszuziehen, weil sie in ihrem eigenen Interesse wegen der bestehenden Seuchengefahr desinfiziert werden müßten. »Als erstes müssen wir für euere Gesundheit sorgen«, erklärte er. »Deshalb müßt ihr zuerst unter die Dusche. Wenn ihr gebadet habt, bekommt jeder einen Teller Suppe.«
In die erstarrten Gesichter der Menschen, die begierig auf jedes Wort lauschten, war wieder Leben zurückgekehrt. Jetzt blickten sie schon etwas zuversichtlicher in die Zukunft. Die überzeugenden Ansprachen der SS-Führer hatten ihre Wirkung nicht verfehlt. Das anfängliche Mißtrauen und der Argwohn waren der Hoffnung, vielleicht sogar der Gewißheit gewichen, daß doch noch alles gut ausgehen würde. Hössler hatte die Situation erkannt und ließ sich auch noch vernehmen. Um dem großangelegten Täuschungsmanöver den Anstrich völliger Redlichkeit zu geben, spielte er den arglos gewordenen Menschen ein perfektes Theater vor. »Sie, dort drüben in der Ecke«, rief er und deutete mit dem Finger auf einen kleinen Mann, »was sind Sie denn von Beruf?«
»Schneider«, lautete, wie aus einer Pistole geschossen, die Antwort.
»Herren- oder Damenschneider?« erkundigte sich Hössler.
»Beides«, erwiderte der Gefragte selbstbewußt.
»Ausgezeichnet!« Hössler schien begeistert. »Genau solche Leute brauchen wir in unseren Ateliers. Wenn Sie aus dem Bad kommen, dann melden Sie sich sofort bei mir. Und Sie dort, was haben Sie denn gelernt?« Mit dieser Frage wandte er sich nun an eine gutaussehende Frau in mittleren Jahren, die ganz vorn stand.
»Ich bin Krankenschwester, Herr Offizier«, antwortete sie.
»Da haben Sie Glück, wir brauchen dringend Krankenschwestern in unserem Lazarett, und wenn noch andere dabei sind, sollen sie sich auch nach dem Bad bei mir melden.«
»Wir brauchen Handwerker aller Art«, mischte sich jetzt Grabner wieder ein. »Installateure, Elektriker, Automechaniker, Schweißer, Maurer und Betonmischer müssen sich alle melden. Aber auch Hilfsarbeiter brauchen wir. Jeder be-

kommt hier Arbeit und guten Lohn.« Dann schloß Grabner mit den Worten: »Und jetzt zieht euch aus. Beeilt euch, damit die Suppe nicht kalt wird.«

Die anfängliche Angst und die Befürchtungen der Menschen waren wie weggezaubert. Friedlich wie Lämmer zogen sich Männer und Frauen aus, ohne daß man sie hätte anschreien oder schlagen müssen. Jeder bemühte sich, so schnell wie möglich mit dem Ausziehen fertig zu werden, um ins Bad und in die unvermeidliche Desinfektion zu kommen. Nach kurzer Zeit war der Hof von Menschen leer. Nur noch zurückgelassene Schuhe, Kleider, Wäsche, Koffer und Kartons lagen auf dem Boden herum. Betrogen und getäuscht gingen Hunderte von Männern, Frauen und Kindern arglos und zukunftsgläubig in den großen, fensterlosen Raum des Krematoriums. Als der letzte die Schwelle überschritten hatte, schlugen zwei SS-Leute, die darauf gewartet hatten, die schwere, eisenbeschlagene und mit einer Gummidichtung versehene Tür zu und schoben die Riegel vor.

Die diensthabenden SS-Unterführer hatten sich inzwischen auf das flache Dach des Krematoriums begeben, von dem aus die SS-Führer zu der Menge gesprochen hatten. Sie nahmen von sechs getarnten Öffnungen die Deckel ab und schütteten, durch Gasmasken geschützt, die grünblauen Kristalle des Zyklon-B-Gases in die Gaskammer.

Nun wurden die Motoren der Lastwagen angelassen, die immer noch in der Nähe standen. Ihr Lärm sollte verhindern, daß man im Lager das Geschrei der Sterbenden in der Gaskammer und ihr Pochen gegen die Türen hören konnte. Uns blieb es nicht erspart, das alles aus nächster Nähe mitzuerleben. Es war, als wäre der Jüngste Tag angebrochen. Deutlich hörten wir herzzerreißendes Weinen, Hilferufe, Stoßgebete, heftiges Schlagen und Pochen gegen das Tor, und all das übertönt von dem Geräusch der auf Hochtouren laufenden Motoren der Lastwagen. Aumeier, Grabner und Hössler verfolgten auf ihren Armbanduhren die Zeit, die verging, bis es in der Gaskammer still geworden war. Dabei amüsierten sie sich und

rissen makabre Witze. Einen hörte ich sagen: »Das Wasser im Duschraum muß heute sehr heiß sein, weil sie so laut schreien.«
Ihren Gesichtern sah man an, daß sie zufrieden waren über diesen kampflosen Sieg, den das Dritte Reich heute über seinen erklärten Erzfeind errungen hatte. Mit dem Stöhnen und Röcheln der Sterbenden verstummte auch das Dröhnen der Motoren. Damit war wieder ein Einsatz der Aktion »Sonderbehandlung« erfolgreich beendet worden, wie der Befehl »Posten einziehen«! bestätigte.
Kurz danach erwachte hinter dem abgeschlossenen Areal des Todes das Lager wieder zum Leben. Die Essenholer schleppten Bottiche mit Tee in die Blocks, die Blockältesten bereiteten den morgendlichen Zählappell vor, die Kapos teilten die Häftlinge in die Arbeitskolonnen ein, und die schmissige Musik des Lagerorchesters, die das Ausrücken der Arbeitskommandos begleitete, drang zu uns herüber.
Aumeier war mit seiner Gefolgschaft vom Dach über die Böschung auf den Hof des Krematoriums heruntergestiegen. Selbstbewußt und mit einem gewissen Stolz wandte er sich an Quackernack und seine Spießgesellen und meinte wie ein Meister zu seinen Lehrlingen: »Habt ihr jetzt kapiert, wie man so etwas macht?«
Diese Praxis wurde in der Folgezeit als eine bewährte Methode der Massenvernichtung von Menschen ohne Blutvergießen angewandt und begann, ein ungeheuerliches Ausmaß anzunehmen. Seit Ende Mai 1942 verschwand auf diese Weise ein Transport nach dem andern im Auschwitzer Krematorium.
Freilich barg die Lage des Krematoriums in unmittelbarer Nachbarschaft des Stammlagers die Gefahr in sich, daß die »Geheime Reichssache« mit höchster Vertraulichkeitsstufe nicht sehr lange geheim bleiben könnte. Deshalb wurden die Kolonnen der Deportierten meistens ganz früh, wenn das Lager noch schlief, oder abends nach dem Appell ins »Bad« geführt. Im Lager wurde dann Blocksperre verhängt, und niemand durfte den Block verlassen, wenn er nicht riskieren

wollte, erschossen zu werden. Aus dem gleichen Grund hatte man auch uns Häftlinge, die an den Vorbereitungen zur Vernichtung von Juden und beim Verwischen der Spuren der Verbrechen mitwirken mußten, in zwei Gruppen eingeteilt, die voneinander getrennt arbeiten sollten. Dadurch wollte man verhindern, daß wir tiefere Einblicke in das Vernichtungssystem gewinnen konnten.

Erst wenn der Hof völlig leergefegt und gesäubert war, erschienen die Häftlinge des zweiten Kommandos, die Krematoriumsheizer. Bei ihrer Ankunft lagen in der bereits entlüfteten Gaskammer die Leichen der Vergasten, als wären sie gerade nackt vom Himmel heruntergefallen.

Die SS-Leute merkten bald, daß es vor uns nichts zu verbergen gab. Deshalb vereinigten sie unsere beiden Gruppen zu einem Arbeitskommando, den »Krematoriums-Kommando«. Zu seinem Kapo wurde der polnische politische Häftling Mietek Morawa bestimmt.

Wenn bis zum Morgengrauen kein Transport angekommen war, traten wir aus unserer Zelle im Block 11 auf den Hof hinaus und gesellten uns dort zu den Heizern. Ihr Kapo war mit seinen zwei polnischen »Kollegen« in einen »freien« Häftlingsblock untergebracht, während die drei jüdischen Heizer in Block 11 hausten.

Wie eine Arbeitskolonne, in Reih und Glied formiert, warteten wir auf den Abmarsch zur Arbeit. Dabei ergab sich häufig die Gelegenheit, mit anderen Häftlingen zu sprechen und Kontakte zur Welt des »freien« Lagers anzuknüpfen. Das verlieh uns neue moralische Kräfte in unserer Isolierung. Vor dem Ausrücken liefen die Kapos der verschiedenen Arbeitskommandos um ihre Gruppen herum, richteten die Reihen aus und zählten die Häftlinge mit peinlicher Sorgfalt, damit die Zahl ihrer »Schafe« bei der Kontrolle durch den Arbeitsdienstführer, einen SS-Mann, stimmte. Erst wenn das Lagerorchester anfing zu spielen, zogen die Kommandos unter den Klängen von Marschmusik zu ihren Arbeitsstätten, an ihrer Spitze der Kapo, der dem Arbeitsdienstführer Arbeitsauftrag und Häftlingszahl seiner Kolonne meldete. So marschierte ein Kommando nach dem anderen durch das Haupttor aus dem Lager, ausgerichtet in Reih und Glied, ein vieltausendköpfiges Heer von Sklaven in gestreiften Häftlingsmonturen. Ihre Zwangsarbeit war so organisiert, daß sie direkt oder indirekt ihrer eigenen Vernichtung förderlich war.

So reparierten und warteten die Häftlinge des Kommandos »Fahrbereitschaft« die Lastkraftwagen der SS, die nicht nur Material zum Aufbau des Lagers herbeischafften, sondern auch Lebende und Tote ins Krematorium brachten. Das Baukommando stellte die Betonpfeiler der endlosen Zäune auf, die von den Häftlingsschlossern mit Stacheldraht bespannt wurden. Die Elektriker-Kolonne war damit beschäftigt, den Stacheldraht unter Starkstrom zu setzen, und knüpfte so das Netz, in dem sie selbst und ihre Leidensgefährten unentrinnbar gefangen saßen, noch dichter. Die Tischler vom DAW-Kommando – DAW war die Abkürzung für Deutsche Ausrüstungswerke – hatten neben Arbeiten für die Waffen-SS auch das Holztor zum Hof des Krematoriums und die massive Tür gezimmert, die die Gaskammer luftdicht verschloß. Installateure hatten eine Wasserleitung in die Räume des Krematoriums gelegt und reparierten sie, wenn nötig, damit der Betrieb nicht ins Stocken kam. Das Maurerkommando errichtete anstelle des runden Kamins, der beim Brand des Krematoriums zerstört worden war, einen neuen, mächtigen viereckigen Schornstein. Ein Kommando von Fuhrleuten brachte mit Pferdegespannen Koks und Holz zur Verbrennung der Ermordeten herbei und transportierte vom Hof des Krematoriums und aus den Magazinen die Kleider und Effekten der Vergasten ab, das einzige, was außer Asche von ihnen übriggeblieben war.

Es war jedoch nicht nur die schwere physische Arbeit, mit der die Häftlinge zu ihrem eigenen Untergang beitragen mußten. Im Hexenkessel von Auschwitz, wo Menschen zu Tausenden dahinstarben wie Fliegen, wurden Häftlinge in den Prozeß des gewaltsamen Sterbens so einbezogen und manipuliert, daß die

Nazis vom ersten Augenblick ihre Mitwirkung an dem Massenmord, der unentdeckt bleiben sollte, erzwangen.
Die Vereinigung mit dem Heizerkommando hatte uns aus unserer trostlosen Isolierung befreit, und dadurch hatte sich auch unsere Stimmung etwas gehoben. Wir merkten jedoch bald, daß uns eine Gefahr drohte, mit der wir nicht gerechnet hatten. Sie ging aber nicht von SS-Leuten, sondern von den eigenen Reihen aus, nämlich von Mietek Morawa, einem jungen, stämmigen, blonden Polen. Als Zwanzigjährigen hatte man ihn im Herbst 1940 nach Auschwitz verschleppt. Auf seiner Brust war die Häftlingsnummer 5730 eintätowiert. Auf der Bluse trug er den roten Winkel der politischen Häftlinge, und das bedeutete im Lager schon etwas. In dem Milieu des Grauens und der Brutalität war aus dem jungen Mietek ein Rohling und Sadist geworden. Aber nur jüdische Mithäftlinge waren das Ziel seiner brutalen Attacken. Vielleicht war das damit zu erklären, daß Morawa infolge seiner ständigen Kontakte mit den SS-Leuten zu der Überzeugung gelangt war, daß an allem, was im Lager und auch draußen passierte, vor allem aber am Krieg, die Juden schuld seien, die ihn – wie es die Nazipropaganda ausposaunte – angezettelt und alles Leid, das er über die Menschen brachte, verschuldet hatten. Jedenfalls hatten ein übertriebener Nationalismus und unerklärbarer Judenhaß den Kapo des Krematorium-Kommandos zu einem gefürchteten Mörder seiner Mithäftlinge werden lassen. Treu und ergeben diente er den Henkern. Er wurde, nachdem er ein Günstling der Gestapomänner Grabner und Quackernack geworden war, immer überheblicher und brutaler. Schon in den ersten Tagen nach der Vereinigung des Fischlkommandos mit dem Heizerkommando kam es zwischen unserem Vorarbeiter und dem polnischen Kapo zu einem ernsten Zwist. Beide bestanden auf ihrer führenden Stellung. Morawa besaß das Vertrauen der Politischen Abteilung der Gestapo und die Unterstützung der mit ihm im Krematorium arbeitenden Polen Josef Ilczuk und Wacław Lipka. Fischls Stütze war der Lagerführer Aumeier. Außer uns fünfen aus Fischls Kommando ergriffen

aber auch die drei jüdischen Heizer aus Morawas Kommando für Fischl Partei. Von ihnen erfuhren wir, wie hart und brutal Morawa sie traktierte und wie viele unschuldige Häftlinge er schon ins Jenseits befördert hatte.
Gleich nach der Vereinigung der beiden Kommandos versuchte Mietek Morawa, auch einen von uns zu erledigen, aber Fischl bot ihm die Stirn und verhinderte es. So hatte das Auschwitzer Krematorium im Sommer 1942 praktisch zwei Kapos. Den offiziellen Kapo Mietek Morawa und Fischl, der sich durch seine körperlichen Kräfte und sein unerschrockenes Auftreten die nötige Autorität erworben hatte. Während unschuldige Opfer in der Gaskammer ihre Seelen aushusteten, rangelten und stritten die beiden Kapos um ihre Autorität und um die Herrschaft über das Kommando. Morawas Verhalten war brutal, und die Zeit, die ich in seinem Kommando verlebte, gehörte zu der schlimmsten meines Lebens. Er stand seinen SS-Vorbildern nicht nach, wenn es darum ging, Mithäftlinge zu demütigen, zu schikanieren oder neue Grausamkeiten zu erfinden. Als der Sommer zu Ende ging, starb Fischl an Flecktyphus. Schon vor seiner Inhaftierung in Auschwitz war sein Leben eine Kette von Erschütterungen und tragischen Erlebnissen gewesen. Doch der junge, dreiundzwanzigjährige Fischl war ihnen nicht unterlegen. Seine Erlebnisse hatten ihn bestärkt und gelehrt, sich in den schlimmsten und gefährlichsten Situationen zurechtzufinden. Schon bald nach dem Einmarsch der Nazis in Polen war sein Vater vor seinem Fleischerladen von Nazi-Soldaten erschossen worden. Seine Mutter, durch den Tod ihres Mannes vergrämt, war bald darauf gestorben. Wegen angeblichem Schwarzhandel mit Fleisch wurde der junge Fischl dann verhaftet und ins Gefängnis geworfen, nach einigen Monaten jedoch ohne Untersuchung und ohne Gerichtsurteil nach Auschwitz gebracht. Ins Krematorium war er ein paar Stunden früher als ich gekommen. Der Lagerführer Aumeier hatte ihn ausgesucht, als er im Block 11 nach »starken Männern für eine gute Arbeit« Ausschau hielt. Ohne zu zögern hatte sich Fischl gemeldet, doch als er durch

das Tor des Krematoriums trat und im Verbrennungsraum eine Menge Leichen sah, war er genauso schockiert wie ich. Seine Erfahrung hatte ihn aber schon eher als uns gelehrt, daß ein Aufbegehren gegen die SS einem Todesurteil gleichkam. Im Gefängnis hatte er nicht nur die Mentalität der SS-Leute kennengelernt, sondern auch die Fähigkeit, sich ihnen anzupassen und sie für sich einzunehmen. Vom ersten Augenblick an zeigte er bei der Arbeit nicht den kleinsten Deut von Unentschlossenheit, Erschrockenheit oder Unsicherheit. Er reagierte augenblicklich und prompt auf alle Befehle der SS-Leute, führte sie rasch und verläßlich aus, als gehörte das, was im Krematorium vorging, zu den alltäglichen Selbstverständlichkeiten. Er hatte sich im Laufe von ein paar Stunden erstaunliche Fertigkeiten beim Verbrennen von Leichen angeeignet, und durch die vorgespiegelte Beflissenheit eines zu allem entschlossenen Rabauken gewann Fischl von Anfang an die Sympathien, man könnte fast sagen das Wohlwollen des allmächtigen Aumeier. Dabei spielte Fischl ein doppeltes, sehr gefährliches Spiel, das er im Umgang mit den SS-Männern virtuos beherrschte. Meisterhaft täuschte er auch die von ihm erwartete unerläßliche Härte des Kapos vor, ohne aber jemals die Gesundheit, geschweige denn das Leben eines seiner Mithäftlinge zu gefährden. Fischl war kein Engel, aber auch alles andere als ein Mörder, und nach seinem Tod gelang es keinem mehr von uns, eine solche Autorität zu erlangen und ein ähnliches Gegengewicht gegen den rücksichtslosen Mietek Morawa zu bilden. Mit Fischls Tod aber ließ Mietek seine letzten Skrupel fallen.

So konnte ihn beispielsweise der Zustand eines der Fahrräder, die wir Häftlinge unter seiner Aufsicht für die SS-Leute von der Politischen Abteilung putzen mußten, wenn es ihm nicht sauber genug schien, in wilde Raserei versetzen. Auch dann, wenn er etwa auf den geschrubbten Steinen, mit denen der Hof des Krematoriums gepflastert war, eine kaum noch merkliche Spur von Blut fand, spielte er verrückt. Gab es im Krematorium einmal keine Leichen zu verbrennen, dann duldete

Morawa bei seinen Untergebenen keinen Müßiggang. Er jagte alle in einem fort herum und dachte sich alle möglichen Schikanen aus. Wir mußten fegen, putzen, polieren, während er alles peinlich kontrollierte. Mit Vorliebe widmete er sich den Winkeln und Ecken im Verbrennungsraum, wobei er mit den Fingerkuppen über die gußeisernen Armaturen der Öfen fuhr und einen Tobsuchtsanfall bekam, wenn vielleicht etwas Staub oder Schmutz daran haften blieb. Nach einer Litanei unflätiger Flüche und antisemitischer Drohungen forderte er dann den »Schuldigen« auf, sich zu melden. Wenn er ihn gefunden hatte, kam gewöhnlich der Befehl: »Maurice, Taburett!« Der von Mietek für schuldig Befundene mußte sich auf den Holzschemel legen, den Maurice geholt hatte. Dann hagelte eine Tracht Prügel, meist 25 Stockschläge auf das entblößte Gesäß des Unglücksraben. Am schlimmsten waren immer die ersten Schläge, bei denen die meisten »Delinquenten« sich bemachten. Erfahrene Häftlinge bissen die Zähne zusammen, um die ersten wütenden und heftigen Hiebe ohne sichtbare Regung zu ertragen, weil danach die Wut des Kapos abzuebben pflegte. Wenn einer die ersten Prügel aushielt, ohne zu mucksen, pflegte Morawa auf polnisch zu sagen: »Du Hurensohn, du bekommst nur fünfzehn, weil du so lange stillgehalten hast.«

Neue Häftlinge, die schon bei den ersten Schlägen schrien, sich krümmten, vom Taburett sprangen oder gar noch vor Mietek auf die Knie fielen und um Erbarmen flehten, steigerten nur seinen Zorn und seine Wut. Morawa prügelte sie dann blindlings, schlug sie auf die Hände und auch auf den Kopf, und je mehr sich der Bedauernswerte krümmte und vor Schmerzen wand, desto brutaler schlug der Kapo zu, wobei er nicht selten seine Opfer totknüppelte. Auf diese Weise verringerte Morawa innerhalb von wenigen Tagen die Zahl seiner ersten jüdischen Mithäftlinge von acht auf sechs. Für die Erschlagenen kamen neue kräftige Häftlinge, die aus dem nächsten Transport ausgesucht wurden.

Morawa unterschied sich von den übrigen Häftlingen nicht

nur durch seine Brutalität, sondern auch durch sein gepflegtes Äußeres. Immer hatte er eine saubere, maßgeschneiderte Montur an, auch sein täglich frisches Hemd trug einiges zu seinem dandyhaften Aussehen bei. Wer ihn einmal beobachtete, wie er mit seinen polnischen Gefährten vertraulich, ja fast freundschaftlich plauderte, oder zuhörte, wie er sich im Kreis der Lagerprominenten unterhielt, hätte nie geglaubt, daß dieser Mensch sich von einem Augenblick zum andern in einen Totschläger verwandeln konnte.

Ein besonders gutes Verhältnis hatte Mietek Morawa zu dem Unterscharführer Lorenz, einem Untergebenen des Gestapochefs Grabner. Lorenz machte mit seinem schwarzen, an einen Zigeuner erinnernden Schnurrbart und seinem schon etwas vorgerückten Alter einen leutseligen und gutmütigen Eindruck. Er sprach perfekt polnisch und redete mit Morawa nur in dessen Muttersprache. Dieser nannte ihn familiär, ja fast zärtlich, dziadunio, was soviel wie Großväterchen bedeutet. Lorenz tauchte fast täglich, manchmal mehrmals im Krematorium auf, um nachzusehen, ob Morawa für ihn und seine Spießgesellen in der Politischen Abteilung etwas organisiert hatte. Auch diese Aufgabe erfüllte Mietek Morawa offenbar zur vollen Zufriedenheit von Lorenz, denn nur so war das ungewöhnlich intime Verhältnis zwischen einem Häftling und einem SS-Unterführer zu erklären.

Nach jeder Demonstration seiner Stärke und Autorität notierte sich Morawa die Nummer des Erschlagenen und ging in die nahe Gestapo-Baracke, um die Dezimierung des »Mannschaftsstandes« zu melden und um Ersatz nachzusuchen. Anfangs erschien dann regelmäßig ein SS-Mann, um die Identität des Getöteten zu überprüfen. Später kam keiner mehr, denn inzwischen hatte sich der Kapo des Krematoriums das volle Vertrauen seiner SS-Vorgesetzten erworben. Morawa wohnte mit seinen zwei polnischen Gefährten mitten unter der Lagerprominenz auf Block 15, während wir weiterhin auf Block 11 in unserer Isolierung blieben.

Es war Spätherbst 1942, als wir eines Tages Unterscharführer

Stark vermißten. Zunächst rätselten wir herum, ob er krank war und wiederkommen würde oder ob man ihn vielleicht versetzt hatte. Als er nach einer Woche immer noch nicht wieder aufgetaucht war, kam das Gerücht auf, er sei an die Front versetzt worden. Einige wollten auch wissen, daß er Studienurlaub bekommen habe. Wir sahen ihn jedenfalls von dieser Zeit an nicht mehr im Krematorium. Keiner weinte ihm eine Träne nach.

Die Tötung von Menschen durch Gas war nicht die einzige Art des Massenmords in Auschwitz. Eine andere Art der Hinrichtung, von der ich an der schwarzen Wand des Blocks 11 häufig Zeuge geworden war, wurde auch in der Gaskammer des Krematoriums praktiziert, die wir auch als »Leichenhalle« bezeichneten. Kam ein zur Liquidierung bestimmter Transport mit weniger als 200 Menschen an, dann wurden sie meistens nicht durch Gas, sondern durch Genickschuß getötet. In solchen Fällen führten Morawa und seine zwei polnischen Gehilfen die Todeskandidaten einen nach dem andern zu der holzverkleideten Wand der »Leichenhalle« und hielten sie dort mit eisernem Griff fest. Die diensthabenden SS-Männer schickten dann die Opfer wie am laufenden Band eines Schlachthofs durch Genickschüsse aus schallgedämpften Kleinkalibergewehren in den Tod. Wurden Juden auf diese Weise umgebracht, dann ließ dies Morawa kalt. Er führte sie ruhig und gelassen zur Hinrichtung. Mußte er aber Polen auf ihrem letzten Weg begleiten, dann hatte er meist Tränen in den Augen. Wenn solch eine Exekution zu Ende war, gebärdete sich Morawa wie ein Irrer. Er zitterte dann vor Erregung und schrie uns zornig an: »Ihr jüdischen Hurensöhne, ihr seid schuld daran, daß meine Landsleute umgebracht werden!« In derartigen Situationen stürzte er sich oft wie wild auf einen jüdischen Häftling und prügelte ihn so lange mit einem Knüppel, bis der arme Teufel tot war. Ilczuk und Lipka versuchten oft, Morawa ins Gewissen zu reden und ihn von seinen Rasereien abzuhalten. Aber ihr Bemühen war meistens vergeblich, so daß sie schließlich schwiegen, weil sie fürchteten, der Kapo

könnte seine ungezügelten Aggressionen gegen sie selbst richten.
Vielleicht ist es schwer zu verstehen, wie schnell sich in diesem Milieu, in dem wir lebten, die Charaktere vieler Häftlinge veränderten. Aber weder Intelligenz, noch Bildung schützten vor einer Deformierung der Persönlichkeit und des Charakters, und gerade der junge Krakauer Student Mieczislaw Morawa war ein typisches Beispiel dafür.
Erst später habe ich erfahren, welchem Umstand Morawa seine »Karriere« als Kapo verdankte. Bevor er ins Krematorium kam, hatte es zu seinen Aufgaben gehört, in der Politischen Abteilung die Fahrräder zu reinigen. Dabei muß er dem Gestapochef Grabner durch seinen Eifer, seine Beflissenheit, seine Pedanterie und Zuverlässigkeit so imponiert haben, daß dieser ihn zum Kapo im Krematorium machte.
In den Öfen der Krematorien wurden auch die Toten verbrannt, die in anderen Lagerbereichen verstorben waren. Jeden Abend brachte man mit einem Rollwagen die Leichen aus dem Auschwitzer Krankenbau. Es waren hauptsächlich Muselmänner. So wurden Häftlinge genannt, die seelisch und vor allem körperlich vollkommen heruntergekommen waren. Sie bestanden nur noch aus Haut und Knochen und waren ohne Muskeln und ohne Fett. Ihre dünne, pergamentartige Haut war von den spitzen Knochen des Skeletts oft durchgescheuert, so daß sich schwärende, entzündliche Wunden gebildet hatten.
Sie waren vor Entkräftung gestorben oder mit Phenolinjektionen »abgespritzt« worden. Auch Opfer pseudomedizinischer Versuche waren manchmal unter den Toten. Die Leichenträger, die den Rollwagen vom Krankenbau auf den Hof des Krematoriums herüberschieben mußten, waren weiß gekleidet. Meistens kamen sie zu sechst oder zu siebt. Beim Abladen kletterten zwei von ihnen auf den Wagen hinauf und warfen die Leichen herunter. Dabei packte einer die Toten an den Handgelenken, der andere an den Fersen. Dann schaukelten sie diese ein paarmal hin und her und ließen sie, wenn sie

genügend Schwung hatten, los, so daß sie klatschend auf das Pflaster aufschlugen. Die Geräusche, die man oft vernehmen konnte, wenn den Toten beim Aufprall Luft aus dem Mund oder dem Darm entwich, hörten sich gespenstisch an.
Während die übrigen Leichenträger jeweils rechts und links einen Toten ins Krematorium schleiften, wurde das Pflaster ständig mit Wasser begossen, damit die Last besser rutschte. Sobald alle Leichen ins Krematorium geschafft worden waren, reinigten die Leichenträger noch den Hof, bevor sie den Rollwagen in den Krankenbau zurückbrachten.
Auch der Anblick von anderen Toten aus dem Krankenbau war oft grauenhaft. Häufig waren zerstückelte und sezierte Leichen unter ihnen, viele der jungen Männer und Frauen hatten auffällige Verbrennungen und Eiterungen an den Hoden und am Unterleib oder Geschwüre am Bauch und an den Schenkeln. Wieder andere waren rosa-bläulich verfärbt oder hatten lilafarbene Gesichter und verkrampfte Kinnbacken. Auch die auf dem Hof von Block 11 durch Genickschuß hingerichteten Opfer wurden ins Krematorium gebracht, um hier verbrannt zu werden.
Fast jede Nacht wurde auch ein Lastwagenanhänger auf dem Hof des Krematoriums abgestellt. Er war mit Leichen von Häftlingen beladen, die im Lager Birkenau verstorben oder getötet worden waren. Morgens mußten wir ihn abladen. Dabei wurde einfach der vordere Teil der Ladefläche hochgekurbelt, so daß die Leichen herunterrutschten und auf das Pflaster fielen.
Sogar wir Häftlinge des Sonderkommandos erschauerten beim Anblick der Toten, die von Zeit zu Zeit in Holzkisten mit einem Auto der Gestapo von Kattowitz ins Krematorium gebracht wurden. Wenn diese Kisten geöffnet worden waren, fanden wir meistens zwei ausgeblutete, bleiche Rümpfe, zu deren Füßen die abgeschlagenen Köpfe mit ausdruckslosen Augen lagen.
Unter den Geköpften, die aus Kattowitz ins Krematorium gebracht wurden, war eines Tages auch der Leichnam des deut-

schen Bürgermeisters von Auschwitz. Als er ins Krematorium kam, war er zur Einäscherung noch nicht freigegeben worden. Erst als einige SS-Leute der Politischen Abteilung die Leiche inspiziert hatten, durfte sie verbrannt werden. Wir erfuhren, daß man den Bürgermeister wegen Unregelmäßigkeiten guillotiniert hatte.

Von Zeit zu Zeit kamen auch SS-Ärzte ins Krematorium, meistens Hauptsturmführer Kitt und Obersturmführer Weber. An solchen Tagen ging es wie in einem Schlachthof zu. Vor den Hinrichtungen befühlten die beiden Ärzte wie Viehhändler die Schenkel und Waden der noch lebenden Männer und Frauen, um sich »die besten Stücke« auszusuchen. Nach der Erschießung wurden die Opfer auf einen Tisch gelegt. Dann schnitten die Ärzte Stücke von noch warmen Fleisch aus den Schenkeln und Waden heraus und warfen es in bereitstehende Behälter. Die Muskeln der gerade Erschossenen bewegten sich noch und konvulsierten, rüttelten in den Eimern und versetzten diese in ruckartige Bewegungen. Anfangs dachten wir, die Nazis würden das Menschenfleisch zu plastischen Operationen an verwundeten Soldaten verwenden. Erst später erfuhren wir, daß dieses Fleisch in das Hygiene-Institut Rajsko gebracht wurde, wo man es im Labor zum Züchten von Bakterienkulturen verwendete. »Pferdefleisch würde es auch tun, aber dafür ist es im Krieg zu schade«, hörte ich Quackernack einmal sagen.

Der Dauerbetrieb, vor allem die damit verbundene Überbeanspruchung der Öfen, mit der man bei der Errichtung des Krematoriums offensichtlich nicht gerechnet hatte, ließ die Schamottziegel der Innenauskleidung zerbröckeln, so daß der Kamin schließlich einzustürzen drohte. Daher wurde im Sommer 1942 ein neuer, viereckiger Kamin mit doppelter Schamottauskleidung an die Öfen angebaut. Während dieser Arbeiten wurde aber der Betrieb im Krematorium nicht unterbrochen. Am Bau des Schornsteins arbeitete ein etwa 30köpfiges Kommando. Es waren überwiegend jüdische Häftlinge. Von einem, der aus der Slowakei stammte, erfuhr ich, daß mein

Vater kürzlich mit einem Transport aus dem Konzentrationslager Lublin nach Auschwitz gekommen sei. Ich suchte nun fieberhaft nach ihm. Als ich herausgefunden hatte, auf welchem Block er untergebracht war, gelang es mir, gegen Dollars und Brillanten, die ich organisiert hatte, den Kapo des Maurer-Kommandos dazu zu bringen, meinen Vater in sein Kommando aufzunehmen. Eines Morgens, als ich gerade mit einer Schubkarre Schlacke aus dem Krematorium herausfuhr, traf ich in der kleinen Holzbude des Kapos unweit des im Bau befindlichen Kamins meinen Vater wieder. Weder wußte, noch ahnte er, in was für einem verfluchten Kommando ich arbeitete. Erregt vor Freude über unser Wiedersehen umarmte er mich, streichelte meine Wangen und sagte immer wieder mit vor Rührung bebender Stimme: »Mein lieber Junge, Tag für Tag habe ich Ausschau nach dir gehalten und dich unter den Musikanten des Lagerorchesters gesucht. Ich hab gewußt, daß du dort bist.«
Dann wandte er sich an einen neben ihm stehenden Häftling und fügte mit Befriedigung, ja mit einem gewissen Stolz hinzu: »Was für ein Glück, daß mein Filip so ein wunderbarer Geiger ist. Das wird ihn vor dem Schlimmsten bewahren.«
Ich hatte nicht die Kraft, länger zu verweilen. Was hätte ich in diesem Augenblick meinem Vater antworten sollen, diesem redlichen, auf die Wahrheit eines Wortes noch immer vertrauenden Menschen. Was hätte ich ihm sagen sollen, ihm, der von den Intrigen der faschistischen slowakischen Hlinka-Garde angewidert war und sich schon im Februar 1942 freiwillig für einen Transport nach Osten gemeldet hatte, um – wie er im Brustton ehrlicher Überzeugung erklärt hatte – dort mitzuhelfen, für seine Familie eine neue Existenz aufzubauen. Und nun, bei unserer Begegnung, unterdrückte er all seine Enttäuschung. Er versuchte alles Böse und Schlimme zu verdrängen, und versetzte sich in eine Art Traumwelt, die nur noch aus frommen Wünschen bestand. Am liebsten hätte ich herausgeschrien: »Du irrst dich, Vater, dein Sohn Filip, einst hoffnungsvoller Gymnasiast und Absolvent der Geigenschule von

Professor Rihák, ist kein Musiker, sondern ein Leichenverbrenner! Hörst du, Vater, dein Sohn Filip ist Heizer im Krematorium! Doch meine Kehle war wie zugeschnürt und keines Wortes fähig. Tränen in den Augen, lief ich aus der dunklen Hütte, ergriff den Schubkarren und rannte zur Tür des Krematoriums. Es war auch höchste Zeit, denn Mietek Morawa erkundigte sich gerade, wo ich geblieben sei.

Ich traf meinen Vater noch einige Male. Trotz aller Hilfe und Unterstützung, die ich ihm hatte zukommen lassen, siechte er immer mehr dahin. Eines Tages merkte ich, daß er sich kaum noch auf den Beinen halten konnte. Ich sah, daß er fieberte. An seinen glänzenden Augen und den aufgesprungenen Lippen war unschwer zu erkennen, daß er an Flecktyphus erkrankt war. Als wenige Tage später der Rollwagen vom Krankenbau kam und auf dem Hof abgeladen wurde, lag unter den Toten auch sein Leichnam. Meine Kameraden trugen ihn ins Krematorium und legten ihn im Verbrennungsraum auf den Trog des Rollwagens. Vor den glühenden Öfen betete Schwarz den Kaddisch. An diesem Ort der Verdammnis, in einer Atmosphäre, die ein Gefühl der Eitelkeit alles Irdischen, der Vergänglichkeit und der Hoffnungslosigkeit vermittelte, blieb Schwarz unerschüttert und unerschütterlich und pries, getreu der jahrtausendealten Tradition seiner Vorfahren, den HERRN und Schöpfer: »Erhaben und geheiligt sei sein großer Name in der Welt, die er nach seinem Willen erschaffen hat. Er wird regieren in seinem Reich, in Eurem Leben, in Euren Tagen und im Leben des ganzen Hauses Israel zu dieser Zeit und in alle Ewigkeit. Amen.«

Ich hatte schon geglaubt, nach all den erlebten Greueln und Brutalitäten wären jegliche menschlichen Regungen und Gefühle in mir erstorben. Als aber Schwarz den Kaddisch sprach, in hebräischen Worten, die ich damals kaum verstand, empfand ich in meiner Seele unsagbaren Schmerz und tiefe Trauer, die ich mit Worten nicht auszudrücken vermag. Doch das Gebet half mir, den Schmerz zu überwinden und mein Herz zu beschwichtigen in dieser schweren Stunde, als die

Flammen die sterblichen Überreste meines Vaters unwiderbringlich verzehrten. In meinem Gram und Leid hing ich merkwürdigen und seltsamen Gedanken nach: Sollte ich vielleicht doch durch ein Wunder dieser Hölle entrinnen? Würde die Welt vielleicht eines Tages mein Zeugnis ungläubig zur Kenntnis nehmen? Eilte die Zivilisation, in deren Namen und mit deren Mittel hier ein altes Kulturvolk vernichtet wurde, nicht mit Riesenschritten ihrem Untergang entgegen?

Die neuen Todesfabriken

Von der Errichtung des neuen, viereckigen Kamins hatte sich die SS-Bauleitung einen reibungslosen Betrieb des Krematoriums versprochen. Aber schon bald stellte sich heraus, daß er den Belastungen nicht gewachsen war. Während des Betriebs lösten sich ständig Schamottziegel und verschütteten den Kanal, durch den der Rauch abziehen sollte. Judentransporte, die nach wie vor ankamen, konnten im Krematorium nicht mehr ohne Störungen »abgefertigt« werden. Deshalb mußte der Betrieb im Herbst 1942 eingeschränkt werden.

Die kleine »Todeswerkstatt«, in deren Gaskammer mehr als 700 Menschen hineingepfercht werden konnten, hatte von Anfang an nur als Entlastung für die beiden in Birkenau installierten Vernichtungsstätten gedient, die als Bunker I und II bezeichnet wurden. Es waren zwei weiß getünchte Bauernhäuser mit Strohdächern, die von dem Dorf Brzezinka übriggeblieben waren und die man zu Gaskammern umgebaut hatte. Sie standen westlich von den späteren Krematorien IV und V.

Die Menschen, die hier vergast worden waren, hatte man in Massengräbern verscharrt, die in der Nähe ausgehoben worden waren. Als im Sommer 1942 die Sonne auf die Erde brannte, begannen die Leichen aufzuquellen und die Erdkruste aufzubrechen. Die schwarze Masse, die dabei an die Oberfläche kam, verbreitete einen scheußlichen Gestank und verseuchte das Grundwasser der Umgebung.

Damals mußten wir eines Tages mit einem Lastwagen einige Fässer Chlorkalk vom Krematorium dorthin bringen. Man verstreute ihn in großer Menge, aber es half nichts. Davon konnte ich mich überzeugen, als wir im Oktober 1942 wieder zu den Gruben fuhren und einige Fässer Öl dorthin brachten. Dabei kam ich mit einigen Häftlingen des dortigen Sonderkommandos ins Gespräch. Es setzte sich hauptsächlich aus slowakischen Juden zusammen, ein paar andere stammten aus Frankreich. Sie waren gerade damit beschäftigt, die verwesenden Leichen auszugraben und zu verbrennen. Das Gelände, auf dem sich das gespenstische Geschehen abspielte, war in schwarzgraue Rauchschwaden und beißenden Qualm gehüllt. Am Rande des Massengrabes lag ein Haufen blauschwarzer Kadaver, von unzähligen Maden übersät.

Eine Gruppe von Häftlingen warf sie auf Loren, eine zweite Gruppe schob diese zu einer Grube, in der sie verbrannt wurden.

Ich hatte mich etwas umgesehen und unter den Häftlingen, die hier arbeiteten, zwei Freunde aus dem Gymnasium in Trnava erkannt. Ich konnte mit ihnen auch sprechen, als Hauptscharführer Moll und Oberscharführer Quackernack zu den Baracken bei den Bauernhäusern gingen. Dabei erfuhr ich, daß sie seit dem Frühjahr 1942 bei den Bunkern arbeiteten. Schon vor ihnen hatten hier 80 Häftlinge, die das erste Sonderkommando bildeten, Leichen in Massengräbern verscharrt. Diese ersten Mitwisser der Massenvernichtung waren aber inzwischen von Moll alle beseitigt worden.

Während wir miteinander redeten, tauchten plötzlich ein paar SS-Leute auf und jagten uns auseinander. Sie wußten offenbar nicht, daß auch ich zu den Geheimnisträgern gehörte, die Einblick in die Massenvernichtung hatten.

Mitte Dezember 1942 wurden die Häftlinge dieses Sonderkommandos ebenfalls vergast und verbrannt. Als wir ihre Leichen aus der Gaskammer herausschafften, fanden wir bei einigen bekritzelte Zettel, denen zu entnehmen war, daß Stubendienste einen Fluchtplan, den sie unternehmen wollten, verraten hatten.

Trotz der Schwierigkeiten mit dem Kamin blieb das Auschwitzer Krematorium weiterhin in Betrieb. In den ersten Monaten des Jahres 1943 diente es auch zur Ausbildung für eine neue Mannschaft von Heizern, die in den noch im Bau befindlichen Krematorien von Birkenau eingesetzt werden sollten. Es waren etwa 20 jüdische und drei polnische Häftlinge, die von Kapo Morawa mit der Arbeit im Krematorium vertraut gemacht wurden.

Die meisten von ihnen waren Ende 1942 aus dem Ghetto der polnischen Stadt Ciechanów ins Lager gekommen. Ihr weiteres Schicksal wurde bei der Ankunft ihres Transportes auf der Rampe entschieden. Denn an diesem Tag suchten die diensthabenden SS-Leute bei der Selektion neue Sklaven für das Sonderkommando aus und sonderten die jüngsten und kräftigsten Männer aus.

Am Ende standen drei Gruppen auf der Rampe. In der ersten befanden sich hauptsächlich Frauen mit kleinen Kindern, ältere Leute und Greise, die zweite Gruppe setzte sich aus jüngeren Burschen, Mädchen und kinderlosen Frauen zusammen, während für die dritte etwa 200 kräftige Männer selektiert worden waren.

Keiner konnte sich vorstellen, was diese Einteilung zu bedeuten hatte. Die meisten dachten, man habe die Frauen und Kinder zusammengestellt, damit sich die Mütter um ihre kleinen Kinder kümmern könnten, daß die Jüngeren vielleicht normal arbeiten und die kräftigen Männer schwere Arbeiten verrichten sollten. Als sie dann sahen, wie die Frauen mit den Kindern und die älteren Leute auf Lastwagen kletterten und abtransportiert wurden, schwand ihre Hoffnung auf ein gemeinsames Zusammenleben mit der Familie. Später wurden sie ins Lager gebracht und kamen dort mit älteren Häftlingen zusammen. Dabei mußten sie die erste ernüchternde Erfahrung machen. Julek, ein Student, der im Auschwitzer Krematorium zum Heizer ausgebildet wurde, erzählte mir, wie man ihm im Lager, als er sich bei anderen Häftlingen nach seinen Angehörigen erkundigte, zynisch und teilnahmslos erklärte, die seien längst im Himmel. Ähnlich wie ihm war es auch den anderen ergangen. Ihr Schock in den ersten Tagen muß groß gewesen sein. Sobald sie ihn aber überwunden hatten, begannen die meisten, sich Gedanken zu machen, wie man unter den schrecklichen Bedingungen, die hier herrschten, vielleicht doch weiterleben könnte. Zwar wußten alle, wo sie sich befanden und daß sie nichts Gutes zu erwarten hatten. Aber so verschieden die Charaktere und Temperamente der Häftlinge auch waren, in einem Punkt dachten alle ziemlich gleich: Jeder rechnete insgeheim damit, daß vielleicht er doch eine geringe Chance hätte, hier wieder herauszukommen.

Zur Auffüllung des Sonderkommandos wandte die SS alle möglichen Täuschungsmanöver an. So war beispielsweise mein Freund Stanislav Jankowski auf einen üblen Trick hereingefallen. Eines Tages hatte man ihm erklärt, für eine gut entlohnte Arbeit in der 200 km entfernten Schuhfabrik Bata würden einige gesunde und kräftige Häftlinge gesucht. Arglos und erwartungsvoll meldete er sich daraufhin zu dieser Arbeit. Als er ein wenig später ins Krematorium geführt wurde und merkte, wie man ihn hereingelegt hatte, war es zu spät.

Die Gerüchte über den Bau von vier neuen Krematorien in Birkenau wurden immer zahlreicher. Mitte Juli 1943 war es soweit. Das alte Auschwitzer Krematorium schloß jetzt seine Tore für immer. Acht SS-Männer ukrainischer Herkunft waren unter den letzten, die hier eingeäschert wurden. Wegen ihrer Nationalität hatten sie befürchtet, eines Tages erschossen oder vergast zu werden; deshalb waren sie geflüchtet. Die Flucht war ihnen sogar gelungen. Bei ihrer Verfolgung kam es, nachdem sie in den Bergen gestellt worden waren, zu einer Schießerei, bei der alle acht getötet wurden. Als Schwarz ihre Uniformen nach Zigaretten durchsuchte, fand er drei Eierhandgranaten. Er versteckte sie in einer Aschenurne, von denen immer eine große Menge im Lagerraum des Krematoriums herumstand. Als wir dann plötzlich nach Birkenau überstellt wurden, blieb keine Gelegenheit mehr, die Handgranaten mitzunehmen. Einige Wochen später gelang es uns aber doch, die

Urnen nach Birkenau zu bringen. Diese Handgranaten waren die ersten Waffen, die in unsere Hände gelangten.
Über der alten Auschwitzer Todeswerkstatt, die ursprünglich einmal als Lagerstätte für Rüben dienen sollte, lag jetzt Friedhofsruhe.
Zehntausende von Juden aus Oberschlesien, der Slowakei, Frankreich, Holland, Jugoslawien, aus den Ghettos Theresienstadt, Ciechanów und Grodno waren hier getötet und verbrannt worden. Ihre Asche hatte man in die Weichsel gestreut. Gelegentlich war auch einmal eine Urne gegen Zahlung einer Gebühr an Angehörige eines verstorbenen Häftlings geschickt worden, wenn es sich nicht um einen Juden gehandelt hatte. Die Angehörigen des Toten bekamen natürlich nicht dessen Überreste. In die Urnen wurde einfach eine Handvoll Asche gefüllt, die im Krematorium immer haufenweise herumlag.
Die sechs Öfen und die kleine Gaskammer im alten Krematorium hatten dazu gedient, eine möglichst wirksame Methode der massenweisen Vernichtung von Menschen zu erproben und weiterzuentwickeln.
Die kalten Mauern des Gebäudes, das an drei Seiten von abschüssigen Erdaufschüttungen umsäumt war, waren zu stummen Zeugen der Schreckenstaten geworden, die sich hier zugetragen hatten. Uns brauchte hier niemand mehr. Daß man uns die Chance gab, weiterzuleben, verdankten wir einzig und allein dem Umstand, daß die vier neuen Krematorien in Birkenau inzwischen in Betrieb genommen worden waren.
Wir nahmen Abschied von Jakob Kozelczuk, dem Bunkerkalfaktor des Blocks 11, der als »Bunker-Jakob« bekannt war. Jakob war Anfang 1943 nach Auschwitz gekommen. Er war ein Hüne, athletisch und muskulös. Es wurde erzählt, er sei Sparringspartner von Max Schmeling gewesen. Auch in Auschwitz stellte er seine Bärenkräfte oft unter Beweis, wenn er sonntags nachmittags auf dem Platz vor der Häftlingsküche vor Tausenden von Häftlingen und zahlreichen SS-Männern Eisenstangen hinter seinem Rücken U-förmig verbog. Seine Kräfte hatten ihm auch bei den SS-Leuten Respekt verschafft

und zu seiner Stellung als Gefängniskalfaktor im Bunkerblock 11 verholfen. Dort konnte man solch einen Hünen gut brauchen, vor allem dann, wenn Häftlinge aus dem Bunker zur Erschießung vor die schwarze Wand im Hof geführt werden mußten. Dennoch gehörte Jakob zu jenen Menschen, die sich oft durch außergewöhnliche Hilfsbereitschaft und Gutmütigkeit auszuzeichnen pflegen. Nicht nur wir hatten ihm zu verdanken, daß unsere Daseinsbedingungen, seit er im Block 11 Funktionshäftling geworden war, sich spürbar besserten. Jeden Sonntag nach dem Ende des Nachmittagsappells ließ er auch uns ins Lager hinaus, nicht ohne uns zuvor aufzufordern, dort zu erzählen, was hier vorging.

Als ich nach Birkenau kam, wollte ich zuerst nicht glauben, wie sich die Sumpflandschaft, die vor 15 Monaten noch öde und leer gewesen war, seitdem verändert hatte. Zu dem kleinen Abschnitt B I, wo ich Anfang April 1942 einige Tage verbracht hatte, war der Abschnitt B II gekommen. Mit seinen sieben weitgehend fertiggestellten Lagern und etwa 200 Barakken war eine neue Sklavenstadt entstanden.

Nach unserer Überstellung wurden wir dem Lager B II d zugeteilt. Unsere Wohnbaracke war der Block 13. Auf den ersten Blick unterschied er sich nicht von den anderen Blökken. Sein Äußeres erinnerte eher an einen Pferdestall als an eine menschliche Behausung. Die Baracke war etwa 40 Meter lang und 10 Meter breit. Wenn man genauer hinsah, konnte man feststellen, daß der Hof – im Gegensatz zu den anderen Höfen – von einer Mauer umgeben war. Das Tor war fast immer abgeschlossen. Der einzige Ausgang befand sich bei der vorderen Tür. Hier stand die Torwache, meist ein junger, kräftiger Häftling, der mit einem Holzknüppel bewaffnet war. Er sollte dafür sorgen, daß niemand von außen mit den hier untergebrachten Geheimnisträgern Kontakt aufnehmen konnte.

Herrscher im Block war Serge, ein Pariser Textilkaufmann polnischer Herkunft. Er war Ende März 1942 mit einem Transport aus Compiègne ins Lager gekommen. Den Ärmel seiner Häftlingsmontur zierte eine rote Armbinde, auf die mit weißem Garn das Wort »Blockältester 13« aufgenäht war. Serge, vielleicht 30 Jahre alt und von mittlerer Statur, hatte ein auffällig gerötetes Gesicht. Seine breitgerahmte Brille, die an einen Intellektuellen denken ließ, paßte nicht so recht zu ihm. Obwohl ich nur ein gewöhnlicher Häftling und er ein einflußreicher Funktionshäftling war, kam er mir in vielem entgegen, ganz einfach deswegen, weil uns annähernd gleiche Häftlingsnummern eintätowiert worden waren. Unter den Häftlingen wurde nämlich jeder, der durch eine niedrige Nummer ausgewiesen war, automatisch respektiert.

Im Block waren ungefähr 400 Häftlinge untergebracht, hauptsächlich polnische Juden aus dem Ghetto Ciechanów und dem Lager Kielbasin, daneben eine Gruppe französischer Juden polnischer Herkunft aus dem Lager Drancy, einige holländische, griechische und aus der Slowakei stammende Juden bildeten die Restgruppe. Das Zusammenleben mit diesen Kameraden nach fast 14 Monaten der Isolierung im Block 11 in Auschwitz gab mir ein Gefühl der Verbundenheit durch unser gemeinsames Schicksal. Ich kam mir in der neuen Umgebung nicht mehr ganz so hoffnungslos und verzweifelt vor wie zuvor. Verglichen mit dem neuen Block, der zwar auch vom übrigen Lager isoliert war, war die Bunkerzelle 13 im Block 11 in Auschwitz ein finsteres Kerkerverlies gewesen. Jetzt konnte man auf dem Hof Luft schnappen, in den Waschraum gehen, wenn man sich erfrischen wollte, und mit Kameraden, die in ihrer Mehrheit anständig waren, über alles mögliche reden, was einen beschäftigte. In diesem Milieu schienen mir die Voraussetzungen für ein erträgliches Zusammenleben besser als zuvor, zumal die polnischen Häftlinge Ilczuk, Lipka und der Kapo Morawa im Prominentenblock 2 wohnten. Die Gelegenheit, hin und wieder Kontakte mit Häftlingen außerhalb des Blocks aufzunehmen, aber auch das menschlichere Verhalten der Kapos Schlojme, Lajzer, Kaminski und Lipka ließ mich zum ersten Mal wieder an die Zukunft denken. Bei aller Monstrosität der Massenvernichtung wurde jetzt der uns immer

wieder bedrückende Gedanke an das nahe bevorstehende und sichere Ende doch etwas in den Hintergrund gedrängt.
Auch sonst hatte sich in Birkenau einiges zum Besseren geändert. Neben ihren polnischen Kollegen, die schon seit Frühjahr 1942 im Häftlingskrankenbau tätig waren, erlaubte man jetzt auch einigen jüdischen Ärzten, dort zu arbeiten. Auch in anderen Lagerbereichen übernahmen jüdische Blockälteste, Schreiber und Stubendienste die Verwaltung wichtiger Funktionen. Wenn die Arbeitskommandos ausrückten, sah man jetzt hin und wieder Kapos und Vorarbeiter, die den Judenstern trugen. Das wäre 1942 nicht möglich gewesen.
Der Grund für diese Entwicklung lag offensichtlich in der militärischen und wirtschaftlichen Lage des Dritten Reiches, die immer ungünstiger wurde. Spürbare Veränderungen konnte man vor allem nach der Niederlage der deutschen Armeen bei Stalingrad feststellen. In Auschwitz und seinen Nebenlagern wurden Industriebetriebe von höchster Kriegswichtigkeit, wie z. B. die Bunawerke, die Weichsel-Union Metallwerke, die Deutschen Erd- und Steinwerke, die Deutschen Ausrüstungswerke und andere mehr in großer Zahl aus dem Boden gestampft. Da diese Betriebe effizient produzieren mußten, stand die Lagerleitung vor der Notwendigkeit, ein möglichst großes Reservoir von Häftlingen als billige Arbeitskräfte am Leben zu erhalten. Vernichtung durch sinnlose Arbeit, die lediglich als Vorwand zur Tötung von Häftlingen diente, konnte man sich bei der angespannten militärischen und wirtschaftlichen Lage, wo jede Arbeitskraft gebraucht wurde, nicht mehr erlauben. Früher ließ man, um ein Beispiel zu nennen, große Haufen Sand von Häftlingen stundenlang im Laufschritt von einem Platz zum anderen hin- und herschaffen. Als Transportmittel dienten die Blusen der Häftlingsmonturen, die vorn wie eine Schürze hochgehalten wurden. Diese Art »Sport«, die von großem Geschrei und ständigen Schlägen der SS-Schergen begleitet war, fand meistens erst dann ihr Ende, wenn eine größere Zahl Opfer auf der Strecke geblieben war.

An die Stelle solch sadistischer Exzesse trat jetzt die »Vernichtung durch Arbeit«.
Wenn auch die zynische Einstellung der SS uns gegenüber die gleiche blieb, so kam uns die neue Situation doch bis zu einem gewissen Grade entgegen. Wenigstens die Gesunden und Arbeitsfähigen hatten jetzt die Chance, sich mit Verstand, Geschick und Korruption eine Zeitlang über Wasser zu halten. Die schwere Sklavenarbeit und die mangelhafte Ernährung mit etwa 1200 Kalorien täglich, bei der vor allem Eiweiß, Fett und Vitamine fehlten, führte allerdings bei den meisten nach einigen Monaten zur Auszehrung. War ein Häftling mit seinen Kräften am Ende und erbrachte er nicht mehr die erwartete Leistung, dann blieb ihm der Gang in die Gaskammer nicht erspart.
Unter diesen neuen, wenn auch harten Lebensbedingungen war die Todesquote bei den jüdischen Häftlingen verglichen mit dem Jahr 1942 stark zurückgegangen. Zudem wurden die nichtjüdischen Häftlinge immer häufiger in das Konzentrationslager Buchenwald und in andere Lager überstellt. Das führte zwangsläufig zu Veränderungen in der personellen Zusammensetzung der Masse der Häftlinge, aber auch in der Häftlingshierarchie. Jüdische Funktionshäftlinge waren nichts Ungewöhnliches mehr.
Mit meinem Kameraden Jankowski, der mit demselben Transport wie unser Blockältester nach Auschwitz gekommen war, teilte ich eine Pritsche in der dritten Etage. Dort waren die besten Plätze, weil niemand über einem lag. Neben mir lag Daniel Obstbaum. Jeder, der mit diesem vielleicht 35 Jahre alten Mann in Berührung kam, erkannte rasch, daß er es mit einem intelligenten und ernsten Menschen zu tun hatte. Er war wegen Verbreitung antinazistischer Flugblätter in Frankreich, wo er in einem kriegswichtigen Flugzeugwerk gearbeitet hatte, mit Frau und Kindern nach Auschwitz deportiert worden, obwohl er wegen seiner besonderen beruflichen Qualifikation als Facharbeiter von der Internierung verschont geblieben war. Seine Familienangehörigen waren gleich nach ihrer

Ankunft vergast worden. Obstbaum war ins Sonderkommando geraten, wo er im Krematorium IV Vorarbeiter eines Kommandos war, das die Leichen von der Gaskammer zu den Öfen zu schaffen hatte. Er hatte es verstanden, sich gute Kleidung zu beschaffen. Meistens trug er eine dunkelblaue, nach Maß gearbeitete Jacke. Erst später kam ich auf den Gedanken, daß er mit seinem dandyhaften und selbstsicheren Auftreten vielleicht seine Fluchtpläne verdecken wollte.

Daniel Obstbaum hatte sich mit Fero Langer, einem vielleicht 28 Jahre alten jüdischen Häftling aus Dobšiná in der Slowakei befreundet. Langer war Blockschreiber in einem Nachbarblock. Vor seiner Deportierung hatte er versucht, aus der Slowakei zu flüchten, und sich in einem Eisenbahnwaggon unter einer Ladung Holz versteckt, das in die Schweiz exportiert werden sollte. Als man an der slowakischen Grenze den Waggon kontrollierte, wurde er von Zollbeamten entdeckt, festgenommen und nach Auschwitz gebracht. Hier begegnete er einem Schulfreund namens Dobrowolný, einem Volksdeutschen, der als SS-Mann im Lager Dienst tat. Gelegentlich trafen sich die beiden, und eines Tages ließ Dobrowolný durchblicken, daß er nicht abgeneigt sei, Langer zur Flucht zu verhelfen. Das sei freilich schwierig, meinte er, weil zahlreiche SS-Leute bestochen werden müßten; dazu brauche er Brillanten, Gold, Dollars oder andere Wertsachen.

Langer, der zu solchen Dingen keinen Zugang hatte, wandte sich nun an Daniel Obstbaum, der sich bereit erklärte, Wertsachen zu organisieren. Obstbaum machte das aber davon abhängig, daß neben ihm noch drei seiner Freunde bei der Flucht dabeisein sollten. Dobrowolný ging darauf ein und schraubte wegen des angeblich höheren Risikos seine Forderungen weiter hinauf. Langer, dessen Kontakte zu Dobrowolný vielen Mithäftlingen nicht verborgen blieben, wurde oft davor gewarnt, den Versprechungen Dobrowolnýs zu glauben; denn die Tatsache, daß die beiden früher einmal gemeinsam die Schule besucht hatten und befreundet gewesen waren, bedeutete hier in Auschwitz überhaupt nichts. Niemand konnte die

Hand dafür ins Feuer legen, daß Dobrowolný es ehrlich meinte. Doch Langer schlug alle Warnungen in den Wind, und offenbar gelang es ihm auch, Daniel Obstbaum davon zu überzeugen, daß man Dobrowolný trauen könne. So wurde ein Tag für die Flucht verabredet. Wie die Entlohnung aussah und was alles bezahlt wurde, wußte niemand.
Wie ausgemacht, führte Dobrowolný eines Nachmittags Langer, Obstbaum und die drei anderen als Wachtposten aus dem Lagerbereich heraus. Das war nichts Ungewöhnliches, denn unter Bewachung von SS-Posten gingen ständig Häftlinge ein und aus. Langer und Obstbaum hatten sich freilich verrechnet, wenn sie glaubten, Dobrowolný würde sie außerhalb des Lagerbereichs laufen lassen, wie er es versprochen hatte.
Als wir abends mit den übrigen Arbeitskommandos in das Lager einrückten, war schon von weitem zu erkennen, daß neben dem Lagerorchester tote Häftlinge zur Schau gestellt waren. Beim Näherkommen bot sich mir ein grausiges Bild. Drei Häftlinge lagen auf der Erde, zwei hatte man auf Holzschemel gesetzt. Hinter ihnen waren Spaten in die Erde gestoßen worden, an welche die Toten gelehnt waren, um nicht nach hinten abzusacken. Ich erkannte Fero Langer und Daniel Obstbaum. Ihre Augen waren weit aufgerissen und starrten ausdruckslos ins Weite. Schüsse hatten ihre Kleidung, die voller Blut war, durchlöchert. Zur Warnung und Abschreckung war zwischen den beiden ein Plakat aufgestellt worden mit der Aufschrift: »Hurra, wir sind wieder da!« Dobrowolný bekam für besondere Wachsamkeit eine Woche Sonderurlaub, weil er die Flucht von fünf Häftlingen verhindert hatte.
Im mittleren Teil unseres Blocks, ganz in der Nähe des Eingangs vom Hof, hatte der Kapo Lajzer seine dreistöckige Lagerstatt. Dort schliefen er, sein Piepel und sein 40jähriger Vetter Berl, dessen eine Hand gelähmt war. Seine Behinderung mußte bei der nächtlichen Selektion auf der Rampe der Aufmerksamkeit des selektierenden SS-Arztes entgangen sein, sonst wäre er unweigerlich zur Vergasung geschickt worden. Damit er sich hier am Leben halten konnte, machte ihn sein

prominenter Verwandter zum Vorarbeiter im Krematorium V, wo er körperlich nicht zu arbeiten brauchte. Eines Abends erzählte er mir, wie er in das Sonderkommando geraten war. Spät in der Nacht, als nach einem Pfiff der Lokomotive der Eisenbahnzug, in dem er sich befand, zum Stehen kam, wurden mit unbeschreiblicher Hast alle Deportierten aus den Viehwaggons getrieben. Eltern hielten ihre kleinen Kinder auf dem Arm, und wer dazu noch imstande war, ergriff sein Bündel mit der letzten Habe, die ihm geblieben war. Als man ihnen auch das wegnahm, dachten viele, dies sei das Schlimmste nicht, wenn sie nur mit ihren Familien zusammenbleiben könnten. Aber dann begann die Selektion. Einige wurden nach rechts, andere nach links geschickt, und bevor sich die Männer dessen richtig bewußt geworden waren, befanden sich ihre Frauen, ihre Kinder und die alten Leute schon auf der gegenüberliegenden Seite. Angst breitete sich aus. Die meisten hatten sich von dem ersten Schock noch nicht recht erholt, als ihre Angehörigen schon auf Lastwagen verladen wurden, von denen einer nach dem andern im Dunkel der Nacht davontuckerte. Das Motorengeräusch wurde immer leiser, bis es ganz verstummte.
Beim Haarschneiden am nächsten Morgen kam ein weiterer Schock. Als sie sich bei den Häftlingsfriseuren erkundigten, was mit ihren Angehörigen geschehen sei, wurde ihnen kaltblütig erklärt, die seien längst durch den Kamin gejagt worden. Zuerst glaubten sie, es handle sich um einen makabren Scherz. Doch dann brachte man sie zu den beiden Bauernhäusern, wo eine Horde von SS-Männern mit Peitschen auf sie einschlug und sie antrieb, aus einem Raum im Innern des Hauses Leichen herauszuschleppen und auf schmalspurige Loren zu werfen. Dabei ging ihnen immer wieder der Gedanke im Kopf herum, was wohl mit ihren Familien geschehen sei. Vor Schreck und Entsetzen verloren sie fast den Verstand, rannten wie betäubt herum und schleiften Leichen hinter sich her, ohne recht zu wissen, was sie eigentlich taten. Wie Roboter arbeiteten sie in diesem entsetzlichen Grauen. Erst wäh-

rend einer kurzen Pause nahmen sie den Berg von Toten richtig wahr, der vor ihnen lag. Als sie abends vor Müdigkeit wie tot auf ihr Lager fielen, erschien ihnen das, was sie erlebt hatten, wie ein schrecklicher Traum. Aber je länger sie von ihrer Schlaflosigkeit gequält wurden, desto mehr wurde ihnen bewußt, daß die Lage, in der sie sich befanden, zum Verzweifeln war. Einige Tage später landeten sie dann in jener »Fabrik«, von der man vor ihrer Deportation gesprochen hatte und in der sie eine gute und lohnende Arbeit bekommen sollten.
Mein erster Arbeitstag in Birkenau war ein heißer Sommertag. In den frühen Morgenstunden standen die Arbeitskommandos in langen Kolonnen auf der staubigen, ausgetrockneten Lagerstraße zum Ausrücken bereit. Wir standen in der Nähe des Tores, unweit vom Lagerorchester, in Reih und Glied. Oberkapo Brück führte das fast 200 Mann zählende Kommando »Krematorium« zur Arbeit. In den ersten Reihen gingen die Kapos. Unser Kommando war nach den einzelnen Krematorien in vier Gruppen eingeteilt. Eine fünfte Gruppe, das sogenannte Abbruchkommando, hatte die Aufgabe, die letzten Spuren der Verbrennungsgruben bei den Bunkern, die durch den Bau der neuen Krematorien überflüssig geworden waren, durch Planieren zu beseitigen.
Die hagere, ausgemergelte und große Gestalt von Brück, einem etwa 50jährigen, leicht nach vorn gebeugten, knochigen Mann, war auffällig. Er trug eine dunkelblaue Jacke mit stark wattierten Schultern. Sein eckiges, runzliges Gesicht mit stark ausgeprägten Jochbeinen und sein wacher Blick aus den meist etwas zusammengekniffenen Augen ließen ahnen, daß dieser reichsdeutsche, etwas wortkarge Häftling langjährige Erfahrungen in Nazigefängnissen und Konzentrationslagern gesammelt hatte. Er war im Frühjahr 1943 aus dem Konzentrationslager Buchenwald nach Birkenau überstellt worden und hatte die Aufgabe, die Häftlinge des Sonderkommandos mit den Einrichtungen der neuen Krematorien vertraut zu machen. Außerdem sollte er dafür sorgen, daß der Betrieb reibungslos funktionierte.

Beim Ausrücken der Kommandos ertönte in der Landschaft von Birkenau, die von der Sonne durchglüht war, das Marschlied »Auf der Heide blüht ein kleines Blümelein ...«. Unter den Klängen dieses Liedes marschierten wir durch das Haupttor zur Arbeit.

Einige Meter hinter dem Tor formierten sich aus unserem Kommando drei selbständige Gruppen. Die erste, die nach links abbog, marschierte zu den Krematorien IV und V. In gleicher Richtung, einige Meter dahinter, ging das Abbruchkommando zur Planierung der Gruben. Die dritte Gruppe, in der ich mich befand, wandte sich nach rechts. Kapo Morawa, den ich in den vorderen Reihen unserer Gruppe erblickte, ließ mich nichts Gutes ahnen. Ich fragte mich, ob er sich auch hier genauso brutal und rücksichtslos gegen uns verhalten würde wie im Auschwitzer Krematorium.

Auf unserem Weg kamen wir am Frauenlager, genannt FKL, vorbei. Linker Hand, hinter dem Stacheldraht, sah man Frauengestalten, fast bis auf die Knochen abgemagert, die damit beschäftigt waren, Schubkarren mit Erde zu beladen. Es war aber etwas ganz anderes, was meine Aufmerksamkeit auf sich lenkte. Am Ende des Lagers Birkenau zeichneten sich links und rechts von der Straße zwei Gebäude ab, die von einem Kamin überragt wurden. Sie lagen hinter Stacheldrahtzäunen, die auf beiden Seiten der staubiggrauen Straße gezogen worden waren.

Wir bogen bald nach links ab und kamen durch ein eisernes Tor in einen Hof. Nur wenige Meter vor uns stand das langgestreckte, einstöckige Gebäude des Krematoriums II. Die Mauern aus roten Ziegelsteinen waren nicht verputzt. Auf einer der Längsseiten war ein Vorbau angebracht, aus dem der viereckige Kamin emporragte. Sein Anblick rief unangenehme Gedanken an die Vergänglichkeit allen Lebens in mir hervor; aber schon bald gehörte dieser Todesriese zu unserem Alltag. Er war durch fünf unterirdische Kanäle an die 15 Öfen angeschlossen, von denen jeweils drei zu einem Komplex zusammengefaßt waren.

Man hatte uns in verschiedene Arbeitskommandos eingeteilt. Zunächst arbeitete ich mit einer Gruppe von 20 Mann an der Planierung einer Erdaufschüttung. Aus der Oberfläche, die mit Gras besät werden sollte, ragten an einigen Stellen Betonsockel heraus. Es war mir klar, daß sich unter dieser Erdaufschüttung eine Gaskammer befinden mußte. Die Arbeitsbedingungen waren hier, im Vergleich zum Auschwitzer Krematorium, spürbar leichter. Unser Vorarbeiter Lemke, ein junger Mann aus Polen, stand meistens, auf einen Stock gestützt, herum, ohne uns anzutreiben oder zu schlagen. Wir konnten mit ihm über die neuesten Ereignisse an der Front sprechen, und bei solchen Gesprächen vergaß er nie, zum Schluß zu sagen: »Ja, Jungchen, wenn du leben willst, mußt du dich um die Sachen kümmern.« Ich dachte oft darüber nach, was er damit sagen wollte, kam aber nicht hinter den Sinn seiner dunklen Worte. Erst später wurde mir klar, daß er herausbekommen wollte, wer von uns für konspirative Arbeit geeignet war.

Wenn freilich Oberscharführer Voß oder einer seiner Assistenten auftauchten, gab sich Lemke betont energisch. Er veränderte sofort den Ton seiner sonst ruhigen Stimme und herrschte uns an: »Los, Los! Wollt ihr arbeiten! Dalli! Dalli!« Natürlich spielten wir bei diesem Theater mit und rannten übereifrig herum, so daß der Eindruck entstand, als ob alles in dem gewünschten Tempo abliefe.

In der Mittagspause begegnete ich Jukl, den ich Anfang 1943 während seiner »Ausbildung« zum Heizer im alten Krematorium in Auschwitz kennengelernt hatte. Durch eine Holztür im linken Flügel des Gebäudes führte er mich in den Koksraum, der bis zur Decke hinauf mit grobkörnigen, bis faustgroßen Koksstücken aufgeschüttet war. Daneben standen ein paar Blechkarren, mit denen der Koks zu den Generatoren transportiert wurde. Durch einen engen, halbdunklen Gang, an dessen Wand sich die Türen zum Raum für den Kommandoführer und zwei weiteren Räumen befanden, führte er mich in die Verbrennungsanlage. Dort waren fünf Öfen installiert, je-

der mit drei Brennkammern. Die 15 bogenförmigen Ofenlöcher unterschieden sich äußerlich nicht wesentlich von denen des Auschwitzer Krematoriums. Lediglich zwei Rollen mit einem Durchmesser von 15 cm, die sich am Rand jedes Ofens befanden, gehörten zu den bemerkenswerten Neuerungen. Über diese Rollen konnte die Metallpritsche leichter in die Öfen geschoben werden. Die Leichen wurden ähnlich wie im Auschwitzer Krematorium verbrannt. Was diese Todesfabrik von der Todeswerkstatt in Auschwitz unterschied, war eigentlich nur ihre Größe. 15 massive Öfen konnten bei durchgehendem Betrieb täglich mehr als 3000 Leichen verbrennen. Wenn man daran dachte, daß in einer Entfernung von kaum mehr als 100 Metern ein weiteres Krematorium mit gleicher Kapazität und etwa 400 Meter weiter die zwei kleineren Krematorien IV und V, jedes mit acht Öfen, gebaut worden waren, mußte man zwangsläufig zu dem Schluß kommen, daß hier die Perfektion der Vernichtungsmaschinerie ihren Höhepunkt erreicht hatte. Wollte man weiterleben, mußte man versuchen, die schreckliche Wirklichkeit zu ignorieren und die aufgezwungenen Lebensbedingungen als unabwendbar anzusehen, auch wenn man sie abgrundtief verabscheute.
Im Krematorium angelangt, richtete ich mein Augenmerk zuerst auf Mietek Morawa. Von allen Kapos war er hier der einzige, der eine gestreifte Häftlingsmontur trug. Er stand mit verschränkten Armen da und verhielt sich ganz ruhig, schrie nicht und schlug keine Häftlinge. Aufmerksam verfolgte er das Geschehen in der Verbrennungsanlage und überwachte den Nachschub der Leichen, die mit dem Aufzug aus dem Souterrain heraufbefördert wurden. Als ich mich bei Jukl, der Mietek Morawa schon während seines kurzen Aufenthalts im Auschwitzer Krematorium kennengelernt hatte, erkundigte, wie sich der junge Kapo hier zu den Häftlingen verhielt, beruhigte er mich und meinte, wegen ihm brauche ich mir keine Sorgen zu machen. Er habe gemerkt, daß die übrigen Kapos es verabscheuten, Häftlinge zu mißhandeln, und deshalb auch damit aufgehört. Auf meine Frage, was er von dem Oberkapo

Brück halte, meinte Jukl, der sei in Ordnung. Wenn er jeden Tag seine Flasche Schnaps bekomme, sei er zufrieden und lasse die Häftlinge in Ruhe. Dies alles, vor allem die Tatsache, daß hier nicht geschlagen wurde, beruhigte mich einigermaßen.

Mit dem Aufzug, der die Leichen nach oben beförderte, fuhr ich mit Jukl ins Kellergeschoß hinunter. Der Anblick der Räume dort unten ließ mich erschauern. Hier diente jedes Detail dem Ziel, bis zu 3000 Menschen in einen Raum zu pferchen und dann mit Gas zu töten. Als wir die Leichenkammer betraten, lagen etwa 200 ausgemergelte und abgemagerte Leichen, die offenbar im Lager an Hunger, Erschöpfung oder Krankheit gestorben waren, auf einem Haufen. Man hatte sie über die Betonrutsche vom Hof in den Leichenkeller heruntergeworfen.

Hier lernte ich den Kapo Kaminski kennen. Er war damals vielleicht 32 Jahre alt, etwas untersetzt und hatte ein rotes Gesicht. Ende 1942 war er mit einem Transport aus Ciechanów nach Birkenau gekommen. Er trat selbstsicher auf, handelte entschlossen, war energisch, hatte Mut und die Fähigkeit, andere zu führen. Hinzu kam, daß er äußerst intelligent war. Diese Eigenschaften verschafften ihm bei den Häftlingen Achtung, Anerkennung und Respekt. Innerhalb kurzer Zeit gelang es ihm, eine Art führender Stellung im Birkenauer Sonderkommando einzunehmen.

Kaminski hatte viel persönlichen Charme. Seine Stimme klang etwas heiser, und was er sagte, hörte sich überzeugend an. Besonders in kritischen Situationen, wenn beispielsweise größere Vernichtungsaktionen im Gange waren, verstand er es wie kein anderer, die oft aufgebrachten und erregten Häftlinge des Sonderkommandos zur Ruhe und Besonnenheit zu bringen. Sein unerschrockenes, bestimmtes, manchmal anmaßend wirkendes Auftreten ließ die SS-Leute lange Zeit glauben, die Aufgaben, die man ihm als Kapo zugedacht hatte, lägen bei ihm in den besten Händen.

Als ich mit Kaminski und Jukl die Leichenkammer verlassen

hatte, kamen wir zu einer massiven, eisenbeschlagenen Holztür, die nicht verschlossen war. Der Raum, in den sie führte, war in undurchdringliches Dunkel gehüllt. Als wir das Licht einschalteten, leuchteten an den Wänden Glühbirnen auf, die von einem Drahtgeflecht umfaßt waren. Vor uns lag ein etwa 250 Quadratmeter großer, länglicher Raum. Seine auffallend niedrige Decke und die Wände waren geweißt. Zwischen den Wänden der beiden Längsseiten standen Betonsäulen, welche die Decke abstützten. Wer glaubte, die Säulen in diesem Raum würden nur diesem Zweck dienen, befand sich in einem Irrtum. Die Zyklon-B-Gas-Kristalle wurden nämlich durch Öffnungen in der Betondecke eingeworfen, die in der Gaskammer in hohle Blechsäulen einmündeten. Diese waren in gleichmäßigen Abständen durchlöchert und in ihrem Innern verlief von oben nach unten eine Spirale, um für eine möglichst gleichmäßige Verteilung der gekörnten Kristalle zu sorgen.

An der Decke waren auch zahlreiche imitierte Duschen aus Schwarzblech montiert. Sie sollten Argwöhnische beim Betreten der Gaskammer glauben machen, daß sie sich in einem Duschraum befänden. In der Wand war eine Entlüftungsanlage installiert, die sofort nach den Vergasungen eingeschaltet wurde, damit die Leichen so rasch wie möglich herausgeschafft werden konnten.

In einem rechten Winkel zur Gaskammer lag der größte Raum des Vernichtungskomplexes, der sogenannte Auskleideraum. In diesem über 300 Quadratmeter großen, unterirdischen Raum hatten mehr als tausend Menschen Platz. Sie kamen vom Hof über breite Betontreppen nach unten. Auf einer Tafel am Eingang zum Kellergeschoß konnte man in mehreren Sprachen lesen: »Zum Bade- und Desinfektionsraum«. Die Decke des Auskleideraums wurde von Betonsäulen gestützt, an denen zahlreiche Hinweisschilder angebracht worden waren. Auch sie hatten die Aufgabe, die arglosen, nichts Schlimmes ahnenden Menschen glauben zu machen, die bevorstehende Desinfektion sei für sie besonders wichtig. Parolen wie z. B. »Durch Reinheit zur Freiheit« oder »Eine Laus – dein

Tod« dienten ebenso der Täuschung wie die an den beiden Längsseiten in einer Höhe von 1,50 Metern montierten Kleiderhaken, die mit Nummern versehen waren. An den Wänden standen Holzbänke. Sie erweckten den Eindruck, als wollte man es den Menschen ermöglichen, sich bequem auszuziehen. Andere Wandtafeln forderten die Ankommenden in mehreren Sprachen auf, ihre Kleider mit den zusammengebundenen Schuhen an die Wandhaken zu hängen und sich deren Nummern genau zu merken, damit die Sachen nach dem Duschen wieder leicht zu finden wären. Auch der Weg vom Auskleideraum zur Gaskammer war mit Wegweisern versehen, die an mehreren Stellen die Richtung zum »Bade- und Desinfektionsraum« anzeigten.

Die ganze Ausstattung der unterirdischen Räume, die auf raffinierte Tarnung und plumpe Täuschung angelegt war, konnte den Eindruck eines internationalen Informationszentrums erwecken. Ich fürchtete, daß alles, was ich bisher erlebt hatte, im Vergleich zu dem, was mir hier bevorstand, ein Kinderspiel gewesen war. Jedes Detail diente dem Ziel, die Opfer, falls sie argwöhnisch und mißtrauisch waren, vor ihrem Gang in die Gaskammer zu beruhigen und abzulenken, um sie rasch und ohne Schwierigkeiten über deren Schwelle zu bringen.

Die Vermehrung der Zahl der Öfen im Vergleich zum Auschwitzer Krematorium auf beinahe das Achtfache und der Einsatz von vierzigmal mehr Häftlingen im Sonderkommando machten es, nachdem anfängliche Schwierigkeiten im Ablauf der Vernichtungsprozedur beseitigt worden waren, möglich, in 24 Stunden bis zu 10000 Leichen einzuäschern. Von modernen oder technisch hochentwickelten Krematorien konnte natürlich keine Rede sein. Auch ihr Betrieb war nur mit Arbeitssklaven möglich, die in der Lage waren, schwerste körperliche Arbeiten unter extremen Bedingungen zu verrichten.

Im Block 13, wo wir untergebracht waren, herrschte eine sonderbare Atmosphäre. Die Isolierung vom übrigen Lager, deren Einhaltung von Häftlingen streng überwacht werden sollte, öffnete der Korruption Tür und Tor. Täglich kamen

Häftlinge aus dem Lager und brachten ihren Geschäftspartnern vom Sonderkommando Zigaretten und Alkohol im Tausch gegen Brillanten, Dollars, Uhren, Goldzähne und andere Wertgegenstände, die nach Vergasungen organisiert worden waren. Vor allem solche Arbeitskommandos, die an ihren außerhalb des engeren Lagerbereichs gelegenen Arbeitsplätzen mit dort beschäftigten Zivilisten in Berührung kamen, konnten alles mögliche beschaffen. So entwickelte sich ein ungeahnter illegaler Handel, bei dem jeder, der den Glauben an das Leben noch nicht verloren hatte, mit allem handelte, was dem Leben dienlich war. Beteiligt daran waren hauptsächlich die Stubendienste und das Blockpersonal. Für das Risiko, das sie auf sich nahmen, um diesen illegalen Handel in Gang zu halten, forderten sie natürlich ihren Anteil.
Einer der fähigsten und gerissensten Organisatoren im Sonderkommando war der 23jährige Ignacz. Ein mehrjähriger Aufenthalt im Ghetto hatte ihn viele Erfahrungen und Schliche gelehrt, deren er sich unter den hiesigen Verhältnissen mit Erfolg zu bedienen wußte. Auch Leibele und Motl, die beiden Piepel des Kapos Schlojme, verfügten ebenso wie Mendl, Chajim und andere über ungewöhnliche Fähigkeiten in der Abwicklung von Schwarzhandelsgeschäften. In einer kaum vorstellbaren Welt, wo Hunger und Entbehrungen, Brutalität, Gewalt, Erniedrigung und Korruption herrschten, hatten sie es gelernt, sich aus den heikelsten Situationen herauszuwinden. Die häufigen Kontrollen der SS-Blockführer verliefen regelmäßig im Sand, obwohl sie immer überraschend und äußerst gründlich durchgeführt wurden. Die heiße Ware war dann in unerforschlichen Verstecken verschwunden. Sie stammte von Menschen, die den Glauben an das Leben behalten und sich in den Auskleideräumen der Krematorien zum letzten Mal ausgezogen hatten. Ein großer Teil der von ihnen zurückgebliebenen Sachen ging nun in die Hände derer über, die mit ihrer Hilfe weiterleben wollten.
Fast alle Häftlinge im Sonderkommando wandten einen großen Teil ihrer Energien für das »Organisieren« auf, weil es

nicht nur half, die harten Lebensbedingungen zu erleichtern, sondern auch von den Schrecken des Alltags ablenkte.
Nicht nur das »Organisieren«, auch die »Auschwitzer Mode« gehörte zu den ständigen Sorgen, mit denen sich nicht wenige im Sonderkommando über ihre verzweifelte Lage hinwegzutäuschen suchten. Um sich ein menschlicheres Aussehen zu geben, imitierten sie unbewußt ihre Peiniger, indem sie deren Kleiderzuschnitt nachahmten.
Auch heimliche Zusammenkünfte mit Häftlingen des Frauenlagers ließen manchen von uns die Schrecken des Alltags wenigstens stundenweise vergessen. Im Vergleich mit anderen Unternehmungen war es natürlich für einen Häftling des Sonderkommandos ein ungemein schwieriges Unterfangen, ins Frauenlager hineinzukommen. Die Korruption, mit der dabei zu Werk gegangen wurde, war kaum vorstellbar, und der Erfindungsreichtum kannte keine Grenzen. Manche gelangten mit Arbeitskommandos, die dort zu tun hatten, ins Frauenlager, wobei sie der stillschweigenden Duldung der SS-Leute, die am Haupttor Dienst taten, sicher sein konnten, wenn sie diese vorher »hochkarätig« bestochen hatten. Andere dachten sich sonstige ausgefallene Vorwände aus, um ihr Ziel zu erreichen. So wurde es durch allerlei Manipulationen gedeichselt, daß die einzige Wasserpumpe, die es im Lager gab, immer dann ganz dringend und zu ausgefallenen Zeiten im Frauenlager benötigt wurde, wenn sie gerade im Krematorium war, oder von dort geholt werden mußte. Auf diese Weise wurde die Wasserpumpe in regelmäßigen Abständen vom Krematorium ins Frauenlager oder in entgegengesetzter Richtung transportiert. Dabei ergaben sich natürlich immer heftige Auseinandersetzungen und Machtkämpfe, wenn es darum ging, wer zum Kreis der Auserwählten gehören sollte.
Bei Beziehungen zu Frauen spielten sexuelle Motive keine so große Rolle wie das Bedürfnis, einen Menschen zu haben, um den man sich kümmern konnte, so daß man das Gefühl völliger Verlassenheit loswerden konnte. Bei uns allen waren ja die Familienbande abrupt und gewaltsam zerrissen worden, und

dieser Umstand rief fast bei jedem das Verlangen hervor, für irgend jemand zu sorgen. Die Gedanken und die Träume der meisten waren von dieser Sehnsucht erfüllt.
Bei den Geschenken, die ins Frauenlager geschmuggelt wurden, ob Brot, Margarine, Seidenstrümpfe, Toilettenseife oder in dieser Umgebung geradezu exotisch wirkendes französisches Parfum, handelte es sich um Dinge, die von Menschen stammten, die schon nicht mehr lebten. Für die noch Lebenden und Leidenden waren sie aber ein gewisser Trost und eine kleine Hilfe im täglichen Kampf mit dem harten Leben.
Die letzte Reihe der Pritschen auf der rechten Seite am Ende unseres Blocks war für die Kranken bestimmt. Dort war eine Art Behandlungsraum eingerichtet worden, der mit einem kleinen Lazarett verbunden war, das etwa 20 Betten hatte. Es wurde von Dr. Jacques Pach geleitet, der damals der einzige Arzt im Sonderkommando war. Dieser etwa 35 Jahre alte, sehr feinfühlige und intelligente Mann war mit einem Transport aus Frankreich hierhergekommen. Seine Eltern waren, wie er mir erzählte, aus Polen nach Frankreich ausgewandert. Er selbst hatte vor fünf Jahren in Paris geheiratet, aber auch die »arische« Abstammung seiner Frau hatte ihn nicht vor der Deportierung retten können. Vergeblich hatte sich seine Frau bemüht, ihn aus der Internierung zu befreien. Als sie dann sah, wie er abtransportiert wurde, hatte sie sich unter die Menge derer gemischt, die mit dem Davidstern gekennzeichnet waren, um dem geliebten Mann in den unbekannten Osten zu folgen, weil sie nicht allein und verlassen in der französischen Metropole zurückbleiben wollte. Aber sie war von einem der bewaffneten Häscher beobachtet und brutal aus den Reihen der ins Ungewisse gehenden »Untermenschen« auf den Gehsteig zurückgestoßen worden.
Jacques Pach war im Frühjahr 1943 Arzt im Sonderkommando geworden. Es war ihm hier natürlich nicht möglich, etwas über das Schicksal seiner geliebten Frau zu erfahren. Er mußte die Gedanken an sie aufgeben, wenn er weiterleben wollte. Die Einsamkeit und Verlassenheit waren schmerzlich für ihn,

und dagegen gab es keine Medizin. Dennoch war Dr. Pach entschlossen, nicht aufzugeben. Als Arzt war er daran gewöhnt, Leben, auch sein eigenes, mit allen Mitteln bis zum letzten Atemzug zu verteidigen und zu erhalten.
Er trug, was in dieser Umgebung wie Hohn wirkte, einen weißen Kittel, unter dem graue Reithosen und braune Stiefel zum Vorschein kamen. Als ich ihn kennenlernte, gedachte er gerade seines Hochzeitstages. Im flackernden Schein einer herunterbrennenden Kerze hatte er die Fotografie seiner Frau vor sich hingestellt. Daß es ihm gelungen war, dieses Bild unbemerkt ins Lager zu schmuggeln, war für ihn eine Genugtuung, aber auch ein großer Trost. Wie er mir erzählte, hatte er sich nach der Ankunft seines Transports auf die Aufforderung eines SS-Arztes zum Dienst im Lazarett gemeldet, wo angeblich verwundete Soldaten behandelt werden sollten.
In einem geräumigen Wandschrank mit Schiebetüren waren alle möglichen Medikamente aus fast ganz Europa untergebracht. Durch die Einrichtung dieses Lazaretts sollte gewährleistet werden, daß kranke Häftlinge des Sonderkommandos isoliert behandelt werden konnten. Denn sonst hätte man sie in den Krankenbau im Lager verlegen müssen, wo sie mit anderen Häftlingen in Berührung gekommen wären.
Außer den wenigen im Lager erhältlichen Medikamenten wie z. B. Ichthyol-Salbe oder rauher Papierwatte als Verbandsmaterial gab es hier Aspirin, Prontosil, Natrium, tierische Kohle, Opium, Luminal, sogar Sulfonamide und noch viele andere pharmazeutische Erzeugnisse, die an diesem Ort mehr wert waren als Gold. Diejenigen, die sie hierhergebracht hatten, brauchten sie nicht mehr, weil das Zyklon-B-Gas sie von allen Krankheiten und Gebrechen befreit hatte. Nun kamen diese Medikamente, dank der Umsicht von Dr. Pach, nicht nur uns im Sonderkommando zugute, sondern retteten auch das Leben vieler anderer Häftlinge im Lager.
Die menschlichen Qualitäten von Dr. Pach zeigten sich gerade unter den extremen Lebensbedingungen, die hier herrschten. Es waren Verhältnisse, bei denen nur die Gegenwart eine

Rolle spielte, die Vergangenheit überhaupt nichts und die Zukunft nicht viel bedeutete.
Das qualvolle, schreckliche und brutale Leben hatte die Gefühle vieler Häftlinge schon so sehr abgestumpft, daß sie den Verbrechen gegenüber, die tagtäglich um sie herum verübt wurden, immer gleichgültiger wurden. Das Lager machte die Menschen böse und egoistisch. Wer seine Ellenbogen nicht zu gebrauchen verstand, ging unter wie ein Stein, der ins Wasser geworfen wird. Der Anblick der Leidenden, Kranken, Gequälten und Ermordeten war schon so alltäglich geworden, daß er kaum noch jemanden besonders berührt hätte. In diesem Milieu unter abgestumpften Häftlingen war es schon etwas Außergewöhnliches, wenn jemand uneigennützig und selbstlos Kranken und Siechen half, wie Dr. Pach es tat.
Eines Tages hatte unser Blockältester Serge beim Haupttor 25 Schläge auf das Gesäß bekommen, weil den SS-Leuten die Zahl der krank gemeldeten Häftlinge in unserem Block zu hoch erschienen war. Die Schmerzen, die ihm die Schläge bereiteten, hatten ihn so in Raserei versetzt, daß er sich wütend auf Dr. Pach stürzte und mit Fausthieben auf ihn einschlug. Dabei schrie er, auf so eine Art ärztliche Behandlung, wie sie Pach praktiziere, sei geschissen. »Du akademisches Rindvieh«, herrschte er ihn an, »von heute an geht jeder zur Arbeit, wenn er nicht mindestens 40 Grad Fieber hat. Du bist hier nicht auf der Sorbonne, du Idiot, sondern in Birkenau im Block 13. Wenn du das nicht kapierst, mußt du Leichen schleppen, wie die andern auch!«
Jacques Pach versuchte vergebens, den Blockältesten zu mäßigen und davon zu überzeugen, daß man Menschen mit Lungenentzündung, Ruhr, Flecktyphus oder schweren Brandwunden nicht zur Arbeit treiben könne. Freilich konnte Pach nicht wissen, daß sein kleiner Krankenbau und die dort herrschenden Verhältnisse dem Blockältesten wie ein Sanatorium erscheinen mußten nach dem, was dieser noch vor einem Jahr als Leichenträger in dem berüchtigten Block 7 erlebt hatte. Dort waren die Kranken wie Vieh verreckt, ohne daß sich jemand um sie gekümmert hätte.

Als am nächsten Morgen der Rapportführer in den Block kam, ging er zuerst zu den Krankenpritschen. »Na, Sie sehen, daß es auch so geht«, brummte er, zu Dr. Pach gewandt, und ging dann weiter.

Das Kommando Lemke, dem ich damals angehörte, wurde nach ein paar Tagen ins Krematorium III zur Arbeit geschickt. Das Gebäude und die Einrichtung waren die gleichen wie im Krematorium II. Als ich mich aber dem Dachboden näherte, schlug mir ein unangenehmer, penetranter Geruch entgegen, wie bei einem Hufschmied, der gerade Pferdehufe einbrennt. Der kleine, untersetzte Ajzyk Kalniak führte mich jetzt in einen Raum, der sich im Halbdunkel befand. Ich merkte ihm an, daß er neugierig war, wie ich auf das, was ich jetzt sehen würde, reagierte. Die Arbeit, die hier verrichtet wurde, hatte wohl kaum ihresgleichen. Die Bezeichnung »Haartrockenraum« ließ mich ahnen, was hier vor sich ging. Frauenhaare der verschiedensten Farben und Schattierungen von Schwarz über Kastanienbraun und Blond bis zu Grau in verschiedener Länge waren auf einer Fläche von vielleicht 150 Quadratmetern auf dem warmen Ziegelboden ausgebreitet, der sich über den Öfen des darunterliegenden Krematoriums befand. Diese Haare waren offensichtlich Frauen nach ihrer Vergasung abgeschnitten worden. Zwischen den Wänden waren Wäscheleinen gespannt, auf denen nasse Haare wie Wäsche zum Trocknen aufgehängt waren. Man hatte sie vorher in einer verdünnten Salmiaklösung gewaschen, um sie von Schmutz und anderen Verunreinigungen zu säubern. Wenn sie einigermaßen trocken waren, wurden sie noch eine Zeitlang auf den warmen Fußboden gelegt. Dann kämmten sie einige Häftlinge mit Metallkämmen auf zwei Tischen aus und stopften sie in Papiersäcke.

Die Sorgfalt und Gründlichkeit, mit der SS-Leute Stichproben auf absolute Trockenheit machten, ließ vermuten, daß es sich bei diesen Haaren um wichtiges Material für die Kriegsindustrie handelte. Erst nach Kriegsende wurde bekannt, daß man diese Frauenhaare für Industriefilze und Garne verwendete, aus denen Haargarnfüßlinge für Unterseebootsbesatzungen und Haarfilzstrümpfe für die Reichsbahn hergestellt wurden. Nur wenige wußten, daß für die Bearbeitung des Rohmaterials fünfzehn jüdische Häftlinge ständig im Krematorium beschäftigt waren. Fast alle waren orthodoxe Einzelgänger, die der Kapo Kaminski dorthin geschickt hatte, weil er sie so weit wie möglich von dem Inferno der Massenvernichtung fernhalten wollte. Ihre Arbeit war ganz auf die stereotype Tätigkeit des Haarreinigens und -trocknens beschränkt. Als streng religiöse Menschen widmeten sie ihre ganze freie Zeit dem Gebet für die Toten und dem Studium jüdischer Schriften. Die Bücher, die sie hatten, stammten von Glaubensbrüdern, die – wie sie selbst – an das Leben und die Gerechtigkeit Gottes geglaubt hatten, bevor sie in den Gaskammern ermordet wurden.

Ein Dajan, wie ein angehender Rabbiner und Religionslehrer genannt wird, spielte in diesem Kommando die führende Rolle. Um die religiösen Vorschriften nicht zu verletzen, aß er fast nur Brot, Margarine und Zwiebeln. Er war kurz nach seiner Deportation ins Sonderkommando geraten. Auch unter den Lebensbedingungen, die hier herrschten, verlor dieser gläubige Mann von kräftiger Statur, der vielleicht 35 Jahre alt war und immer leicht nach vorn gebeugt ging, nicht seinen Glauben an Gott. Wegen zahlreicher Meinungsverschiedenheiten in Glaubensfragen blieb er mit seiner Gruppe von Strenggläubigen, die zwar klein war und sich an ihn klammerte, von den übrigen ziemlich unverstanden und isoliert.

Nach der Vergasung eines Transportes erlebte ich einmal, wie es zu einer scharfen Auseinandersetzung zwischen dieser Gruppe und anderen Häftlingen des Sonderkommandos kam, die sich in der Mehrheit befanden. Sie beharrten auf ihrer Meinung, daß sich vor ihren Augen ein so infernalisches Geschehen nicht abspielen könne, wenn es wirklich so etwas wie Gott oder eine göttliche Gerechtigkeit gebe. »Höre, Dajan«, sagte einer, »nicht ein einziges Mal habe ich hier auch nur einen Hauch von der Gerechtigkeit Gottes verspürt. Über-

haupt alles, was du in der Schule in meinen Kopf gestopft hast, war nichts als blanker Unsinn. Es gibt keinen Gott, und wenn es einen gäbe, wäre er ein Ochse und ein Hurensohn!«
Es war ein junger Bursche aus Makov, der seinem früheren Religionslehrer diese Worte ins Gesicht schleuderte.
Hohngelächter der SS-Schergen ertönte immer, wenn Häftlinge des Sonderkommandos unter ihrer Aufsicht in einem der Öfen im Krematorium III Gebetbücher und religiöse Schriften, aber auch andere Bücher verbrennen mußten, die von den Nazis als entartet angesehen wurden. Als wieder einmal aus dem Effektenlager »Kanada« einige Lastwagen mit Büchern ins Krematorium gebracht wurden, liefen Häftlinge in den Haartrockenraum zum Rabbi. Sie hielten ihm fromme Bücher unter die Nase, die verbrannt werden sollten, und meinten, er solle doch zugeben, daß es naiv sei, noch weiter an Gott zu glauben. Der Dajan, von einer Gruppe von Gläubigen umgeben, versuchte, an Beispielen aus der Geschichte den aufgebrachten Leuten zu erklären, daß es seit Bestehen der Menschheit Unmenschlichkeit wie hier in Auschwitz immer wieder, wenn auch in verschiedener Form, gegeben habe und daß alles, was sich hier abspiele, im Grunde nichts Neues, sondern nur eine Wiederholung des Vergangenen sei. Mit erstickter Stimme versuchte er, den Sinn der Bibel zu erklären, die nicht nur die Geschichte des Judentums erzähle, sondern auch Audruck einer ewigen Gesetzmäßigkeit sei, die besage: Was den Vätern geschah, ist das Vorzeichen ihrer Nachkommen.
Darauf fragte ihn einer entrüstet: »Dajan, soll das etwa heißen, daß die Nazis morden können, weil schon die Pharaonen gemordet haben?«
»Sicher nicht«, antwortete der Dajan fast demütig auf die Frage. »Ich wollte damit nur sagen«, fuhr er fort, »daß der gläubige Jude die Bibel nicht wie eine Legende liest, sondern ihren Inhalt auf die Gegenwart bezieht. Als ich vor einigen Jahren in der Synagoge aus dem Buch Esther vorlas, das die grausame Vernichtung des wehrlosen jüdischen Volkes beschreibt, hatte ich das gleiche Gefühl wie jetzt. Wenn ich am

Seder-Abend die biblischen Verse der mehr als dreihundertjährigen Unterdrückung durch die Pharaonen höre, dann erlebe ich die früheren Ereignisse wieder, wie sie unsere Väter in der Zeit der römischen Herrschaft oder in den finsteren Zeiten des Mittelalters erlebt haben. Und wenn Haggadah befiehlt, daß sich der Mensch in jeder Generation so betrachten soll, als ob er selbst aus Ägypten auszöge, dann werden die wenigen, denen es vielleicht auf wundersame Weise gelingen wird zu überleben, die Haggadah lesen, ergänzt durch ihre Erlebnisse in Auschwitz, Majdanek oder Treblinka. In jeder Generation, meine Brüder, gab es Pharaonen, die uns vernichten wollten, aber – der Heiligste sei gelobt – Er hat uns immer aus ihren Händen gerettet.«
Der Ernst und die Ruhe, mit welcher der Dajan diese Worte gesprochen hatte, beruhigten die meisten. Obwohl sie seinen Worten nicht glaubten, gingen die zusammengelaufenen Häftlinge wieder auseinander. Dazu war es auch höchste Zeit, denn aus dem gegenüberliegenden Krematorium II kam gerade Oberscharführer Voß.
Den wenigen frommen Menschen, die sich um den Dajan geschart hatten, wurde zwar allgemein mit Respekt begegnet, weil sie die hiesigen Gepflogenheiten verabscheuten und nicht bereit waren, den hier üblichen Tribut für das Weiterleben zu entrichten. Irgendwelchen Einfluß im Sonderkommando hatten sie nicht, einfach deswegen, weil sie außer Gott nichts für das Weiterleben anzubieten hatten. Das war aber zu wenig.
Im Jahre 1941 hatte ich in einer faschistischen slowakischen Tageszeitung gelesen, das Wirtschaftspotential des Dritten Reiches brauche sich nicht mehr auf Goldreserven zu stützen, vielmehr sei ein neues, gerechteres System, das sich auf das Arbeitsethos seiner Bürger stütze, der betrügerischen, jüdisch-plutokratischen Wirtschaftsweise in jeder Weise überlegen.
Zwei Jahre später konnte ich mich mit eigenen Augen von der heuchlerischen Verlogenheit dieser Phrasen überzeugen. Gegen Ende des Sommers 1943 war im Krematorium III eine Goldschmelzerei eingerichtet worden. Sie war, was die Art

ihrer Versorgung anlangte, sicher einmalig in der Geschichte der Menschheit. Zwei jüdische Zahntechniker, Franz Feldmann aus Trentschin Teplitz und Paul Katz aus Paris, waren von der Zahnstation in Auschwitz in das Birkenauer Krematorium überstellt worden. Ihre Werkstatt befand sich im Erdgeschoß des Krematoriums III. Eine Tafel an der Tür ihres Arbeitsraums, die mit auffallend großen Buchstaben beschriftet war, untersagte den Eintritt nicht nur Häftlingen, sondern auch SS-Leuten. Hinter der Tür wurden nämlich die Holzkisten mit den Goldzähnen geöffnet. Sie stammten von den in der Gaskammer Ermordeten, denen man sie vor ihrer Einäscherung aus dem Kiefer herausgebrochen hatte. Um sie von Zahnfleisch- und Knochenresten zu befreien, wurden sie einige Zeit in Salzsäure gelegt. Dann wurden sie mit einer Lötlampe in Graphitformen geschmolzen und nach vorher bestimmtem Gewicht zu Barren geformt. In Abständen von etwa vierzehn Tagen wurde das Gold von einem Ambulanzwagen abgeholt und nach Auschwitz gebracht. Von Franz Feldmann wußte ich, daß dort manchmal fünf bis zehn kg Gold täglich verschmolzen wurden. Dieses Gold wanderte in die Tresore der Reichsbank.

Die relative Ruhe, die anfangs in Birkenau herrschte, hielt nicht lange an. Schon bald nach meiner Ankunft verschwanden Zehntausende jüdischer Bürger aus Frankreich, Griechenland, Holland, aus dem Ghetto von Białstok, aus Lagern in Pommern, Kola, Zawiercie und Posen in den unersättlichen Öfen der Krematorien. Besonders die Liquidierung der Ghettos von Sosnowitz und Bedzin, die im August 1943 begann, war Teil einer Reihe äußerst brutaler Aktionen, die zu dieser Zeit in Birkenau durchgeführt wurden. Damals wurden Tausende von Menschen in den Gaskammern ermordet.

Eines Abends, als wir zur Nachtschicht ausrückten, standen Hunderte bewaffneter SS-Leute entlang der Straße. Die verhältnismäßig geringe Entfernung der beiden oberschlesischen Städte hatte wahrscheinlich bei der SS die Besorgnis hervorgerufen, die dortige Bevölkerung und die Juden in den Ghettos

könnten von den Greueltaten gehört haben, die hier verübt wurden. Deshalb wurde vor der geplanten Aktion eine größere Zahl von SS-Männern der Lagerbesatzung in Kampfbereitschaft versetzt.
Seit einigen Wochen war ich nun schon Heizer im Krematorium V. In dieser Nacht mußten wir Tote einäschern, die mit einem Transport aus Malines in Frankreich gekommen waren. Gegen Morgen lagen aber immer noch viele Leichen, wie Holzscheite aufgeschichtet, im Auskleideraum herum.
Als es dämmerte, herrschte Ruhe auf dem Gelände des Krematoriums. Sie wurde aber bald von Befehlen der Postenführer und von Hundegebell gestört. Das deutete darauf hin, daß Vorbereitungen für ein neues Massaker getroffen wurden. Es dauerte auch nicht lange, bis Geschrei von SS-Leuten laut wurde, das sich rasch verstärkte. Bald konnte man Schreie, Jammern und Klagelaute hören. Als ich aus dem Fenster blickte, sah ich im Morgengrauen eine große Menschenmenge, wie Wild gejagt, auf der staubigen Straße zum Krematorium laufen. SS-Männer schlugen von beiden Seiten mit Knüppeln auf die Menschen ein, stießen und traten sie mit den Füßen und schrien pausenlos: »Los, los, schneller, schneller!« Die Kolonne der gehetzten und keuchenden Menschen war mehrere hundert Meter lang. Sie liefen und rannten, aber viele konnten das Tempo nicht mithalten. Vor allem ältere Leute blieben zurück. Auf ihren verschwitzten Körpern hingen oft nur noch Fetzen zerrissener Kleider, auf die der gelbe Judenstern aufgenäht war, der sie schon jahrelang als Ausgestoßene abstempelte. Die scharfgemachten Hunde zerfetzten nicht nur die Kleider der Menschen, sondern ließen auch auf ihrer Haut Spuren ihrer scharfen Zähne zurück. Vor allem Väter und Mütter mit kleinen Kindern waren den bösartigen Attacken der Hunde ausgesetzt. Für sie hatte ein Wettlauf um Leben oder Tod begonnen. Dabei ließen sie alles fallen, was ihnen zur Last wurde, sogar ihr letztes Bündel mit Brot. Mütter, die ihre Kinder auf dem Arm trugen, versuchten um jeden Preis, mit ihren Männern Schritt zu halten. Sie sahen ja, was passierte,

wenn einer nicht mehr mitkam. Wer zu Boden fiel und im Staub lag, stand lebend nicht mehr auf.
Schließlich waren vielleicht 2000 Menschen auf dem Hof des Krematoriums versammelt. Sicher glaubten viele, daß sie nun das Schlimmste hinter sich hätten. Nachdem sie etwas hatten verschnaufen können, galt ihre Sorge erst einmal den Kindern. Es dauerte aber nicht lange, bis sie sich ihrer Lage wieder bewußt wurden und erkannten, daß sie hier nichts Gutes zu erwarten hatten. Die Behandlung, der sie auf dem Weg hierher ausgesetzt waren, hatte sie sicher aller Illusionen beraubt. Vor sich sahen sie das Gebäude aus roten Ziegelsteinen mit zwei mächtigen Kaminen, aus denen Rauch und Qualm herausschlugen. Um sie herum stand eine bewaffnete Horde von SS-Männern, entschlossen, die geringste Widersetzlichkeit mit brutaler Härte zu unterdrücken. Angst und Ratlosigkeit bemächtigte sich der Menschen. Sogar die Kinder wurden still, stellten keine Fragen mehr an die Eltern und erwarteten auch keine Erklärungen von ihnen. So jung sie auch sein mochten, das Leben der meisten war sicher von so schlimmen Erlebnissen und Erfahrungen geprägt, daß es niemanden gewundert hätte, wenn sie schon ergraut gewesen wären.
Über diesem mehr als düsteren Bild, das der Hof des Krematoriums jetzt bot, lastete ein bedrückendes Schweigen. Die Menschen redeten kaum noch miteinander, weil ihnen die Angst und Verzweiflung die Kehlen zuschnürten. Kinder hielten krampfhaft ihre Mütter umklammert, Männer blickten trostlos und verzweifelt um sich und dachten wohl darüber nach, warum trotz all ihrer Anstrengungen und Bemühungen ein so bitteres Ende auf sie zukam.
Oberscharführer Voß trat nun mit seinen Helfern vor die Menge und erklärte laut: »Juden, hört mir gut zu, was ich euch zu sagen habe! In eurem Interesse, ich betone, in eurem eigenen Interesse fordere ich euch auf: Zieht euch so schnell wie möglich aus, und legt eure Sachen neben euch auf den Boden!«
Diese ungewöhnlich lapidare Ansprache zeigte, daß die SS-

Leute kaum Zweifel hatten, daß die Menschen, die vor ihnen standen, wußten, was ihnen bevorstand. Deshalb ersparten sie sich heute die üblichen Reden von der Notwendigkeit einer Desinfektion und das sonstige Theater. Sie begnügten sich mit ein paar kurzen Befehlen, die alles besagten.
Ein wenig abseits stand eine Gruppe von SS-Führern, die offenbar beobachteten, ob die heute erprobte Methode, kurzen Prozeß mit den Opfern zu machen, sich als praktikabel erweisen würde. Sogar Obersturmführer Hössler, den wir wegen seiner theatralischen Lügen »Mojsche Lügner« nannten, stand heute abseits und brauchte seine gewohnte Rolle nicht zu spielen.
Die Aufforderung, sich auszuziehen, hatte auf die Menschen wie die Ankündigung gewirkt, daß ihr Leben jetzt endgültig beendet sei. Auf den ersten Blick schien es so, als hätten sie sich damit abgefunden. Langsam fingen sie an, sich auszuziehen, dann entkleideten sie auch ihre Kinder, und mit jedem Kleidungsstück, das sie ablegten, erweckten sie den Eindruck, als ob sie ein Stück ihres Lebens weglegten, das für die meisten nur Not und Entbehrung bedeutet hatte. Viele kämpften gegen die Tränen an, weil sie fürchteten, ihre Kinder könnten sich sonst noch mehr ängstigen oder Fragen stellen. Auch diese schauten wie ihre Eltern mit traurigen Augen fragend herum. Bald hatten sich alle entkleidet. Männer und Frauen umarmten sich, streichelten ihre Kinder und versuchten, sich gegenseitig zu trösten. Enttäuscht von einer Welt, die nichts von ihnen wissen wollte und sie in den tiefsten Abgrund gestürzt hatte, nutzten sie die letzten Minuten ihres Lebens dazu, noch einmal in ihr eigenes Inneres zu blicken und über ihr Leben nachzudenken, das ihnen, so trostlos es auch gewesen sein mochte, sicher noch besser dünkte als der Tod, der sie jetzt erwartete.
Plötzlich erhob sich eine Stimme inmitten der Menge. Ein kleiner ausgemergelter Greis hatte begonnen, das Widduj zu beten. Zuerst beugte er sich nach vorn, dann hob er den Kopf und die Arme zum Himmel, um sich nach jedem laut und

leidenschaftlich herausgeschleuderten Satz mit der Faust an die Brust zu schlagen. Hebräische Worte hallten wider auf dem Hof: »Aschamnu« – wir haben gesündigt –, »bagadnu« – wir waren treulos –, »gazalnu« – wir haben unseren Nächsten Schaden zugefügt –, »di barnu dofi« – wir haben verleumdet –, »hevejnu« – wir sind unaufrichtig gewesen –, »vehischarnu« – wir haben gefrevelt –, »sadnu« – wir haben wissentlich Böses getan –, »chamasnu« – wir haben andere bedrückt. »Mein Gott, noch ehe ich geschaffen war, bedeutete ich nichts, und jetzt, da ich geschaffen bin, bin ich, als wäre ich nicht geschaffen. Staub bin ich im Leben, wieviel mehr erst im Tode. Ewiglich will ich Dich preisen, Herr, ewiger Gott! Amen! Amen!«

Die zweitausendköpfige Menge hatte jedes dieser Worte vielstimmig wiederholt, wenn auch vielleicht nicht alle den Sinn dieser alttestamentarischen Beichte verstanden.

Die meisten hatten sich bis zu diesem Zeitpunkt in der Gewalt gehabt. Aber nun liefen fast allen Tränen über die Wangen. Erschütternde Szenen spielten sich ab. Es waren aber nicht nur Tränen der Verzweiflung, die Menschen gaben sich in Gottes Hand und befanden sich in einem Zustand religiöser Ergriffenheit. Die SS-Männer hielten sich währenddessen zurück und ließen die Menschen gewähren.

Oberscharführer Voß stand mit seinen Kumpanen in der Nähe der SS-Führer und blickte ungeduldig auf seine Armbanduhr.

Die Andacht hatte inzwischen ihren Höhepunkt erreicht. Die Menge betete jetzt laut den Kaddisch, das Totengebet, das sonst nur die Hinterbliebenen für einen Verstorbenen beten. Aber da nach ihrem Ende keiner mehr da war, der für sie hätte beten können, sprachen die Todgeweihten den Kaddisch noch zu ihren Lebzeiten.

Dann gingen sie in die Gaskammern. Blauviolette Zyklon-B-Kristalle löschten ihr Leben aus, während im Lager und im Sonderkommando der übliche Alltag weiterging.

Als am nächsten Morgen die Musik des Lagerorchesters ertönte und eine tausendköpfige Armee von Sklaven zur Arbeit ausrückte, war alles wie am Tag zuvor.

Die Juden aus den Ghettos von Sosnowitz und Bedzin hatten geahnt, was ihnen in Auschwitz bevorstand. Sie hatten sich weder Hoffnungen noch Illusionen über ihr Schicksal hingegeben. Sie hatten in der Nähe von Auschwitz gelebt und daher geahnt, was dort auf sie wartete.
In den Ghettos der polnischen Städte hatten immer wieder einzelne, aber auch kleine Gruppen, versucht zu entfliehen. Solche Fluchtunternehmungen, lange vor der Liquidierung dieser Ghettos, endeten meist tragisch. Männer der Kattowitzer Gestapo stöberten die Flüchtigen mit Polizeihunden in ihren geheimen Verstecken auf, meist in Bunkern, die in Waldgegenden in die Erde gegraben worden waren, und zogen sie dann wie Karnickel aus ihren Höhlen heraus. Dann wurden diese Menschen nach Birkenau ins Krematorium gebracht, wo eine Kugel aus einem schallgedämpften Kleinkalibergewehr ihrem Leben ein rasches Ende machte.
Erschütternd war besonders der Anblick junger Mütter, wenn sie nackt, ein kleines Kind auf dem Arm, an der Hinrichtungswand standen und auf ihr unabwendbares Ende warteten. Viele flehten ihre Henker an, erst sie selbst und dann ihr Kind zu erschießen.
Nie werde ich vergessen, wie eine kleinere Gruppe jüdischer Familien ins Krematorium gebracht worden war, mit denen ich im Umkleideraum ein letztes Gespräch führte. Vier Monate lang, so erfuhr ich, hatten sie in der Nähe von Sosnowitz in Bunkern gehaust. Unter unmenschlichen, fast tierischen Bedingungen hatten sie sich in kleinen Erdlöchern versteckt und diese nur nachts verlassen, um frische Luft zu schnappen und sich das Allernotwendigste zum Leben zu beschaffen. Als sie kein Geld mehr hatten, kümmerte sich niemand mehr um sie. Hunger, Durst, Kälte und Krankheit brachten sie an den Rand der Verzweiflung.
Das ständige Weinen der hungrigen und fiebernden Kinder führte SS-Patrouillen, die ständig mit Polizeihunden durch die Gegend streiften, schließlich auch auf ihre Spur. Ohne Verhör und ohne Gerichtsverfahren waren sie kurzerhand hierherge-

schafft worden, von wo es kein Zurück mehr gab. Jetzt befanden sie sich im Auskleideraum des Krematoriums V. Sie waren völlig erschöpft und am Rande des Zusammenbruchs. Ihre verzweifelten und verschreckten Gesichter ließen keinen Zweifel daran, daß ihnen klar war, was sie erwartete. Die meisten waren nervös und zitterten, vielen war das Blut in den Kopf gestiegen. Als die SS-Leute sie aufforderten, sich auszuziehen, reagierten sie zerstreut, begannen dann aber doch, sich langsam zu entkleiden. Ich beobachtete eine junge Mutter, wie sie zuerst ihre Schuhe, dann die ihres Töchterchens, danach ihre Strümpfe und dann die der Kleinen auszog. Dabei bemühte sie sich, die naiven Fragen des Kindes gelassen zu beantworten. Auf die Frage, warum sie sich auszogen, kam die Antwort: »Es ist notwendig.« Als das Mädchen weiter wissen wollte, ob der Doktor sie untersuchen und ob sie dann gesund werde, erwiderte die ratlose Mutter: »Gewiß, mein Kind, bald wirst du wieder gesund sein, und dann wird es uns gut gehen.«

Aus dem Hinrichtungsraum hörte man schon Schreie des Schreckens, aber auch Gebete. Das kleine Mädchen hatte sicher einige der Worte, die sie von dort aufschnappen konnte, schon früher gehört: »Schema Israel Adonai Elojhenu Adonai Echod – Höre Israel, der Ewige, unser Gott ist einzig.« Vielleicht kannte es sie aus den Gebeten des Großvaters im Ghetto, denn sie wandte sich an ihre Mutter und sagte: »Hast du gehört, wie Avrohom mit dem Großvater betet?«

»Ja, mein Schatz«, antwortete die Mutter, »sie sind alle dort und beten für uns.«

Die letzten Worte stieß die unglückliche Frau nur noch mit äußerster Beherrschung hervor. Sie kämpfte mit ihrem Schmerz, um das Gespräch mit dem Liebsten, was sie hatte, weiterführen zu können, damit dem Kind die Angst vor dem bevorstehenden Ende erspart bliebe. Sie sah aus, als wäre sie um Jahre gealtert. Was ging jetzt wohl in ihr vor? Dachte sie in ihrer ausweglosen und verzweifelten Lage an ihre Jugend, ihre Heimat, ihr Elternhaus oder an die Tage ihrer kurzen Ehe?

Ließ sie vielleicht ihr kurzes Leben, von dem sie doch auch Sinn und Erfüllung erwartet hatte, nochmals wie einen Film vor ihrem geistigen Auge ablaufen?
Als sie schließlich von einem der SS-Leute in den Erschießungsraum geführt wurde, nahm sie ihr Töchterchen auf den Arm und drückte es zärtlich an die Brust. Dabei vergaß sie sogar, sich von ihrem Mann, der in der Nähe stand, zu verabschieden. Offenbar war sie nur noch von dem Gedanken beherrscht, die Schrecken des unmittelbar bevorstehenden Endes von ihrem Kind fernzuhalten. Sie stand jetzt vor der Hinrichtungswand und preßte ihr Kind fest an sich.
Die Frau wartete mit geschlossenen Augen ungeduldig auf das Ende, wartete und wartete, daß endlich der tödliche Schuß fiel und sie von diesem qualvollen Leben aus einer ihr feindlichen in eine bessere Welt beförderte. Sie dachte wohl nicht daran, daß sie ihr Kind mit zu Boden reißen und es vielleicht unter sich begraben könnte. Das wollte sie sicher nicht. Aber noch weniger wollte sie offenbar den Mord an ihrem Töchterchen miterleben.
Währenddessen lief der Henker Voß mit seinem Kleinkalibergewehr nervös hinter den beiden herum, um bei dem Kind eine geeignete Stelle zu finden, auf die er die Waffe richten könnte. Als die verzweifelte Mutter das merkte, drehte und wendete sie sich rasch nach rechts und links, nach vorn und hinten, um ihr Kind aus dem Schußfeld der tödlichen Waffe zu bringen. Sie versuchte verzweifelt, jede Stelle am Körper ihres Kindes mit ihren Armen und Händen zu bedecken.
Dann peitschten plötzlich ein paar Schüsse durch die Stille. Das Kind war seitlich in die Brust getroffen. Die Mutter, die spürte, daß sein Blut an ihr herunterlief, verlor die Beherrschung und schleuderte ihr Kind dem Mörder ins Gesicht, als dieser den Lauf seiner Waffe schon auf sie gerichtet hatte. Oberscharführer Voß verlor die Fassung und stand wie versteinert da. Als er das noch warme Blut in seinem Gesicht spürte, ließ er sein Gewehr fallen und wischte sich mit der Hand über das Gesicht. Es vergingen einige Sekunden, bis ein

daneben stehender SS-Mann begriff, daß sein Vorgesetzter nicht mehr Herr der Lage war. Er sprang ihm zur Seite und griff ihm unter den Arm. Die am Boden liegende Mordwaffe hob Gorges auf. »Machen Sie weiter, Rottenführer!« stammelte der entnervte Chef, »ich hab für heute genug.«
Am Ende der Exekution lagen etwa 30 nackte Körper hinter der Erschießungswand am Boden. Einige röchelten noch und versuchten, sich aufzuraffen, indem sie mühsam ihre Glieder bewegten. Dabei waren ihre Augen weit aufgerissen. Sie waren noch nicht tot, weil die Kugeln nicht richtig getroffen hatten. Gorges inspizierte die Opfer und gab jedem, der noch ein Lebenszeichen von sich gab, den »Gnadenschuß«, entweder ins Herz oder ins Auge.
Bei solchen Erschießungen wurden 6-mm-Kleinkalibergewehre verwendet und die Schüsse aus einer Entfernung von 3 bis 5 cm abgefeuert. Sie ließen an der Einschußstelle einen blaugrauen Fleck in Größe einer Silbermünze zurück, in dessen Mitte man die Einschußwunde erkennen konnte.
Auch Geisteskranke wurden manchmal im Krematorium erschossen. Viele nahmen ihren Tod gelassen hin, weil sie sich nicht bewußt waren, was geschah. 1943 kamen einige kleinere Transporte aus Polen, die offenbar aus Irrenanstalten stammten. Dort mußten schlimme Verhältnisse geherrscht haben, denn fast alle waren unterernährt und abgemagert, ihre Kleidung war schäbig und abgerissen, die meisten waren auch völlig verlaust.
Als man sie aufforderte, sich auszuziehen, reagierten sie ganz verschieden. Einigen sah man an, daß sie überhaupt nicht kapierten, was man von ihnen wollte; sie blieben auch dann noch teilnahmslos stehen, wenn der Befehl, sich auszuziehen, energisch und drohend wiederholt wurde. Erst als sie von den SS-Leuten geschlagen wurden, leisteten die meisten der Aufforderung Folge.
Manche starrten aber auch dann noch die SS-Leute an, um bald darauf erneut einen gleichgültigen Eindruck zu machen. Wieder andere gingen hin und her und führten unverständli-

che Monologe. Was man von ihnen wollte, begriffen sie offenbar nicht. Bei ihnen legten auch die SS-Leute meistens keinen Wert mehr darauf, daß sie sich auszogen.
Wenn Geisteskranke zur Todeswand geführt wurden, konnten sie ihre Leidensgenossen, die vor einigen Augenblicken erschossen worden waren, noch am Boden liegen sehen. Dennoch zeigten sich nur wenige dadurch beeindruckt, die meisten verhielten sich teilnahmslos und blieben apathisch.
Es gab aber auch andere, die den Befehl zum Auskleiden willig und geflissentlich befolgten und dabei kicherten und feixten. Oft befanden sich nämlich auch Frauen unter ihnen, und die Vorstellung, nackter Frauen ansichtig zu werden, wirkte offenbar stimulierend.
Andere wieder stießen panische Angstschreie aus und versuchten, sich loszureißen, wenn sie vor der Todeswand standen und sahen, wie vor ihren Augen Leidensgenossen erschossen wurden. Vielleicht erlitt in dieser Situation mancher einen solchen Schock, daß er blitzartig wieder ein ungetrübtes Bewußtsein erlangte. Aber in diesem Augenblick nützte dies keinem mehr etwas.
Auch unzählige junge Männer, die als Partisanen gekämpft hatten, russische Kriegsgefangene, polnische Zivilisten, die aus Gefängnissen überstellt worden waren, und viele andere wurden ständig von der Gestapo in das Birkenauer Krematorium eingeliefert. Dabei kam es häufig vor, daß der diensthabende SS-Arzt, der den Erschießungen regelmäßig beiwohnte, nicht rechtzeitig zur Stelle war, so daß sich der Beginn der Exekution eine Zeitlang hinauszögerte. In solchen Fällen hatte ich öfters Gelegenheit, mit dem einen oder anderen der eingelieferten Menschen zu sprechen. Viele waren noch in guter körperlicher Verfassung, kräftig und gut genährt, in den besten Jahren. Meistens waren sie erst kurz zuvor verhaftet worden. Blutunterlaufene Stellen waren bei vielen ein Zeichen dafür, daß sie geschlagen oder gefoltert worden waren. Wenn die SS-Leute sie aufforderten, sich auszuziehen, waren sie sich über ihr Schicksal im klaren. Ohnmacht, Angst und Schrek-

ken, aber auch Trotz und Erbitterung waren von den Gesichtern abzulesen, wenn aus dem Erschießungsraum nebenan die ersten schallgedämpften Schüsse und das dumpfe Aufschlagen der Opfer auf dem Boden zu hören waren.
Auch abgehärtete Soldaten und Partisanen konnten im letzten Augenblick ihre Furcht und Angst nur schwer unterdrücken. Manche reichten sich zum Abschied noch die Hände und umarmten sich, andere bekreuzigten sich und beteten, obwohl sie vielleicht schon lange nicht mehr an Gott geglaubt hatten. Jetzt wo sie von aller Welt verlassen waren und ihnen nichts mehr geblieben war, flehten sie in ihrer Hoffnungslosigkeit Gott an.
Bei solchen Erschießungen wurden immer fünf Opfer gleichzeitig in den Erschießungsraum geführt, vor die Wand gestoßen und dort festgehalten. Dann erhielt einer nach dem andern einen Genickschuß. Wenige Sekunden später lagen fünf Tote vor der Erschießungswand. Ihr Blut spritzte stoßweise in kleinen Fontänen aus den Einschußwunden. Wenn die Erschossenen hinter die Wand geschleift wurden, war der Zementboden rot vor Blut. Bevor man die nächsten Opfer hereinführte, wurde er mit Wasser abgespritzt, um die Blutspuren zu beseitigen.
Bei diesen Exekutionen ging es manchmal so hektisch zu, daß wir nicht dazu kamen, den Boden richtig sauberzumachen. Dann standen die Todeskandidaten, wenn sie zur Wand geführt wurden, im Blut ihrer Vorgänger.
Viele bekreuzigten sich im letzten Augenblick noch einmal und flehten Gott um Hilfe und Beistand an. Andere riefen: »Es lebe ein freies Polen!« Auch den Ruf: »Es lebe Stalin!« konnte man häufig hören. Manchmal brachen die Stimmen abrupt ab, wenn ein Schuß aus dem Kleinkalibergewehr sie zum Erlöschen gebracht hatte. Die ständige Konfrontation mit diesen Greueln, die Ohnmacht, sie zu verhindern, der tausendfache Mord, der täglich vor unseren Augen verübt wurde, hatte uns nach einiger Zeit dazu gebracht, in jedem Ankömmling nur noch einen Todeskandidaten zu sehen, der, auch

wenn er noch nicht tot war, doch nicht mehr zu den Lebenden gerechnet werden konnte. Für jeden, hinter dem sich das Tor des Krematoriums geschlossen hatte, gab es keinen Ausweg mehr, und weder Gott noch ein Wunder konnte ihn vor seinem Schicksal retten.

Wir beschäftigten uns häufig mit dem Gedanken, wie wir uns aus unserer ausweglos scheinenden Lage befreien könnten. Dabei waren wir uns klar darüber, daß das ohne Verbündete nicht möglich wäre. Für besonders geeignet dazu hielten wir Menschen, die zur Vergasung bestimmt waren. Denn ihr Schicksal war genauso besiegelt wie das unsrige, nur mit dem Unterschied, daß ihr Tod unmittelbar bevorstand. Sie hatten nichts mehr zu verlieren, und in solchen Augenblicken sind Menschen erfahrungsgemäß zu allem entschlossen und auch fähig, unvorstellbare Dinge zu vollbringen, besonders dann, wenn sie für sich noch eine Chance zum Überleben sehen. Solche Überlegungen brachten uns zu der Überzeugung, daß der Selbsterhaltungstrieb angesichts der unaufschiebbaren, brutalen Vernichtung durch Gas die Menschen, wenn man sie aufklärte, dazu bringen müßte, ihr Leben bis zum letzten Atemzug mit Zähnen und Klauen zu verteidigen.

So reifte der Plan, bei der Ankunft eines nächtlichen Transports polnischer Juden diesen reinen Wein über ihr Schicksal, das sie erwartete, einzuschenken, um dann mit ihrer Hilfe die Wache zu überwältigen und auszubrechen. Wir dachten deshalb an polnische Juden, weil sie schon längere Zeit im Ghetto gelebt, dort bestimmt vieles gesehen und gehört hatten und uns daher eher glauben würden, was ihnen bevorstand. Auch ihre Muttersprache und die Kenntnis der Umgebung, in der sie ja aufgewachsen waren, würde vielleicht auch für uns die Flucht in die nahen Berge erleichtern. Wir waren fest entschlossen, diesen Plan zu verwirklichen. Unsere bisherigen Erfahrungen hatten gezeigt, daß es keinen Sinn hatte, unwissende Leute, die auf nichts Schlimmes gefaßt waren, mit ihrer Vergasung zu konfrontieren, ohne ihnen einen Weg zu zeigen, wie sie ihr entrinnen könnten. Solche Warnungen versetzte die

Menschen nur in Panik und Angst, ohne daß auch nur ein Leben hätte gerettet werden können.
Bei der Ankunft eines Transports aus Białystok im Sommer 1943 erkannte ein Häftling des Sonderkommandos die Frau eines Freundes. Im Auskleideraum des Krematoriums erklärte er ihr ungeschminkt, daß sie wie alle anderen vergast und anschließend verbrannt würde. Die junge Frau glaubte ihm. Als ihr nach einer Weile klar geworden war, was diese Hiobsbotschaft bedeutete, begann sie zu zittern, raufte sich die Haare, schlug sich gegen die Brust und zerkratzte sich mit den Fingernägeln das Gesicht. In wenigen Minuten hatte sie sich bis zur Unkenntlichkeit verunstaltet. Mit blutigem Gesicht und Schaum vor dem Mund lief sie halbnackt von einer Frau zur anderen und wiederholte in abgehackten Worten, was sie erfahren hatte. Was sie sagte, hörte sich so schrecklich an, daß die Frauen sich rasch von ihr abwandten. Da niemand sie beachtete, lief sie auf die gegenüberliegende Seite, wo sich die Männer auszogen. Dort drängte sie sich durch die Reihen und rief mit erregter, sich überschlagender Stimme: »Leute, glaubt mir, sie wollen uns vergasen und verbrennen, glaubt mir, sie vergasen und verbrennen uns alle!«
Die Männer, die damit beschäftigt waren, sich auszuziehen, schenkten ihren hysterisch anmutenden Worten keine Beachtung. Bevor sie richtig hinhören konnten, war sie schon wieder verschwunden. Außerdem war ihr Aussehen und ihr hektisches, hysterisches Verhalten nicht dazu angetan, ihre Äußerungen glaubhaft zu machen. Sie machte weit eher den Eindruck einer Verrückten, deren Worte man nicht ernst zu nehmen brauchte. Deshalb fuhren die Männer fort, sich auszuziehen, als wäre nichts geschehen.
Es dauerte freilich nicht lange, bis die Worte der Frau, die sich nicht beruhigen wollte, doch in die Köpfe der Menschen eindrangen und von ihrem Denken Platz zu ergreifen begannen. In vielen Augen spiegelte sich plötzlich Unsicherheit und Unruhe, und zu der Furcht und Angst, die alle wohl hegten, kam nun noch das Mißtrauen hinzu. Es schien, als ob sie sich erin-

nerten, daß sie das, was diese Frau ausgesprochen hatte, schon im Ghetto gehört hatten, wenn sie auch nie so recht daran glauben mochten. Die unsteten Blicke der Männer waren ein Beweis, daß sie begannen, sich den Ort, an dem sie sich befanden, genauer anzusehen. Auch viele Mütter mit ihren kleinen Kindern fühlten jetzt instinktiv, daß etwas nicht stimmte. Sie begannen wie auf ein Kommando, ihre Kinder und auch sich selbst wieder anzuziehen. Als andere dies bemerkten, taten sie das gleiche. Offenbar spürten sie instiktiv, daß körperliche Blöße in einer Situation wie der, in der sie sich gerade befanden, ein Gefühl von Schwäche gab und sie unsicher machte.
Währenddessen standen die SS-Führer Schwarzhuber und Hössler sowie der delegierte SS-Arzt Dr. Rhode bei der Tür des Auskleideraums. Schwarzhuber führte die allgemeine Aufsicht, Hössler sollte – wenn nötig – mit seinen erlogenen Sprüchen die Menschen beruhigen und den reibungslosen Verlauf der Vernichtungsaktion gewährleisten, während Dr. Rhode eine gewisse Zeit nach dem Einwurf des Gases in die Gaskammer mit einem Blick durch das Guckloch feststellen sollte, ob alles Leben erloschen war. Erst dann durfte die Tür wieder geöffnet werden.
Die drei SS-Führer unterhielten sich ziemlich lebhaft, so daß sie die gespannte Atmosphäre und die Unruhe der Menge nicht gleich bemerkten. Das ruhige Verhalten, das die Menschen nach der Aufforderung, sich auszuziehen, zunächst gezeigt hatten, hatte auch die anderen noch anwesenden SS-Männer Voß, Gorges, Schillinger und Buntrock dazu verleitet, dem, was um sie herum geschah, keine besondere Aufmerksamkeit zu schenken.
Inzwischen war es der Menschenmenge gelungen, sich bis in die Nähe der Tür des Auskleideraumes vorzudrängen. Alle waren wieder angekleidet und entschlossen, um jeden Preis aus diesem todbringenden Gebäude wieder herauszukommen. Aber wohin sollten sie gehen? Auf den Hof oder in die Sauna? Oder sollten sie vielleicht versuchen, den Stacheldraht zu durchbrechen und zu fliehen? Aber hier gab es doch gar keine

Möglichkeit mehr zur Flucht. Das Gebäude, in dem sie sich befanden, war von bewaffneten SS-Posten umstellt, die entschlossen waren, auf jeden, der flüchten wollte, zu schießen. Alles was ihnen vorher Heimat bedeutet hatte, war weit, unendlich weit entfernt. Es war freilich nicht die Zahl der Kilometer, die sie von der Heimat trennte, sondern einfach die völlig andere Welt, die von der ihnen gewohnten so fern war, daß sie nur noch in ihrer Erinnerung existierte. So weit dachten die Menschen sicher nicht. Sie fühlten nur instinktiv, daß sie von diesem todbringenden Ort wegkommen müßten.
Die Menge, es mögen etwas mehr als 1000 Menschen gewesen sein, drängte wie eine aufgescheuchte Herde zum Ausgang. Oberscharführer Schillinger, der als erster begriffen hatte, was vorging, wurde plötzlich blaß wie eine Wand. Er stand wie erstarrt da, und sein Blick ließ erkennen, daß die unvorhergesehene Situation ihn überrascht und ratlos gemacht hatte. Er schien in diesem Augenblick nicht imstande, sich von der Stelle zu rühren, obwohl die um ihr Leben bangende Menge nur noch wenige Meter von ihm entfernt war. Auch die anderen SS-Leute, die bei ihm standen, machten einen hilflosen Eindruck. Die plötzliche, unerwartete und bedrohlich wirkende Situation, die völlig neu für sie war, hatte ihnen den Atem verschlagen und sie erst einmal in Ratlosigkeit versetzt. Die verstörte und aufgeschreckte Menge stand jetzt schon direkt vor ihnen, während sie immer noch tatenlos dastanden. Ihre Erfahrungen mit den täglich ankommenden Transporten und das friedfertige Verhalten der Menschen hatten sie schon zu sehr daran gewöhnt, diese als geduldige Opferlämmer anzusehen. Plötzlich befanden sie sich jetzt in einer Situation, mit der sie nicht gerechnet hatten und auf die sie nicht vorbereitet waren.
Sie sahen jetzt nicht gut aus, die harten Männer. Vielleicht hatten sie sich auch schon zu sehr daran gewöhnt, sich für mächtiger zu halten, als sie wirklich waren.
Lagerführer Schwarzhuber, der nur wenige Schritte vom Ausgang entfernt stand, war der erste, der auf die bedrohlich

wirkende Haltung der Menge reagierte. Mit einem schnellen Satz sprang er durch die Holztür des Auskleideraums. Sein entschlossenes Verhalten hatte auch auf die übrigen SS-Leute im Raum eine beruhigende Wirkung und machte ihnen offensichtlich neuen Mut. Wie aus einer Erstarrung erwacht, liefen nun alle zur Tür und bildeten dort eine Kette. Sicher rechneten sie damit, daß Schwarzhuber Verstärkung anfordern würde, die in wenigen Minuten eintreffen mußte.
Als erster fand der sonst immer vorsichtige Hössler seine Fassung wieder. Entschlossen trat er vor die erste Reihe der zum Ausgang drängenden Menschen und gab ihnen durch Gesten und Gebärden zu verstehen, daß sie zurückgehen und nicht weiter zur Tür hindrängen sollten. In der allgemeinen Unruhe fing er an zu schreien, doch seine Worte gingen in dem Lärm, der herrschte, unter. Nun griff er in die Tasche, zog eine Trillerpfeife heraus und pfiff ein paar Mal äußerst energisch. Die Menschen blieben jetzt etwas verdutzt stehen. Langsam ebbte der Lärm ab. Die schrillen Pfiffe hatten offenbar ihre Wirkung getan und die Leute von ihrer Entschlossenheit, unter allen Umständen durch die Tür nach draußen zu gelangen, zunächst einmal abgebracht.
Hössler, der sich seines anfänglichen Erfolges bewußt war, bemühte sich, Kontakt zu den Menschen zu finden. »Leute«, sagte er, »bewahrt Ruhe, in eurem eigenen Interesse! Verhaltet euch ruhig!« Als er merkte, daß seine Worte nicht das erhoffte Gehör fanden, versuchte er nochmals, durch schrille Pfiffe die Aufmerksamkeit auf sich zu lenken. Dann fing er erneut an zu reden, diesmal etwas höflicher: »Meine Damen und Herren!« Aber bevor er weitersprechen konnte, tauchte plötzlich die immer noch halbnackte Frau vor ihm auf und schrie mit schriller Stimme: »Sie wollen uns mit Gas hargenen« (töten)! »Ich weiß das.«
Als Hössler diese Worte gehört hatte, bemühte er sich sofort, ihre Wirkung abzuschwächen. Er tippte sich mit dem Zeigefinger an die Stirn und wiederholte einige Male in einem Tonfall, der die Worte der Frau ins Lächerliche ziehen sollte: »Sie

sind wohl da oben nicht ganz in Ordnung, gute Frau. Von wem haben Sie denn diese dumme Geschichte?«
»Ich weiß es, Sie wollen uns mit Gas hargenen, jo, hargenen, Herr Kommandant!« erwiderte die Frau.
Die weiteren Bemühungen Hösslers, die Frau unglaubwürdig zu machen und so die Aufmerksamkeit von ihr abzulenken, hatten nicht den erhofften Erfolg. Die Ruhe, die plötzlich eingetreten war, verriet den Ernst der Lage. Das Mißtrauen in der Menge wurde noch größer, und die Menschen machten den Eindruck, als ob sie erst einmal Atem schöpfen wollten. Die Worte der Frau hatten doch nicht so unglaubhaft gewirkt, sondern fingen an, auch bei den Zweifelnden ihre Wirkung zu tun, selbst wenn sie es nicht wahrhaben wollten. Waren diese Menschen nicht aus Gegenden gekommen, wo jeder wußte, daß »Umsiedlung« bei den Nazis soviel wie Tod bedeutete? Jetzt ahnten sie offenbar, daß sie dem Tod schon ganz nahe waren. Sie überlegten vielleicht, wie sie ihm doch noch entrinnen könnten, aber eine Möglichkeit des Entkommens war nirgends sichtbar. So standen sie ratlos und verwirrt da.
Hössler erfaßte die Situation und redete von neuem auf die Menge ein: »Meine Damen und Herren!« erklärte er, »was ist denn um Gottes willen in Sie gefahren? Im Ghetto war man doch nach dem Bericht des Ortskommandanten ganz zufrieden mit Ihnen. Sie haben doch immer fleißig gearbeitet und bewiesen, daß Sie tüchtige Arbeiter sind. Die Lebensbedingungen sind hier viel besser. Dafür erwarten wir aber Gehorsam und Disziplin. Ziehen Sie sich also ruhig aus, und bereiten Sie sich auf das Bad vor! Sie brauchen keine Angst zu haben, ich gebe Ihnen mein Ehrenwort. Sie sind doch vernünftige Leute und werden den Worten einer Verrückten nicht glauben. Wenn Sie aber unsere Befehle nicht befolgen, müßten wir das als Arbeitsverweigerung betrachten, und das könnte schlimme Folgen für Sie haben. Befehlsverweigerung zahlt sich nicht aus. Es ist Krieg, und da muß jeder seine Pflicht tun.« Dabei blickte Hössler ruhig und ohne erkennbare Feindschaft in die Menge.

Die letzten Sätze hatte er mit lauter Stimme gesprochen, weil wütendes Hundegebell, das aus dem Flur kam, seine Worte fast übertönt hätte. Dann wurde die Tür des Auskleideraums geöffnet. SS-Posten in Kampfbereitschaft tauchten auf, schußbereite Maschinenpistolen im Anschlag. Auch eine Meute Hunde, die sie bei sich hatten, sollte die Menschen einschüchtern und ihnen zu verstehen geben, daß jeder Widerstand sinnlos sei. Die Hunde zerrten an den Leinen und waren, nur wenige Meter von der Menge entfernt, bereit, sich auf sie zu stürzen, wenn man sie losließ. Böse fletschten sie die Zähne und kläfften so laut, daß es den Anschein hatte, als wollte einer den anderen mit seinem Gebell übertreffen. Kinder begannen nun zu weinen, Väter und Mütter legten die Arme um sie, um sie zu beruhigen. Auf den verschreckten Gesichtern der Menschen war jetzt deutlich die Bereitschaft zu erkennen, den SS-Leuten nachzugeben und alles zu tun, was sie von ihnen verlangten. Sie waren jetzt auch bereit, das Bad über sich ergehen zu lassen, das so hartnäckig von ihnen gefordert wurde, wenn man ihnen nur versprach, daß sie am Leben blieben.

Hössler trat nun nochmals vor die Menge. Die Sicherheit, mit der der listige Fuchs auftrat, ließ erkennen, daß dies heute sein letzter Auftritt sein würde. Sein Blick hatte sich verändert, er hatte aufgehört zu lächeln und erklärte in knappen, energischen Worten: »Jetzt aber wirklich zum letzten Mal, wollen Sie leben und arbeiten, oder wollen Sie sich weiterhin weigern, sich auszuziehen?« Die Stimmen, in deren Richtung er seinen Blick wandte, verstummten. Hier und da bellte noch ein Hund, man konnte auch noch Kinder weinen hören. Einige verzweifelte Männer und Frauen, die am Rande des Zusammenbruchs waren, schluchzten. »Ruhe, Ruhe!« rief Hössler barsch, »seien Sie vernünftig, es geht doch um Ihr Wohl.«

Die Gedanken und die Stimmung der Menschen schwankten zwischen Enttäuschung und Hoffnung. Wie gern wären sie das Gefühl der Angst und des Mißtrauens losgeworden. Nur zu gerne hätten sie weitergelebt und gearbeitet, auch in den ärmlichsten Verhältnissen.

Was sollten wir in dieser Situation tun? Hätten wir die Menschen nicht zum Widerstand auffordern müssen, um mit ihnen zusammen dieses qualvolle Leben in Ehre zu beenden? Besessen von diesem Gedanken wandte ich mich an Alex Errera, der gerade neben mir stand. Er war Offizier in der griechischen Armee gewesen und gehörte zur Widerstandsgruppe. Vielleicht wußte er einen Rat. Errera tat meine Absicht sofort als völlig absurd ab. Er meinte, mein Vorhaben werde uns alle in ein aussichtsloses und sinnloses Chaos stürzen; wir müßten Geduld haben, um Zeit zu gewinnen.
Erreras Worte dämmten meinen Tatendrang ein. Trotz des Mitgefühls, das ich nach allem, was geschehen war, für die Menschen hier empfand, wurde mir die Sinnlosigkeit meines Vorhabens klar. Das Gefühl, als stumm zuschauender Beobachter mitschuldig zu sein, hatte sich offenbar in meinem Unterbewußtsein festgesetzt.
Der Anblick der bewaffneten SS-Posten mit ihren scharf gemachten Hunden versetzte mich rasch in die Wirklichkeit zurück. Es gab keinen Ort auf der Welt, wo jedes Bemühen, etwas zur Rettung menschlichen Lebens zu unternehmen, so sinnlos war wie hier.
Die aufgebrachten Leute im Auskleideraum zögerten immer noch. Sollten sie sich nicht doch auf ihre uniformierten Peiniger stürzen? Auf ihren fragenden Gesichtern war tiefe Unsicherheit zu lesen. Aber der Anblick der SS-Posten, die bis an die Zähne bewaffnet waren, und der Schäferhunde, die wie auf Befehl wieder zu bellen begonnen hatten, brachte auch die Mutigsten und Entschlossensten von jedem Gedanken an Widerstand ab. So blieb ihnen nur die Möglichkeit, den Aufforderungen Hösslers Folge zu leisten.
Nach einer Weile zog sich eine Gruppe nach der andern zurück, und es dauerte nicht lange, bis auch die letzten gefolgt waren. Die Menschen fingen von neuem an, sich zu entkleiden. Vielleicht dachten sie auch, daß es keinen Sinn hätte, an allem zu zweifeln, wenn man leben wollte. So schöpften sicher manche doch wieder Hoffnung und waren bereit zu glauben,

daß vielleicht doch noch ein Wunder geschehen würde; denn der Tod ist immer unvorstellbar.

Wenig später starben sie in der Gaskammer, um die Hoffnung auf das Wunder betrogen. Der einzige Mensch, der noch ein paar Stunden länger am Leben gelassen wurde, war die Frau, die die anderen gewarnt hatte. Sie wurde in einen Raum neben der Gaskammer gestoßen, wo man sie einem peinlichen Verhör unterzog. Für die in solchen Dingen erfahrenen SS-Leute war es nicht schwer, sie zum Reden zu bringen. Alle Häftlinge im Krematorium mußten sich dann in einer Reihe aufstellen und wurden der Frau gegenübergestellt. Es dauerte nicht lange, bis sie auf Jizhak Derensky zeigte, der ihr verraten hatte, daß sie alle vergast und verbrannt werden sollten.

Während die Frau erschossen wurde, wurde Derensky von SS-Leuten gefesselt, zu einem der Öfen gezerrt und dann lebendigen Leibes verbrannt. Zur Abschreckung mußten wir alle seinem schrecklichen Ende beiwohnen. Offensichtlich wollten die SS-Leute ein Exempel statuieren. Trotzdem ereilte einige Monate später auch meinen Freund Leo Stein aus Tabor das gleiche Schicksal, weil auch er einige Leute, die aus dem Lager Westerbork überstellt worden waren, über ihr bevorstehendes Ende aufgeklärt hatte.

Es gab aber auch Juden, deren Heimat von Auschwitz so weit entfernt war, daß sie nicht die geringste Ahnung hatten, was für ein Schicksal sie hier erwartete.

Etwa 500 Kilometer nordwestlich von Athen liegt Saloniki. Vor dem Zweiten Weltkrieg war diese Stadt ein wichtiges Agrar- und Handelszentrum Griechenlands gewesen. Seit dem Frühjahr 1943 kamen von dort zahlreiche Transporte mit jüdischen Bürgern nach Auschwitz, von denen die meisten in den Gaskammern ihr Leben lassen mußten. Die große Entfernung zwischen Saloniki und Auschwitz war wohl der Hauptgrund dafür, daß die ankommenden Menschen sich auch nicht im entferntesten vorstellen konnten, was ihnen hier bevorstand. Länger als sieben Tage und Nächte waren sie unterwegs gewesen, in Viehwaggons gepreßt, ohne ausreichende Nahrung und vor allem ohne genügend Wasser. Viele waren schon während des Transports gestorben. Die Menschen mußten ungeheuere Strapazen erlitten haben, als sie in Birkenau ankamen. Mütter bemühten sich, obwohl sie selbst wegen des Mangels an Wasser fast ausgetrocknet waren, ihre Säuglinge zu stillen. Den Alten und Kranken sah man an, daß sie sich am Ende ihrer Kräfte befanden, als sie im Krematorium ankamen.

Obersturmführer Hössler hatte an jenem Sommermorgen wieder einmal einen großen Auftritt. Im Krematorium V waren vielleicht tausend nichtsahnende, arglose Menschen aus Saloniki angekommen. Der alte Lügner hatte sich einmal mehr genau ausgedacht, wie er diese gequälte, ausgehungerte und durstige Menge hinters Licht führen könnte und dementsprechend eine Ansprache vorbereitet. Er nahm die Weitgereisten etwa mit folgenden Worten in Empfang: »Ich begrüße Sie im Namen der Lagerverwaltung. Sie befinden sich hier in einem Arbeitslager und nicht in einem Sanatorium. So wie unsere Soldaten an der Front unter Einsatz ihres Lebens für den Sieg des Dritten Reiches kämpfen, so müssen Sie hier für das Wohl eines neuen Europa arbeiten. Es liegt an Ihnen, wie Sie sich dieser Aufgabe entledigen. Wir geben jedem von Ihnen die Möglichkeit dazu. Wir kümmern uns um Ihre Gesundheit, wir geben Ihnen eine gutbezahlte Arbeit, und wenn der Krieg zu Ende ist, werden wir die Verdienste jedes einzelnen würdigen und dementsprechend mit ihm verfahren. Ziehen Sie sich jetzt alle aus, hängen Sie Ihre Kleider auf die Haken und vergessen Sie nicht, sich die Nummer genau zu merken. Nach dem Baden gibt es für jeden eine Portion Suppe und Kaffee oder Tee. Ja, damit ich es nicht vergesse, halten Sie nach dem Baden alle Lehrbriefe, Diplome, Schulzeugnisse und sonstigen Dokumente bereit, damit wir jeden nach seinen Kenntnissen und Fähigkeiten einsetzen können. Noch etwas: Diabetiker, die keinen Zucker zu sich nehmen dürfen, melden sich nach dem Baden beim diensthabenden Personal.«

Das seriöse Aussehen von Hössler und der Ernst seiner Worte, die von einem SS-Unterführer Satz für Satz ins Griechische übersetzt wurden, wirkten auf die müde Menge beruhigend, aber auch belebend. Auf vielen Gesichtern flackerte so etwas wie ein Hoffnungsschimmer auf. Aber manche wurden auch nachdenklich. Offenbar schienen ihnen die Versprechungen des SS-Führers verglichen mit dem, was sie während des Transports erlebt hatten, doch nicht so recht glaubhaft. Warum hatte man ihnen denn auf dem Transport kein Trinkwasser gegeben, warum hatten unterwegs so viele sterben müssen, wenn man sie hier so dringend brauchte? Diese Widersprüche beschäftigte offensichtlich manchen von ihnen. Freilich konnte sich keiner vorstellen, daß sie ein paar Stunden später schon alle in einen Haufen Asche verwandelt sein würden. Welchen vernünftigen Grund hätte es auch geben können, mehr als tausend Menschen von Saloniki hierher zu transportieren, um sie dann umzubringen? Das wäre doch in Griechenland viel einfacher gewesen. Außerdem war Krieg, und die Deutschen brauchten doch dringend jede Lokomotive und jeden Eisenbahnwaggon, um ihr Kriegsmaterial in die Weiten Rußlands zu verfrachten.

Nachdem Hössler seine Ansprache beendet hatte, fingen die Menschen an, sich auszuziehen. Kaum einer von ihnen dachte wohl daran, daß ihm tödliche Gefahr drohte. Nachdem sich alle entkleidet hatten, standen auf der einen Seite des Umkleideraums die Männer, auf der anderen die Frauen und die Kinder. Noch immer wurden sie von Hunger und vor allem von Durst gequält. Sie dachten sicher daran, daß man ihnen gleich nach dem Baden etwas zu essen und zu trinken versprochen hatte, und deshalb drängten sie sich zu den »Duschräumen«, weil jeder der erste sein wollte. So betraten sie arglos, viele mit einem Handtuch überm Arm und einem Stück Seife in der Hand, die drei Gaskammern des Krematoriums V.

Dem Ambulanzwagen des Roten Kreuzes, der den Transport bis zum Krematorium begleitet hatte, entnahmen jetzt zwei SS-Männer, die sogenannten Desinfektoren, einige Blechdosen mit Zyklon-B-Gas und warfen den Inhalt in die dafür vorgesehenen Öffnungen der Gaskammer. Dazu brauchten sie außer der Überzeugung, damit etwas Nützliches für ihr Vaterland zu tun, nur einen Hammer, einen Dosenöffner und eine Gasmaske.

Ende Oktober 1943 rückte ich eines Abends mit einem Kommando von etwa 100 Häftlingen zur Nachtschicht ins Krematorium II aus. Für dieses Kommando waren von Kaminsky einige erfahrene Häftlinge ausgesucht und beauftragt worden, so viele Wertsachen wie möglich zu organisieren. Sie wurden nämlich dringend für den Erwerb von Waffen benötigt, die man auch in Auschwitz, wo mit allem gehandelt wurde, gegen horrende Bezahlung aus den Zerlegebetrieben bekommen konnte. Dort wurden Flugzeugwracks und anderes zerstörtes oder beschädigtes Kriegsmaterial ausgeschlachtet. Dabei fanden die dort beschäftigten Häftlinge gelegentlich noch brauchbare Waffen und Munition, die sie dann gegen Gold, Dollars oder Brillanten zu veräußern bereit waren. Geld und Wertsachen wurden aber auch benötigt, weil damit geplante Fluchtaktionen unterstützt und SS-Leute bestochen werden konnten.

Viele von uns hatten immer wieder darüber nachgedacht, wie man die Weltöffentlichkeit über die entsetzlichen Verbrechen, die hier verübt wurden, unterrichten könnte. Wir hielten es für möglich, daß vielleicht dann, wenn dies gelingen würde, dem Massenmord Einhalt geboten werden könnte. Für diese Aufgabe war aber am besten ein Häftling geeignet, der die schrecklichen Verbrechen, die hier tagtäglich verübt wurden, mit eigenen Augen gesehen hatte. Man mußte nur einem zur Flucht verhelfen.

Nicht weniger wichtig war es für uns, SS-Männer zu bestechen. Auf die meisten von ihnen übten Gold, Dollars und Brillanten eine große Anziehungskraft aus. Viele konnten damit von übertriebener »Pflichterfüllung« abgehalten oder wenigstens gemäßigt werden. Hinzu kam, daß für SS-Leute, wenn sie erst einmal von Häftlingen Gold oder Brillanten angenommen hatten, Probleme auftauchten, mit denen sie sich auseinandersetzen mußten. Denn sie hatten gegen Gesetze verstoßen und mußten befürchten, streng bestraft zu werden, wenn man ihr Vergehen entdeckte oder wenn sie verpfiffen wurden. Damit hatten sie sich in eine gewisse Abhängigkeit von uns Häftlingen begeben. Außerdem mußten sie Örtlichkeiten ausfindig machen, wo sie illegal erworbene Wertsachen verstecken konnten. Dazu kam vielleicht noch die Sorge, ob es ihnen gelingen würde, alles gut nach Hause zu bringen.

An diesem Abend, als ich zur Nachtschicht ausgerückt war, lag der Hof des Krematoriums II verödet da. Er wurde von einigen Bogenlampen matt und spärlich erleuchtet. Von weitem drangen Frauenstimmen zu uns herüber, die einmal lauter wurden und dann wieder abebbten, ohne daß man jedoch etwas hätte verstehen können. Wahrscheinlich wurden im Frauenlager, das ja vom Krematorium II nur durch einen Zaun getrennt war, gerade die Brotrationen ausgegeben.

Alle Öfen standen schon seit Vormittag unter Feuer. Uns wurde befohlen, es weiter in Gang zu halten. Dazu mußten alle 30 Minuten zwei Schubkarren Koks in die Generatoren geschüttet werden.

Oberscharführer Voß und seine Gehilfen waren heute entgegen ihrer sonstigen Gepflogenheit schon vor uns im Krematorium. Sie liefen geschäftig herum und kümmerten sich um alles mögliche. Sie schauten nach, ob das Feuer in den Öfen richtig brannte, kontrollierten, ob die Tür zur Leichenkammer abgeschlossen war, vergewisserten sich, daß nirgends Blutspuren zu sehen waren, überprüften die Ventilatoren und schalteten ein paar Mal das Licht in der Gaskammer ein und aus. Auch die Zementböden, die sonst meistens feucht waren, wurden heute sorgfältig getrocknet. Zu diesem Zweck hatte man einige Koksöfen aufgestellt, die den ganzen Tag beheizt wurden. Einer der SS-Leute lief mit einem großen Zerstäuber herum und versprühte einen parfumartigen, süßlichen Duft in den Räumen. Ganz offensichtlich sollten die Leute, die heute erwartet wurden, den Modergeruch, der einem sonst hier entgegenschlug, nicht wahrnehmen und den Eindruck gewinnen, sie befänden sich in einer hygienisch sauberen Badeanstalt.

Auch die Orientierungstafeln am Eingang des Auskleideraums waren durch größere ersetzt worden. Die roten Buchstaben der Aufschrift »Eingang zum Bade- und Desinfektionsraum« kontrastierten auf hellblauem Grund. Es war zu vermuten, daß all diese ungewöhnlichen Maßnahmen getroffen wurden, um für die erwarteten Todeskandidaten eine ganz besondere Atmosphäre zu schaffen. Noch weitere SS-Unterführer kamen ins Krematorium II. Quackernack, Emmerich, Schillinger und nach ihnen auch Obersturmführer Schwarzhuber zusammen mit dem diensthabenden Arzt Dr. Thilo.
Inzwischen war es schon ziemlich spät geworden. Eine der Verschnaufpausen, die zwischen dem Nachfüllen der Öfen mit Koks blieben, nutzte ich aus, um mich ein wenig auszuruhen. Ein Raum auf dem Dachboden, wo ein paar Pritschen standen, bot dazu Gelegenheit. Als ich oben war und eines der kleinen Fenster öffnete, bot sich mir ein eigenartiges Bild. Tausende von grellen Lampen, die auf unendlich lange Perlenschnüre aufgezogen schienen, beleuchteten die parallel verlaufenden Reihen der weißgetünchten Betonpfosten, die neben den Stacheldrahtzäunen verliefen. Die Nachtruhe war eingekehrt. In der Sklavenstadt war alles ruhig; doch diese Stille war trügerisch.
In der Ferne bemerkte ich einige Lichter, die sich bewegten und näher kamen. Bald erkannte ich eine Kolonne von Lastwagen. Nach einer Weile fuhren mit Planen abgedeckte Fahrzeuge auf den Hof des Krematoriums. Die SS-Leute, die den Transport begleiteten, sprangen von den Trittbrettern, liefen nach hinten und ließen dort die Ladeklappen herunter. Dann schlugen sie die Planen hoch und baten die Leute auszusteigen. Das geschah mit einer Höflichkeit, wie ich sie noch nicht erlebt hatte.
Den Grund dafür konnte ich mir nicht erklären. Was waren das für Menschen, die gerade angekommen waren? Es fiel mir auf, daß keiner von ihnen einen Davidstern auf der Kleidung hatte. Fingen die Nazis, so fragte ich mich, vielleicht schon damit an, auch andere Gruppen als Juden auszurotten? Die

Menschen stiegen von den Lastwagen herunter. Keiner wurde angeschrien, keiner geschlagen, gejagt oder gehetzt. Im Gegenteil, die SS-Leute halfen bereitwillig beim Aussteigen, wenn es nötig war.
Nach kurzer Zeit standen vielleicht 1000 Menschen auf dem Hof, es waren mehr Männer als Frauen. Alle waren gut gekleidet, und niemand hatte Gepäck bei sich. Auch das war ungewöhnlich.
Neugierig blickten die Menschen jetzt auf die Mitte des Hofes. Dort wurde gerade von SS-Leuten eine Holzkiste hingestellt. Das Geschehen und die Umgebung erregte die Aufmerksamkeit der Leute. Viele schauten sich neugierig nach allen Seiten um. Das rote Backsteingebäude, das sich in ihrer unmittelbaren Nähe befand, war nur schwach beleuchtet. Sein Äußeres war unauffällig. Ungewöhnlich war vielleicht der mächtige Kamin, dessen Silhouette sich auch in der dunklen Nacht noch vom Abendhimmel abhob, wenn man scharf hinsah.
Auf die Holzkiste, die als Rednerpodest gedacht war, stieg nun Lagerführer Schwarzhuber, gefolgt von einem Mann in Zivil. Dieser trug einen Ledermantel und hatte einen grauen Hut auf, dessen Rand vorn und hinten heruntergestülpt war. Nach seinem Aussehen hielt ich ihn für einen Gestapomann. Auf dem Hof wurde es jetzt ruhig, alle warteten gespannt auf das, was sie erfahren würden.
Als erster ergriff Schwarzhuber das Wort und wandte sich an die Leute: »Meine Damen und Herren!« sagte er. »Ich begrüße Sie im Namen der Lagerverwaltung. Wir sind beauftragt worden, Ihre Ausreise ins Ausland so schnell wie möglich durchzuführen. Zu diesem Zweck ist ein Beauftragter des Auswärtigen Amtes gekommen, der Sie jetzt informieren wird, wie sich der weitere Ablauf Ihres Transportes gestaltet. Ich möchte deshalb ihm das Wort erteilen.«
Auf dem Hof herrschte Totenstille. Die Menschen hatten kaum richtig Luft geholt, als der angebliche Beauftragte des Auswärtigen Amtes auf das Podest stieg und zu reden anfing. Um alles deutlich zu hören, machte ich das Fenster etwas

weiter auf. »Meine Damen und Herren!« begann er, »ich bin vom Auswärtigen Amt beauftragt worden, Ihre Fahrt in die Schweiz zu organisieren. Der Ort, an dem Sie sich befinden, ist Ihr letzter Aufenthalt auf dem Territorium des Dritten Reiches. Wir haben Sie hierher gebracht, weil die Schweizer Behörden verlangt haben, daß jeder von Ihnen vor dem Grenzübertritt desinfiziert wird.«
Wichtigtuerisch fuhr er dann fort: »Hier besteht die Gelegenheit, diese Desinfektion rasch durchzuführen. In diesem Gebäude« – dabei zeigte er mit ausgestrecktem Arm auf den Bau des Krematoriums –, »ist ein großes Bad installiert, in das Sie nachher gebracht werden. Noch etwas: Halten Sie nach dem Baden Ihre Reisedokumente bereit, damit wir Ihnen bestätigen können, daß Sie desinfiziert worden sind. Ich weise Sie nochmals darauf hin, daß die Schweizer Behörden darauf bestehen, daß niemand ohne diese Bestätigung die Grenze passieren darf. Auf dem Bahnhof steht Ihr Sonderzug bereit. Er soll morgen früh um sieben Uhr abfahren und Sie bis zur Grenze bringen. Deshalb bitte ich Sie in Ihrem eigenen Interesse, allen Anweisungen des Lagerpersonals Folge zu leisten. Für morgen wünsche ich Ihnen eine gute Reise.«
Ich hatte den Eindruck, daß diese Worte die beabsichtigte Wirkung nicht verfehlt hatten. Es fiel mir auf, daß einige jetzt in ihre Brusttaschen griffen, als wollten sie sich vergewissern, daß ihre Reisepässe noch da waren. Denn sie bedeuteten in diesem Augenblick sicher mehr als alles andere für die Menschen.
Die Art, wie der angeblich Beauftragte des Auswärtigen Amtes aufgetreten war, seine Gesten, vor allem aber seine Stimme verrieten mir gleich, daß er kein anderer als Obersturmführer Hössler war, der auch seine neue Rolle in der Maske des biederen Zivilisten unübertrefflich spielte.
Nach seiner Ansprache dauerte es nicht lange, bis die Menschen den unterirdischen Umkleideraum aufgesucht hatten.
Die Versprechungen Hösslers und das korrekte und höfliche Verhalten der SS-Leute trugen dazu bei, daß alles reibungslos

verlief. Man hatte auch dafür gesorgt, daß die Häftlinge des Sonderkommandos im Hintergrund blieben. Vielleicht wollte man vermeiden, die Menschen durch unsere Anwesenheit unsicher zu machen und unerwünschte Kontakte unterbinden.
Der Kapo des Heizerkommandos bekam nun den Befehl, die Öfen mit Koks zu füllen. Er war diesmal mit einer Verspätung von vielleicht einer Viertelstunde erteilt worden. Offenbar hatte man mit dem Nachfüllen der Öfen gewartet, bis der Hof geräumt war. Vielleicht hatte man befürchtet, die Menschen könnten den Lärm hören, der beim Auskippen des Kokses entstand, und Verdacht schöpfen.
Der Aufzug, der die unterirdischen Räume mit dem Verbrennungsraum verband, fuhr ständig hinauf und herunter. Die Nervosität, die den SS-Leuten anzumerken war, zeigte an, daß die Mordaktion, die anfangs auf keine Schwierigkeiten gestoßen war, offenbar doch nicht so ganz reibungslos verlief.
Kapo Kaminsky wurde jetzt aufgefordert, sich mit 18 Häftlingen, unter denen auch ich mich befand, bereitzuhalten. Ein SS-Mann holte uns nach einiger Zeit mit dem Aufzug nach unten. Dort standen wir eine Weile im Gang herum, wo sich die Türen zur Gaskammer, zur Leichenkammer und zum Umkleideraum befanden. Aus ihm drang ein lebhaftes Geraune, ähnlich dem Summen in einem Bienenstock. In regelmäßigen Abständen hörte man Aufforderungen an die Menschen, sich auszuziehen.
Oberscharführer Voß führte uns schließlich in die Leichenkammer. Dort standen hinter einem Haufen ausgemergelter Leichen handbemalte Plakate an der Wand. Auf sechs Pappdeckeln, die auf Holzlatten aufgenagelt und vielleicht 70 cm breit und 40 cm hoch waren, hatte man mit schwarzer Farbe jeweils zwei Buchstaben, durch einen Querstrich getrennt, in alphabetischer Reihenfolge aufgemalt, z. B. A–D, E–H usw. Diese Plakate waren schon vor einigen Tagen ins Krematorium gebracht worden, wobei wir gerätselt hatten, wozu sie wohl dienen mochten.
Aber auch dieses Rätsel fand bald seine Lösung. Oberschar-

führer Voß ließ die Plakate aus der Leichenkammer herausschaffen. Dann mußten wir uns in Dreierreihen aufstellen. Die Holzlatten mit den Plakaten wurden den Häftlingen in die Hand gedrückt, die in der Mitte einer Reihe standen. Dann führte man uns in sechs Dreierreihen in den Umkleideraum, wo wir uns in gleichen Abständen an der Wand der einen Längsseite aufstellen mußten. Die Menschen, die mit dem Transport gekommen waren, standen uns auf der anderen Seite gegenüber.

Wir standen jeweils zu dritt an der Wand, wobei die beschrifteten Plakate den Leuten so zugewandt waren, daß sie die Buchstaben lesen konnten. Unser Erscheinen hatte offensichtlich ihre Aufmerksamkeit erregt, denn es wurde plötzlich ruhiger. Das nützte der durchtriebene Hössler, der noch immer seine Rolle als Beauftragter des Auswärtigen Amtes spielte, instinktiv aus. Er trat vor die Menge und ergriff erneut das Wort: »Meine Damen und Herren!« fing er an, »Sie können alle die Plakate mit den Buchstaben des Alphabets sehen, die gerade hereingebracht worden sind. Schauen Sie bitte genau hin.« Dabei zeigte er mit ausgestrecktem Zeigefinger der Reihe nach auf alle Plakate von A bis Z und fuhr dann fort: »Wenn Sie aus dem Bad zurückkommen und sich wieder angezogen haben, gehen Sie bitte dorthin, wo Sie die Anfangsbuchstaben Ihres Namens finden, damit wir Ihnen dort die Bescheinigung über Ihre Desinfektion ausstellen können. Merken Sie sich auch genau die Nummer Ihrer Kleiderablage, damit die Formalitäten nach dem Baden und Desinfizieren rasch und reibungslos abgewickelt werden können. Betrachten Sie die Desinfektion nicht als eine Schikane. Es sind die Schweizer Behörden, die darauf bestehen. Nun liegt es in Ihrem Interesse, sich so schnell wie möglich der unvermeidbaren Prozedur zu unterziehen. Denken Sie auch daran, daß die Eisenbahnstrecken häufig durch feindlichen Luftterror blokkiert werden. Beeilen Sie sich also, wenn Sie rasch von hier wegkommen wollen!« Während er die letzten Worte sprach, sah Hössler die Menschen, die vor ihm standen, wie ein Priester an, der um Vertrauen und Glaubwürdigkeit wirbt.

Als er aufgehört hatte zu sprechen, redeten die Menschen lebhaft aufeinander ein. Vor Aufregung und Nervosität war vielen das Blut in den Kopf gestiegen. Aus Gesprächsfetzen entnahm ich, daß jiddisch gesprochen wurde und daß manche mißtrauisch geworden waren. Nun war mir klar, daß es sich bei den Ankömmlingen um Juden aus Osteuropa handeln mußte. Sicher hatten viele von ihnen irgendwann einmal, wenigstens gerüchtweise, von Massenvernichtungen gehört. Dennoch hatten die Worte von Hössler auf viele solch einen Eindruck gemacht, daß sie anfingen, sich auszuziehen. Es gab aber auch andere, die noch unschlüssig herumstanden. Die ständigen Aufforderungen der SS-Leute, sich doch endlich auszuziehen, wurden von vielen nicht befolgt. Auch Hösslers Worte hatten diese Menschen nicht von der Angst befreien können, daß ihr Leben hier vielleicht doch bedroht sei. Instinktiv ahnten sie, daß sie in eine Falle geraten waren, und deshalb hielten sie es für besser, ihre Kleider mit den Reisedokumenten auf keinen Fall abzulegen.
Die SS-Leute standen einige Minuten unschlüssig herum und wußten nicht recht, was sie tun sollten. Dann führten sie diejenigen, die sich ausgezogen hatten, in die Gaskammer. Vielleicht glaubten sie, daß sie jetzt mit den übrigen besser fertig würden. Es gelang ihnen auch nach kurzer Zeit, mehr als die Hälfte der Menschen hinter die massive Tür der Gaskammer zu bringen. Das waren diejenigen, die den Worten Hösslers vertraut und sich ausgezogen hatten, um keine unnötige Verzögerung eintreten zu lassen. Die anderen, die noch im Umkleideraum waren, machten den Eindruck, als wollten sie erst einmal Zeit gewinnen. Aber worauf hätten sie warten und hoffen sollen? Das Krematorium war dicht umstellt von bewaffneten SS-Leuten. Von uns Häftlingen war auch keiner bereit, zusammen mit ihnen einen sinnlosen Befreiungsversuch zu unternehmen. Solch eine Aktion wäre auch nicht durchführbar gewesen. Es gab auch keine Gelegenheit, den Leuten klarzumachen, daß sie vergast werden sollten. Nur so hätten sie vielleicht davon überzeugt werden können, daß es

ehrenvoller wäre, im Kampf zu sterben als in der Gaskammer. Aber alle Phasen von der Ankunft der Menschen auf der Rampe bis zum Hineintreiben in die Gaskammer waren planmäßig in solcher Eile und Hast durchgeführt worden, daß den Opfern keine Zeit blieb, nachzudenken oder realisierbare Entschlüsse zu fassen.

Die SS-Unterführer verließen nun einer nach dem andern unauffällig den Auskleideraum und kamen nach kurzer Zeit mit Knüppeln zurück. Wahrscheinlich hatten sie vom Lagerführer Schwarzhuber grünes Licht bekommen, auch mit diesen Menschen so zu verfahren, wie sie es gewohnt waren.

Hatten sie anfangs mit betonter Höflichkeit und geheuchelten Sprüchen zur Desinfektion gebeten, so herrschten sie jetzt die Menschen an: »Los! Ausziehen! Dalli, dalli! Fertigmachen zum Baden! Los! Los!« Diese Leute reagierten jedoch nicht in der gewünschten Weise, sondern standen nach wie vor unschlüssig herum. So war es kein Wunder, daß die SS-Leute nervös wurden. Um zu zeigen, daß es ihnen ernst war, schoben sie ihre Pistolentaschen aus der Hüfte nach vorn und öffneten die Klappen. Dann gingen sie näher an die Menge heran, nahmen eine bedrohliche Haltung an und fingen an zu schreien. Als auch das nichts nützte, begannen sie, mit ihren Knüppeln blindlings auf die Menschen einzuschlagen. Um den Schlägen zu entgehen, drängten die vorn Stehenden nach hinten, andere, die jetzt den Schlägen ausgesetzt waren, versuchten auszuweichen, und so entstand ein großes Durcheinander. Immer wütender und unbarmherziger schlugen die SS-Leute auf die schiebende und drängende Menge ein. Als viele schon blutig geschlagen waren, sahen die andern ein, daß es keinen Zweck hatte, sich noch weiter zu widersetzen, weil ein Ausweg nicht ersichtlich war. Deshalb fingen auch sie jetzt an, sich auszuziehen. Warum wir mit unseren Plakaten noch an der Wand standen, blieb mir unerfindlich.

Den SS-Leuten sah man an, daß sie sich jetzt wieder als Herren der Lage fühlten. Quackernack und Schillinger schritten gravitätisch und selbstbewußt vor der gedemütigten Menge auf und ab, blieben aber plötzlich stehen. Eine auffallend attraktive Frau mit schwarzblauem Haar hatte ihre Neugier erregt. Schillinger forderte, als sie gerade einen Schuh auszog, mit fast schon mechanisch gewordener Selbstverständlichkeit die Menschen von neuem zum Ausziehen auf.

Als die Frau merkte, daß sie die Aufmerksamkeit der beiden SS-Männer auf sich gelenkt hatte, tat sie so, als versuchte sie, ihre Lüsternheit zu erregen, indem sie ihnen kokettierende Blicke zuwarf. Ihr Gesicht mit dem breiten Mund wirkte verführerisch. Mit einem vielsagenden Lächeln schob sie ihren Rock so weit hoch, daß man die Strumpfhalter sehen konnte. Dann machte sie grazil einen ihrer Strümpfe los und streifte ihn vom Bein herunter. Dabei beobachtete sie unauffällig, aber aufmerksam, was um sie herum geschah. Die Entkleidungsszene, die sie vor den beiden SS-Leuten spielte, hatte deren Aufmerksamkeit so in Anspruch genommen, daß sie offenbar sexuell erregt waren und sich um nichts anderes mehr kümmerten. Glotzend standen sie da, der Frau zugewandt, und hatten die Hände in die Hüften gestemmt, wobei die Schlagstöcke an ihren Handgelenken herumbaumelten.

Die Frau entledigte sich nun ihrer Bluse und stand jetzt im Büstenhalter vor ihren geilen Zuschauern. Dann lehnte sie sich mit dem linken Arm gegen einen Betonpfeiler, bückte sich und hob den linken Fuß etwas hoch, um den Schuh auszuziehen. Was dann geschah, spielte sich in Blitzesschnelle ab. Mit einer reflexartigen Bewegung schlug sie Quackernack mit dem Absatz ihres Stöckelschuhes wuchtig gegen die Stirn. Er bedeckte sein Gesicht, das schmerzverzerrt war, mit beiden Händen. In diesem Augenblick stürzte sich die junge Frau auf ihn und entriß ihm mit einem raschen Griff die Pistole. Dann fiel ein Schuß. Schillinger schrie auf und fiel zu Boden. Sekundenbruchteile später fiel ein zweiter Schuß, der auf Quackernack gezielt war. Obwohl er nur wenige Schritte entfernt war, verfehlte die Kugel jedoch ihr Ziel.

Im Auskleideraum brach jetzt eine Panik aus. Die junge Frau, die geschossen hatte, tauchte in der Menge unter. Sie konnte jeden Augenblick irgendwo anders auftauchen und auf einen anderen Henker schießen.

Die SS-Leute waren sich der Gefahr bewußt. Einer nach dem anderen schlich unauffällig nach draußen. Der angeschossene Schillinger lag immer noch am Boden, ohne daß sich jemand um ihn gekümmert hätte.

Nach einer Weile kamen einige SS-Leute von draußen, um ihn wegzuschaffen. Verängstigt und hastig schleiften sie ihn auf dem Betonboden zur Tür.

Währenddessen fiel ein dritter Schuß. Ich sah, daß einer der SS-Männer, die Schillinger hinausschleiften, zu humpeln begann und panikartig zur Tür stürzte, ein Zeichen, daß er getroffen war.

Dann ging das Licht aus. Gleichzeitig wurde von außen die Tür verriegelt. Auch wir befanden uns jetzt in dem stockfinsteren Raum. Der dramatische Ablauf der bisherigen Ereignisse ließ mich nicht daran zweifeln, daß es zu einem schlimmen Ende kommen würde.

Die Menschen, die im Dunkeln die Orientierung verloren hatten, liefen hilflos durcheinander. Auch ich hatte Angst, daß es heute mit uns allen zu Ende gehen könnte. Gerade jetzt, so dachte ich, wo es mit dem geplanten Aufstand voran ging, wo wir schon eine nicht unbeträchtliche Menge von Waffen und Munition hatten, sollte alles aus sein? Die Dunkelheit wirkte lähmend. Ich tastete mich der Wand entlang zum Ausgang. Dort hatten sich fast alle vom Sonderkommando eingefunden. Aber auch die anderen Menschen waren instinktiv zur Tür gekommen. Viele weinten jetzt und jammerten, einige nahmen Abschied voneinander, andere beteten, viele wollten auch wissen, wer die Frau war, die geschossen hatte.

Zusammen mit den Kameraden stand auch ich an der Tür. Ein Mann in unserer Nähe, der offenbar bemerkt hatte, daß wir nicht zu ihrem Transport gehörten, sprach uns im Dunkeln an. Er wollte wissen, woher wir kämen. »Aus der Todesfabrik«, antwortete ihm einer.

Der Mann war ziemlich erregt und erklärte nervös: »Was will

man eigentlich von uns? Wir haben doch die Einreiseerlaubnis nach Paraguay. Für die Ausreisegenehmigung haben wir viel Geld an die Gestapo bezahlen müssen. Von mir haben sie drei Brillanten im Wert von mindestens einhunderttausend Zloty bekommen, das letzte, was ich noch hatte. Von der Tänzerin, die vorhin geschossen hat, haben sie vielleicht noch mehr verlangt.«

Der Mann wollte noch weiterreden, aber plötzlich wurde die Tür aufgerissen. Grelles Scheinwerferlicht blendete mich. Dann hörte ich Voß rufen: »Sonderkommando rauskommen!« Wir stürzten durch die Tür nach draußen und liefen die Treppe hinauf in den Hof. Vor der Tür zum Umkleideraum waren zwei Maschinengewehre aufgestellt worden. Dahinter standen Scheinwerfer. SS-Leute mit Stahlhelmen lagen bereit, die Maschinengewehre zu bedienen. Auch auf dem Hof lief eine Horde von bewaffneten SS-Schergen herum.

Ich war gerade auf dem Weg zum Verbrennungsraum, als der Lagerkommandant Höss aus einem Auto ausstieg. Dann hörte ich die Maschinengewehre rattern und ein schreckliches Blutbad unter den Menschen im Umkleideraum anrichten. Einige wenige, denen es gelungen war, sich hinter den Betonpfeilern oder in Winkeln zu verstecken, wurden wenig später ergriffen und im Nebenraum erschossen.

In der Zwischenzeit hatten auch die »Desinfektoren« ihr todbringendes Cyklon-B in die Gaskammer geworfen, wohin die Gutgläubigen, den trügerischen Worten Hösslers Vertrauenden vor etwa einer Stunde arglos gegangen waren.

Am nächsten Morgen erfuhren wir, daß Schillinger auf dem Transport ins Krankenhaus gestorben und Unterscharführer Emmerich verwundet worden war. Als sich diese Nachricht im Lager verbreitete, empfanden viele große Genugtuung; denn Schillinger war im Abschnitt B II des Männerlagers ein äußerst brutaler, gemeiner, unberechenbarer und sadistischer Rapportführer gewesen.

Der Leichnam der Tänzerin wurde auf dem Seziertisch des Sektionsraums im Krematorium II aufgebahrt. SS-Leute ka-

men dorthin, um ihn sich anzuschauen, bevor er eingeäschert wurde. Vielleicht sollte ihnen dieser Anblick als Warnung dienen und zeigen, welch schlimme Folgen ein Augenblick mangelnder Wachsamkeit für einen SS-Mann haben konnte.
Uns hatten diese Ereignisse erneut gezeigt, daß es für jeden, der ins Krematorium geraten war, keine Chance gab zu entkommen. Alle Versprechungen der SS-Leute, die von Beschäftigungen als Arbeiter, Handwerker, Ärzte oder Architekten bis zur Ausreise in die Schweiz reichten, waren nichts anderes als Gaukelei. So waren auch die hochgespannten Erwartungen und Hoffnungen dieser Menschen, denen man vorgespiegelt hatte, sie nach Paraguay ausreisen zu lassen, in ein Nichts zerronnen.

Die Tragödie des Familienlagers

Der Vormarsch der Alliierten an den Fronten blieb ohne Einfluß auf die Massenvernichtung. Im Gegenteil, immer mehr Juden aus allen Ländern Europas wurden nach Auschwitz verschleppt und verschwanden zu einem großen Teil gleich nach ihrer Ankunft in den Gaskammern von Birkenau.

Im Februar 1944 kam es im Sonderkommando zu einer Selektion. Eines Abends beim Appell erschienen Lagerführer Schwarzhuber, Rapportführer Polotschek und noch ein paar SS-Leute von der politischen Abteilung auf dem Hof von Block 13. Dort suchten sie aus den Reihen der Häftlinge, die gerade zum Zählappell angetreten waren, ungefähr zweihundert aus und erklärten, sie würden nach Lublin überstellt, weil man dort für eine besondere Aufgabe kräftige Leute brauche. Die meisten Selektierten hatten in jenem Kommando gearbeitet, das unter Hösslers Leitung die Spuren der Massengräber bei den Bunkern I und II beseitigt hatte. Da die Arbeiten dort beendet waren, brauchte man sie offenbar nicht mehr.

Es waren noch keine drei Monate vergangen, als wir erfuhren, welches Schicksal sie erlitten hatten. Im April 1944 kamen 19 sowjetische Kriegsgefangene mit ihrem reichsdeutschen Kapo Karl Konvoent aus Lublin, die dort im Sonderkommando gearbeitet hatten, nach Birkenau. Das Konzentrationslager Lublin war nämlich geräumt worden, weil die Rote Armee auf ihrem Vormarsch in bedrohliche Nähe gekommen war.

Noch bevor wir mit einem der Sowjets reden konnten, war uns klar, was mit unseren Kameraden geschehen war. Einige der Ankömmlinge hatten nämlich Kleidungsstücke und Stiefel an, die Kapos und Vorarbeitern unserer im Februar selektierten Kameraden gehört hatten. Auf den ersten Blick erkannten wir die blauen Blousons und die maßgeschneiderten Stiefel wieder. Später wurde uns bestätigt, daß im Februar ungefähr 200 Häftlinge in Lublin eingetroffen und gleich vergast worden waren. Im Auskleideraum hatten die sowjetischen Kriegsgefangenen noch mit ihnen gesprochen und dabei erfahren, daß sie von Birkenau gekommen waren und dort im Sonderkommando gearbeitet hatten.

Die Selektion im Februar 1944 löste bei uns große Unruhe aus. Wir befürchteten, daß mit dem Näherrücken der Front auch unser Schicksal besiegelt würde. Der zügige Vormarsch der Roten Armee ließ zwar viele im Lager neue Hoffnung schöpfen, im Sonderkommando glaubte aber keiner ernsthaft daran, die Befreiung zu erleben. Wir konnten uns nicht vorstellen, daß die Urheber der Massenmorde, die täglich vor unseren Augen verübt wurden, auch nur einen einzigen Zeugen ihrer Verbrechen am Leben lassen würden, wenn es mit ihrer Herrschaft zu Ende ging. Mußten sie doch befürchten, andernfalls zur Verantwortung gezogen zu werden. Wir waren deshalb davon überzeugt, daß nur ein gewaltsamer Ausbruch uns retten konnte.

Solch ein Vorhaben durfte natürlich nicht mehr lange hinausgeschoben werden. Aber wie sollten wir einen Ausbruch bewerkstelligen? Wir besaßen zwar drei Handgranaten aus dem alten Auschwitzer Krematorium. Hinzugekommen waren einige Parabellumrevolver und 6,35 mm Pistolen mit Munition, die von Mittelsmännern aus den Zerlegebetrieben organisiert worden waren.

Es erschien uns wichtig, möglichst viele Häftlinge im Lager von der Notwendigkeit eines Aufstandes zu überzeugen und zum Mitmachen zu veranlassen. Das war nicht leicht, weil das Leben der meisten nicht unmittelbar bedroht war und die

Aussicht zu überleben, mit jedem Tag, der verging, größer zu werden schien. Für uns im Sonderkommando war das Gegenteil der Fall.
Die Widerstandsbewegung im Lager hatte zwar Verständnis für unser Drängen, bald loszuschlagen, hielt aber den Zeitpunkt für eine solche Aktion noch nicht für gekommen. Deshalb wurde uns bedeutet, wir sollten uns gedulden, bis das Wetter besser geworden und die Front ein Stück nähergerückt sei, weil dann auch Partisanen, die sich angeblich in großer Zahl in der Nähe verborgen hielten, den Aufstand unterstützen könnten; vorher müßten auch noch Absprachen und Vereinbarungen mit ihnen getroffen werden.
Trotz dieses Aufschubs wurde der Plan für einen Ausbruch im Sonderkommando weiter erörtert und vorangetrieben. Die führende Rolle dabei übernahmen Kaminski, Handelsmann, Jukl, Wrobel, Warsawski, Władek, Gradowski, Errera und andere in der konspirativen Arbeit erfahrene Männer. Zunächst war man der Ansicht, daß es am besten wäre, wenn nur die als kräftig und mutig bekannten Leute des Sonderkommandos an dem Aufstand teilnehmen würden. Doch dann setzte sich immer mehr die Überzeugung durch, daß es besser wäre, wenn möglichst viele mitmachten und jedem eine bestimmte Aufgabe zugeteilt würde. Es war zwar allen klar, daß wohl nur wenigen die Flucht gelingen würde. Aber jeder, der mitmachte, sollte eine echte Chance haben. Der Hoffnungsschimmer, zu denen zu gehören, die vielleicht Glück hatten, half vielen, ihr Selbstbewußtsein und ihre Selbstachtung, die die meisten schon verloren hatten, wiederzugewinnen und ihrem Leben einen neuen Sinn zu geben. Auch mich beschäftigte jetzt oft die Frage, ob die kommenden Monate uns die Erfüllung unserer Hoffnungen bringen würden.
Der Schreck der Selektion vom Februar steckte noch vielen in den Knochen, als uns ein neuer Schicksalsschlag traf.
Władek, einer unserer Kapos, der schon ein wenig früher als ich in das alte Auschwitzer Krematorium gesteckt worden war und dort als Heizer gearbeitet hatte, war eines Tages in eine

Bunkerzelle im Block 11 geworfen worden. Die SS-Leute der Politischen Abteilung glaubten, sie könnten von ihm als Funktionär der Kommunistischen Partei Polens wichtige Informationen über die Organisation und personelle Zusammensetzung der polnischen Untergrundbewegung bekommen. Monatelang wurde er verhört und gefoltert, er blieb aber standhaft und gab keinen einzigen Namen preis. Als man wohl eingesehen hatte, daß er nicht zum Reden zu bringen war, wurde er wieder ins Sonderkommando abgeschoben.

Władek war vielleicht 28 Jahre alt, blond, von untersetzter, etwas gedrungener Gestalt, klug, unerschrocken und in konspirativen Dingen erfahren. Alle im Sonderkommando achteten und schätzten ihn als verläßlichen Kameraden.

Nach der Besetzung Warschaus durch die Deutschen war er in den Untergrund gegangen, bis man ihn verhaftete. Jetzt gehörte er neben Kaminski, Warsawski und Handelsmann zu den führenden Köpfen der Widerstandsbewegung im Sonderkommando. Er war vor allem bei der Planung des Aufstands maßgeblich beteiligt, außerdem war er Verbindungsmann zur Widerstandsbewegung im Lager. Da er ebenso wie die anderen polnischen Häftlinge des Sonderkommandos im Block 2 untergebracht war, konnte er sich im Lagerabschnitt B II frei bewegen. Darüber hinaus war er mit vielen polnischen politischen Häftlingen, die führende Rollen in der Widerstandsbewegung spielten, eng befreundet. Władek gehörte zu jenen Männern im Sonderkommando, die energisch auf einen gewaltsamen Ausbruch drängten, weil auch er sein eigenes Leben besonders bedroht wähnte.

Eines Tages wurde er ohne erkennbaren Grund erneut nach Auschwitz überstellt. Das konnte nichts Gutes bedeuten. Es war noch keine Woche vergangen, als eines Nachmittags einer der Sankas auf den Hof des Krematoriums fuhr und vor der Kommandoführerstube anhielt. Oberscharführer Quackernack sprang heraus und ging zu Gorges in die Kommandoführerstube. Dieser forderte kurz danach ein paar Heizer auf, Quackernack zu folgen. Es dauerte nicht lange, bis sie einen

Sack hereinschleiften. Er war zugeschnürt, und offensichtlich befand sich ein Toter darin, dessen Identität geheim bleiben sollte. Quackernack war ziemlich nervös und herrschte uns an, den Sack auf der Stelle zu verbrennen. In der Hast war jedoch vergessen worden, den Blechtrog mit Wasser zu begießen, so daß der Packen nicht glatt in den Ofen rutschte. Beim Herunterkurbeln der Ofentür hatte sich ein Zipfel eingeklemmt, so daß sie nochmals hochgekurbelt werden mußte, damit der Sack vollends hineingeschoben werden konnte. Inzwischen war er schon von den Flammen erfaßt worden und gab den Blick frei auf das, was er verbergen sollte. Jeder, der in der Nähe stand, konnte erkennen, daß es sich bei dem Toten um Władek handelte. Sein Tod sprach sich wie ein Lauffeuer herum.

Ein paar Radikale, die schon einige Male auf eigene Faust losschlagen und einen Ausbruchsversuch aus dem Lager unternehmen wollten, fingen jetzt von neuem an, die Anführer unserer Widerstandsgruppe heftig und leidenschaftlich zu attackieren. Sie warfen ihnen vor, daß sie den Aufstand verantwortungslos hinauszögerten, und machten sie nicht nur für den Tod der vor ein paar Wochen in Majdanek vergasten Kameraden, sondern auch für Władeks Schicksal verantwortlich.

Eines Abends, Ende Februar 1944, rückte ich mit der Nachtschicht zur Arbeit aus. Als wir im Krematorium V ankamen, lagen im Auskleideraum ein paar hundert Leichen herum, die eingeäschert werden sollten. In der Kommandoführerstube, die durch eine Tür mit dem Verbrennungsraum verbunden war, wurde gefeiert. Kommandoführer Johann Gorges war zum Unterscharführer befördert worden und hatte diese Feier inszeniert.

Gorges war damals vielleicht 40 Jahre alt. Er war etwa 1,80 Meter groß und von kräftiger Statur. Seine Gesichtshaut war ziemlich gerötet, seine schwarzen Haare waren kurz geschnitten wie bei einem Rekruten. Besonders auffällig waren sein schwerfälliger, etwas plumper Gang, und seine stumpfen Gesichtszüge. Tieferer Gemütsregungen schien er kaum fähig zu

sein. Wenn er an Exekutionen teilnahm, ließ er weder Genugtuung noch Mitleid oder Erbarmen mit den Opfern erkennen. Das schreckliche Geschehen, das sich täglich um ihn herum abspielte, ließ ihn ziemlich ungerührt. Er führte zwar jeden Befehl gehorsam aus, tat aber auch nie mehr, als von ihm verlangt wurde. Zu sadistischen Quälereien neigte er nicht. Er war ein ziemlich abgestumpfter Mensch, der wahrscheinlich ein normales und unauffälliges Leben geführt hätte, wenn ihn das Schicksal nicht als SS-Mann nach Auschwitz verschlagen hätte. Von uns wurde er wegen seiner Gesichtsfarbe »Moische Borak«, das heißt rote Rübe, genannt.
Gorges trank viel, meistens Schnaps. Wenn er getrunken hatte, wurde er auch uns gegenüber redselig. Dann erzählte er viel von seinem Sohn, auf den er sehr stolz war. Er schwärmte auch oft von Frankreich, besonders von Paris, wo er wohl bessere Tage verlebt hatte. Das lange Zusammenleben und die vielen Nächte, die wir gemeinsam im Krematorium verbrachten, hatten zwischen ihm und uns Heizern beinahe so etwas wie eine menschliche Beziehung entstehen lassen.
In dieser Nacht war ich von der Arbeit an den Öfen freigestellt, weil ich den Kalfaktordienst zu versehen hatte. Üblicherweise verlief dieser Dienst ruhig und war im Gegensatz zu der schweren Tätigkeit bei den Öfen nicht anstrengend. Als Kalfaktor hatte man vor allem die Aufgabe, die Kommandoführerstube sauber zu halten, die Stiefel der diensthabenden SS-Leute zu putzen, das Feuer im Ofen in Gang zu halten und das Geschirr zu waschen. Doch heute wurde nichts aus der ruhigen Nacht, auf die ich mich schon eingestellt hatte.
Der lange Tisch in der Kommandoführerstube war wie eine Tafel gedeckt. Delikatessen aus aller Herren Länder waren aufgetischt. Konserven, Wurst, Käse, Oliven, Sardinen und noch andere Leckerbissen, die von Deportierten stammten, waren herbeigeschafft worden. Dazu gab es polnischen Wodka. Auch Zigaretten lagen in großen Mengen herum.
Etwa ein Dutzend SS-Unterführer waren ins Krematorium gekommen, um mit Gorges zu feiern. Sie saßen am Tisch,

aßen, tranken und waren guter Laune. Einer von ihnen hatte seine Ziehharmonika mitgebracht und spielte Lieder und Schlager, während die andern dazu sangen. Immer wieder erklangen die »Lili Marlen« und die »Rosamunde«. Auch zotige Witze wurden erzählt, und je später es wurde, desto ausgelassener wurde die Stimmung. Als Gorges sein Quantum getrunken hatte, fing er wieder an, sich der Teilnahme an einer Parade in Paris zu brüsten. Dabei sprang er auf, marschierte im Paradeschritt um den Tisch und schmetterte, Marschmusik nachahmend: »Taramtamtam, taramtamtam, taram taram taramtamtam«.

Das Gelächter, der Gesang und das Gegröle wurden immer wieder von dem Lärm aus dem Verbrennungsraum übertönt. Von dort hörte man die Ventilatoren dröhnen und schnauben, Kapos schrien, und die Heizer stocherten in regelmäßigen Abständen mit ihren Eisengabeln in den Öfen herum. Das Gelage in der Kommandoführerstube dauerte bis Mitternacht, dann ging einer nach dem andern weg. Alle waren ziemlich betrunken. Als letzter verließ Gorges die Stube.

Den Dienst im Krematorium hatte in dieser Nacht Oberscharführer Voß übernommen. Als Chef der Krematorien hätte er das zwar nicht nötig gehabt, aber er wollte vielleicht mit dieser Geste seine Verbundenheit zu den Kommandoführern bekunden.

Als alle gegangen waren, hingen dichte Schwaden von Zigarettenrauch in der Stube. Deshalb öffnete ich die Fenster, um frische Luft hereinzulassen, dann räumte ich den Tisch ab.

Voß, der auch an dem Zechgelage teilgenommen hatte, war währenddessen in den Verbrennungsraum gegangen, um sich dort umzusehen. Als er zurückkam, zog er seine Jacke und seine Stiefel aus und legte sich auf den Strohsack der Holzpritsche, die neben der Tür stand. Es dauerte nicht lange, bis sein Schnarchen anzeigte, daß er eingeschlafen war.

Ich war gerade dabei, seine Stiefel zu putzen, als ein Motorrad heranknatterte. Das Geräusch kam immer näher, und schließlich hörte ich, wie der Motor vor dem Krematorium abgestellt wurde. Jetzt weckte ich Voß. Noch bevor er richtig zu sich gekommen war, ging die Tür auf. Oberscharführer Houstek von der Politischen Abteilung trat in die Stube. Die beiden grüßten, dann händigte Houstek Voß ein verschlossenes Kuvert aus. Nachdem sie noch ein paar Worte gewechselt hatten, ging Houstek wieder hinaus und fuhr mit seinem Motorrad davon.

Sein Erscheinen kündigte nie etwas Gutes an. Wenn er im Krematorium auftauchte, stand immer eine größere Mordaktion bevor; deshalb wurde er im Sonderkommando »Malchemowes«, das heißt Todesengel genannt.

Houstek war etwa 40 Jahre alt. Er wirkte knochig und untersetzt. Sein breiter, vornübergebeugter Rumpf erinnerte an einen Gorilla. Sein Gesicht war von Falten und Runzeln durchfurcht und ließ ihn wesentlich älter erscheinen, als er wirklich war. Man sagte ihm nach, daß er brutal und gewalttätig sei. Deshalb ging ihm jeder aus dem Weg, wenn er konnte.

Die ungewöhnliche Zeit, zu der Houstek ins Krematorium gekommen war und Voß ein verschlossenes Kuvert überbracht hatte, ließ mich nichts Gutes ahnen. Unwillkürlich kam mir der Gedanke, daß in dem Kuvert vielleicht auch mein Todesurteil stecken könnte.

Als Houstek gegangen war, setzte sich Voß an den Tisch und hielt das Kuvert prüfend gegen die Glühbirne, die von der Decke herunterhing. Dann riß er es auf, zog einen Bogen Papier heraus und faltete ihn auseinander. Während er das Schreiben überflog, schüttelte er ein paarmal unwirsch den Kopf. Man merkte ihm an, daß er wütend war, und deshalb wunderte ich mich nicht, daß er das Schriftstück mit der flachen Hand auf den Tisch knallte und gereizt schrie: »Herrgott noch mal! Das geht doch nicht bis morgen früh, dazu braucht man doch Zeit. Was zuviel ist, ist zuviel! Um alles soll ich mich kümmern. Immer heißt es: Voß, Voß, Voß! Man kann sich hier abrackern, so viel man will, aber wenn der Laden einmal nicht klappt, kann man sich aufhängen!«

Er wurde sich erst jetzt bewußt, daß auch ich noch in der

Stube war und herrschte mich an: »Los, los, hol die Kapos!« Ich rannte zur Tür hinaus in den Verbrennungsraum, um die beiden Kapos Schlojme und Vacek zu rufen.
Der längliche Raum, der eine Fläche von vielleicht 160 Quadratmetern hatte, war von beißendem Rauch und Qualm erfüllt. In der Mitte standen zwei große, rechteckige Ofenkomplexe, von denen jeder mit vier Brennkammern ausgestattet war. Zwischen den Öfen waren die Generatoren installiert, in denen das Feuer entfacht und in Gang gehalten wurde. Als Heizmaterial diente Koks, der in Schubkarren herangeschafft wurde. Die Feuermassen drangen durch zwei unterirdische Kanäle, die die Öfen mit den mächtigen Schornsteinen verbanden, ins Freie. Die Gewalt der Flammen und die Hitze waren so stark, daß alles dröhnte und bebte. Ein paar rußgeschwärzte, verschwitzte Häftlinge waren gerade damit beschäftigt, eine weißlich glühende Substanz aus einem der Öfen herauszukratzen. Sie hatte sich in Riefen angesammelt, die unter den Ofenrosten in den Betonboden eingelassen waren. Sobald sich diese Masse etwas abgekühlt hatte, wurde sie weißgrau. Es war die Asche von Menschen, die vor ein paar Stunden noch gelebt und nach einem qualvollen Martyrium die Welt verlassen hatten, ohne daß jemand davon Notiz nahm.
Während man aus einem der Ofenkomplexe die Asche herauskratzte, wurden an dem danebenstehenden die Ventilatoren eingeschaltet und alle Vorbereitungen für eine neue Beschikkung getroffen. Auf dem nassen Betonboden lag schon eine größere Anzahl von Leichen herum. Sie waren der üblichen Prozedur bereits unterzogen worden, man hatte ihnen die Goldzähne herausgebrochen und den Frauen die Haare abgeschnitten.
Vor jedem Ofen lag ein Blechtrog, unter den vorn quer ein Vierkantholz geschoben worden war, hinten waren wie bei einer Tragbahre zwei Holme angebracht.
Wie immer wurde zunächst ein Eimer Wasser über den Trog gegossen, dann legten zwei Häftlinge drei Leichen darauf,

während die Ofentür unter lautem Rattern wie ein eiserner Vorhang hochgekurbelt wurde. Vorn und hinten hoben je zwei Häftlinge die Trage hoch und setzten sie auf die Rollen vor den Muffeln, um sie dann in den Ofen zu schieben. Beim Herausziehen der Trage wurde eine Eisengabel gegen die Leichen gestemmt, damit sie im Innern des Ofens blieben. Wenn die Ofentür wieder heruntergekurbelt war, begann die Einäscherung. Dieses gewohnte Bild bot sich meinen Augen, als ich in jener Nacht den Verbrennungsraum betreten hatte, um die beiden Kapos zu rufen. Der Lärm und das Getöse waren so stark, daß ich mein eigenes Wort kaum verstehen konnte. Ich schrie, so laut ich konnte, und gab den Kapos zu verstehen, daß sie sich bei Voß melden sollten. Dann ging ich in die Kommandoführerstube zurück.

Als die Kapos hereinkamen, standen sie vor Voß stramm und warteten auf seine Befehle. Er fragte, wie viele Leichen noch in der Leichenkammer herumlägen. Vacek erwiderte, so genau könne er das nicht sagen, es könnten noch 450 oder 500 sein.

»Was heißt könnten? Ich will genau wissen, wie viele es noch sind«, schrie Voß gereizt und blickte Schlojme an. Aber auch der zuckte mit den Achseln. Voß verlor jetzt die Fassung und wurde ausfällig: »Ihr seid mir schon zwei Drecksäcke! Soll ich mich auch noch darum kümmern, ihr Arschlöcher!« Er war aufgesprungen und lief in den Auskleideraum, wo die Leichen herumlagen. Die beiden Kapos rannten hinter ihm her.

Währenddessen war ich in der Kommandoführerstube geblieben. Rauch und Qualm drangen von draußen herein, deshalb machte ich die Tür zu. Dann fiel mein Blick auf das ominöse Schriftstück, das Voß auf dem Tisch hatte liegen lassen. Ich ging vorsichtshalber noch einmal zur Tür, blickte dort durch einen Spalt hinaus und überzeugte mich, daß die Luft rein war. Dann lief ich neugierig gespannt zum Tisch, ergriff mit zitternden Händen das dort liegende Schriftstück und überflog Zeile um Zeile. Was ich las, ließ mich erstarren. Als Voß mit den beiden Kapos zurückkam, hatte ich Mühe, meine Beherrschung wiederzufinden, um mich nicht zu verraten.

Voß setzte sich wieder an den Tisch, während die beiden Kapos vor ihm standen und auf seine Anweisungen warteten. Er zündete sich eine Zigarette an und brummte dann vor sich hin: »Es kann schon stimmen, daß noch fünfhundert zu bearbeiten sind.« Dann ergriff er das Schriftstück und schob es achtlos in eine Tasche seiner Uniformbluse.

Er starrte eine Weile vor sich hin und war dabei offenbar mit dem Problem beschäftigt, wie alle Leichen, die in der Leichenkammer herumlagen, bis morgen früh eingeäschert werden könnten. Denn nach dem Geheimbefehl, den ich gelesen hatte, sollte das Krematorium V ab 8 Uhr für die Vergasung der Insassen des Familienlagers auf Abruf bereitstehen.

Das Familienlager war im September 1943 eingerichtet worden, als etwa 5000 Juden aus Theresienstadt gekommen waren und im Lagerabschnitt B II b untergebracht wurden. Später kamen noch einige weitere Transporte aus Theresienstadt hinzu.

Als Kaiser Josef II. von Österreich im Jahre 1784 die Festung nach seiner Mutter, der Kaiserin Maria Theresia, benannte, konnte er nicht ahnen, welchem Zweck die von ihm errichteten Bauwerke 157 Jahre später dienen sollten. Die an der Mündung der Eger in die Elbe gelegene Festung war als Schutzwall gegen einen neuen Überfall durch Preußen erbaut worden. Die vorgeschobene Zitadelle, die sogenannte kleine Festung, war schon zu Zeiten der Habsburger Monarchie zu einem berüchtigten Kerker geworden. Hier starb in einer engen und dumpfen Zelle auch der bosnische Student Gavrilo Princip, der mit seinem Attentat auf den österreichischen Thronfolger Franz Josef Ferdinand in Sarajevo den Ersten Weltkrieg ausgelöst hatte.

Während der ersten Tschechoslowakischen Republik blieb Theresienstadt, jetzt Terezin, Garnisonstadt. Nach der Besetzung von Böhmen und Mähren durch die Deutschen wurden alle Einwohner zwangsweise ausgesiedelt und die Stadt, die mit mächtigen Wällen umgeben ist, zum Ghetto für Juden aus Böhmen und Mähren, aus Deutschland, Österreich und später auch aus Holland gemacht.

Vom Herbst des Jahres 1941 an wurden immer mehr Juden in die entvölkerten Wohnviertel und die weiträumigen Kasernen von Theresienstadt deportiert. Sie bildeten ein Reservoir für die Vernichtungsstätten, die weiter im Osten eingerichtet worden waren. Die meisten von ihnen stammten aus Böhmen und Mähren, viele waren deutscher und österreichischer Herkunft, andere kamen aus Holland und anderen europäischen Ländern.

Die kleine Festung diente dagegen als Gefängnis für politische Häftlinge.

Im September 1943 waren einige tausend Juden von Theresienstadt nach Auschwitz deportiert worden und, ohne daß eine Selektion stattgefunden hätte, von der Rampe ins Lager gekommen. Diese Tatsache ging über das Vorstellungsvermögen von uns Häftlingen hinaus. Noch unglaublicher erschien es, daß diese Menschen hinter dem Stacheldraht ihres Lagerabschnitts nicht in Häftlingsmonturen herumliefen, sondern sich in Zivilkleidern bewegen durften. Man hatte ihnen sogar ihre Haare belassen. Verglichen mit den übrigen Häftlingen befanden sie sich auch in einer relativ guten körperlichen und seelischen Verfassung.

Niemand konnte sich so recht erklären, warum gerade diese Juden, die aus Theresienstadt gekommen waren, von dem Gang in die Gaskammer verschont geblieben waren und unter unvergleichlich besseren Lebensbedingungen als alle anderen Häftlinge lebten. Sie mußten nur am Aufbau ihres eigenen Lagers mitarbeiten, Zwangsarbeit brauchten sie dagegen nicht zu verrichten. Jeden Monat durften sie eine Postkarte schreiben und auch ein Päckchen empfangen. Schwangere Frauen und Säuglinge bekamen Milch, Butter und sogar Weißbrot, wenn auch nicht in großer Menge. Kinder unter sechs Jahren besuchten einen eigenen Kindergarten, den älteren wurde von jüdischen Lehrern Schulunterricht erteilt. Im Familienlager gab es ein hervorragendes Orchester mit bekannten Künstlern, das oft auch für die SS musizieren mußte. Sogar ein Krankenhaus war eingerichtet worden, in dem berühmte Professoren

und renommierte Ärzte tätig waren, dies alles in einem Bereich, in dem keine hundert Meter weiter ein Menschenleben gar nichts galt. Kein Wunder, daß diese ungewöhnlichen Verhältnisse uns zu der Annahme veranlaßten, das Familienlager stehe unter dem besonderen Schutz des Internationalen Roten Kreuzes. Doch der Geheimbefehl, den ich heute nacht gelesen hatte, hatte mir gezeigt, wie unbegründet derartige Spekulationen waren. Wahrscheinlich hatte man den Juden des Familienlagers eine Zeitlang eine Alibifunktion zugedacht und ihnen deswegen einen Sonderstatus eingeräumt.
Voß saß immer noch an seinem Tisch und trommelte mit einem Bleistift auf der Tischplatte herum. Dabei blickte er mehrmals auf seine Armbanduhr und fing an, Zahlen auf einen Fetzen Papier zu kritzeln, den er von einem Wandkalender abgerissen hatte. Man merkte ihm an, daß er angestrengt nachdachte und mit einem Problem beschäftigt war, das ihm ziemlich zu schaffen machte. Nachdem er eine Weile herumgerechnet und eine Menge Zahlen hingekritzelt hatte, wandte er sich an die Kapos und meinte: »Es ist möglich, bis morgen früh alle einzuäschern. Ihr müßt nur dafür sorgen, daß ein übers andere Mal zwei Männer und eine Frau vom Transport zusammen mit einem Muselmann und einem Kind in die Öfen kommen. Bei jeder zweiten Füllung darf nur gutes Material vom Transport verwendet werden, zwei Männer, eine Frau und ein Kind. Die Asche wird nach jeder zweiten Füllung herausgenommen, damit die Kanäle nicht verstopfen.« Dann fuhr er in drohendem Ton fort: »Ihr seid mir dafür verantwortlich, daß alle zwölf Minuten gestochert wird und die Ventilatoren eingeschaltet werden. Heute muß es ruckzuck gehen, verstanden?«
»Jawohl, Herr Oberscharführer!« riefen die beiden Kapos.
»Und noch was«, stieß Voß schroff hervor, »wenn ihr fertig seid, wird alles sauber gemacht, gespritzt und gechlort. Zum Schluß werden die Wände getüncht! Alles klar? Um acht Uhr ist alles picobello! Und jetzt an die Arbeit!« Als er geendet hatte, verließen die beiden Kapos die Kommandoführerstube.
Im Auskleideraum lagen noch ungefähr 500 Leichen, wie

Holzscheite aufgeschichtet. Beim ersten Anblick unterschieden sie sich nur wenig voneinander. Jetzt sollten sie, je nachdem wie gut sie brannten, auf vier Haufen gelegt werden. Ausschlaggebend dafür waren ihr Ernährungszustand und die Beschaffenheit ihres Knochengerüsts. Die Leichen der Gutgenährten sollten nämlich mithelfen, die der Entkräfteten zu verbrennen.

Unter Anleitung der Kapos sortierten jetzt die Leichenträger die Toten aus und stapelten sie auf vier Haufen. Der größte bestand hauptsächlich aus kräftigen Männern, den nächsten bildeten überwiegend Frauen, dann kam ein Stapel mit Kindern, während auf dem letzten und kleinsten tote Muselmänner lagen, ausgemergelt und abgemagert bis auf die Knochen. Die von Voß angeordnete Arbeitsweise wurde »Expreßarbeit« genannt. Diese Bezeichnung stammte von den Kommandoführern und ging auf Experimente zurück, die im Herbst 1943 im Krematorium V angestellt worden waren. Man wollte damals herausfinden, wie Koks eingespart werden könnte. Einige Male waren zu diesen Experimenten Kommissionen aus SS-Leuten und Zivilisten ins Krematorium gekommen. Aus Gesprächen, die Voß und Gorges miteinander führten, hatte ich entnommen, daß es sich bei den zivilen Besuchern um Techniker der Firma Topf und Söhne aus Erfurt handelte, die die Verbrennungsöfen hergestellt und installiert hatte.

Bei diesen Experimenten wurden Leichen nach verschiedenen Kriterien ausgesucht und eingeäschert. So verbrannte man die Leichen von zwei Muselmännern mit denen von zwei Kindern oder die von zwei gutgenährten Männern mit der einer abgemagerten Frau, wobei jeweils drei, manchmal auch vier Tote in eine Ofenkammer kamen. Die Mitglieder der Kommission interessierten sich vor allem dafür, wieviel Koks für die Verbrennung von Leichen dieser und jener körperlichen Beschaffenheit benötigt wurde und wie lange es dauerte, bis sie eingeäschert waren. Bei diesen Experimenten wurden auch verschiedene Kokssorten mit unterschiedlicher Körnung verwendet. Die Ergebnisse wurden genau aufgezeichnet.

Als diese Experimente beendet waren, wurde angeordnet, alle Leichen entsprechend ihrer körperlichen Beschaffenheit in vier Kategorien einzuteilen, je nachdem, ob viel oder wenig Koks für ihre Beseitigung benötigt wurde.
Nach den Ergebnissen dieser makabren Versuche sollten nur drei Leichen auf einmal in einem Ofen verbrannt werden, nach Möglichkeit die eines gutgenährten Mannes und einer mageren Frau oder umgekehrt mit derjenigen eines Kindes, weil man bei dieser Zusammenstellung sicher sein konnte, daß die Toten, wenn sie einmal Feuer gefangen hatten, selbständig weiterbrannten, ohne daß noch weiterer Koks benötigt wurde.
Da die Zahl der Menschen, die vergast wurden, ständig zunahm, waren die vier Krematorien in Birkenau auch bei durchgehendem Betrieb in zwei Schichten kaum noch imstande, die ihnen zugedachte Aufgabe zu erfüllen. Denn die Öfen mußten immer wieder abkühlen, Schäden mußten behoben, Reparaturen ausgeführt und die Kanäle, die zu den Kaminen führten, gereinigt werden. Diese zwangsläufigen Unterbrechungen des Betriebs hatten zur Folge, daß die »Norm« von drei Toten je Ofen nur ganz selten eingehalten wurde.
Die Entscheidung, ob »expreß« oder »normal« gearbeitet werden sollte, lag bei den Kommandoführern. Kamen einmal Außenstehende oder gar der Lagerkommandant zu einer Inspektion ins Krematorium, wurde sofort auf Normalbetrieb umgeschaltet.
In solchen Fällen pflegten Voß und seine Kommandoführer ein großes Theater zu inszenieren. Sie gaben sich den Anschein, als achteten sie streng auf die Einhaltung aller Anordnungen, kommandierten laut und wichtigtuerisch herum, trieben uns zur Eile an, kümmerten sich um jede Kleinigkeit und taten so, als wäre die Leitung und Beaufsichtigung der Krematorien für sie zum wichtigsten Lebensinhalt geworden. Stieß dann ein Heizer, was immer wieder einmal vorkam, mit der Eisengabel gegen die Ausmauerung des Ofens, wurden die Ventilatoren nicht rechtzeitig ausgeschaltet oder passierte sonst etwas Unvorhergesehenes, dann war das Geschrei groß.

»Kannst du nicht aufpassen, du jüdisches Arschloch!«, schrien dann die SS-Schergen, »sieh dich vor, sonst landest du auch im Ofen!«
Hatten die Besucher oder Vorgesetzten das Krematorium wieder verlassen, ging auf den Befehl »Weitermachen!« die »Expreßarbeit« im gewohnten Tempo weiter. Mit ihr wurde die Verbrennungskapazität der Öfen nicht unwesentlich erhöht.
Die größte Fläche im Krematorium V nahm der Auskleideraum mit ungefähr 300 Quadratmetern ein. Er sah aus wie eine geräumige Scheune. Eine Decke hatte er nicht. Wenn man nach oben blickte, sah man Dachsparren und Dachziegel. Der Auskleideraum lag mit den drei Gaskammern und dem Verbrennungsraum in einer Ebene. Wie in den anderen Krematorien bildeten Holzbänke, numerierte Kleiderhaken an den Wänden, Orientierungs- und Hinweistafeln mit den bekannten Parolen seine dürftige Ausstattung. Im Gegensatz zu den Krematorien II und III erwies sich in den Krematorien IV und V eine Hinweistafel als zutreffend, die dazu aufforderte, sich die Nummern der Kleiderhaken genau zu merken, um nach dem »Bad« die Kleider wieder zu finden. Die Auskleideräume in diesen Krematorien dienten nämlich auch als Leichenhalle. Deshalb mußten nach jeder Vergasung die Toten dorthin zurückgeschleift werden.
Nirgendwo wurde die Zwangsläufigkeit des Todes durchsichtiger als hier. Das ständige Zusammenleben mit den Toten an einem so düsteren Ort hatte viele von uns dazu gebracht, sie als unseresgleichen anzusehen. Unbewußt redete man mit ihnen, als ob sie noch am Leben wären. Wenn man auch bei diesen Gesprächen keine Antwort bekam, so beunruhigte das trotzdem niemanden, weil wir uns die Antworten selbst gaben.
Der Alltag begann früh am Morgen, wenn wir im eingezäunten Hof des Blocks antraten und uns zum Ausrücken in die Todesfabriken formierten. Dort bedeuteten die nächsten zwölf Stunden harte Arbeit und Fron. Generatoren mußten von Schlacken befreit, Tote zu den Öfen geschleift und einge-

äschert werden, nachdem ihnen zuvor die Goldzähne herausgebrochen und den Frauen die Haare abgeschnitten worden waren, Koks mußte herbeigeschafft, Asche aus den Öfen gekratzt und zum Schluß noch das Krematorium gesäubert und desinfiziert werden. Während das alles in den Augen der Henker eine zwar schwere, sonst aber ganz normale Arbeit war, entschwand für uns, solange wir im Krematorium waren, die Vorstellung eines bewußten menschlichen Daseins völlig aus dem Bewußtsein.

Erst am späten Nachmittag, wenn wir uns auf dem Hof der Todesfabrik zum Einrücken ins Lager bereitmachten, kam wieder so etwas wie Leben in uns auf. Der Gesang der Vögel in dem nahen Wäldchen, die vielen Mithäftlinge, denen wir auf dem Weg ins Lager begegneten, der Florentinermarsch, unter dessen Klängen wir ins Lager einrückten, und das Bewußtsein, abends mit anderen Häftlingen, die nicht dem Sonderkommando angehörten, zusammenzukommen, all das war doch ein Beweis, daß das Leben weiterging, auch wenn morgen wieder Tausende in den Öfen in Staub und Asche verwandelt würden.

Die Nacht war schon weit vorgeschritten. Von den vier Leichenhaufen schleiften die Leichenträger immer noch Tote aus der Leichenkammer in den Verbrennungsraum. Dort legte man sie auf den Rücken und öffnete ihnen den Mund, um Goldzähne und Brücken zu entfernen. Die Zähne wurden nicht gezogen, sondern einfach herausgebrochen. Die Eile, mit der die Toten für die »Expreßarbeit« vorbereitet werden mußten, ließ den Männern dieses Kommandos, bei denen es sich um Zahnärzte und Kieferchirurgen handelte, keine andere Wahl. Sie waren in diese Hölle geraten, nachdem man ihnen vorgetäuscht hatte, sie würden dringend in zahnärztlichen Ambulatorien gebraucht. Jetzt waren sie, wie wir alle hier, zu Toten auf Abruf geworden.

Als Oberscharführer Voß wach geworden war, sprang er von seiner Pritsche auf, zog sich Stiefel und Feldbluse an und ging in die Leichenhalle hinüber. Dort lagen jetzt nur noch wenige

Tote herum. Die Expreßverbrennung hatte ihren Zweck erfüllt. Das Gefühl, eine schwierige Aufgabe erfolgreich erledigt zu haben, tat dem Selbstbewußtsein von Voß gut. Man merkte ihm an, daß er zufrieden war. Es dauerte nicht lange, bis vom Lagerabschnitt B II d Marschmusik zu uns herüberdrang. Dies war das Zeichen, daß die Tagschicht bald ausrücken und uns ablösen würde. Höchste Zeit auch, dachte ich.

Nachdem ich mit eigenen Augen gelesen hatte, was mit den Menschen des Familienlagers geschehen sollte, kam mir jede Minute wie eine Ewigkeit vor. Das Bewußtsein, etwas für ihre Rettung tun zu müssen, jagte einen Gedanken nach dem anderen durch meinen Kopf. Ich empfand es als ein Glück, daß meine Freunde Errera, Jankowski und Handelsmann mit auf der Nachtschicht waren, und ich hoffte, daß vielleicht einem von ihnen noch vor unserem Einrücken ins Lager etwas einfallen würde, wie man die vom Tode bedrohten Menschen retten könnte. Deshalb hatte ich sie, während Voß schlief, in der Leichenhalle aufgesucht und ihnen berichtet, was ich erfahren hatte. Es war allen klar, daß wir die Leute im Familienlager warnen und zum Widerstand auffordern müßten. Wie das geschehen sollte, wußte noch niemand. Die Hektik, mit der die Vorbereitung für die Vernichtung der Juden des Familienlagers heute nacht hier getroffen wurden, hatte uns alle verstört. Wir hatten keinen Zweifel, daß diese Menschen in der kommenden Nacht vergast werden sollten. Deshalb drängte sich uns die Frage auf, wie wir in der kurzen noch verbleibenden Zeit mit dem Familienlager Verbindung aufnehmen könnten. Aber selbst wenn das gelingen würde, erschien es fraglich, ob die Menschen uns glauben würden, wenn sie erführen, welches Schicksal ihnen zugedacht war. Würden sie begreifen, daß sie nichts mehr zu verlieren hatten als das nackte Leben, und würden sie bereit sein, es bis zum letzten Atemzug zu verteidigen? Wir fanden keine Antwort auf diese Fragen, aber wir nahmen uns vor, sie auf jeden Fall zu warnen und davon zu überzeugen, daß sie nur dann eine Chance hätten, wenn sie sich zur Wehr setzten.

Endlich kam die Ablösung. Wir benutzten die Gelegenheit, noch rasch einige Kameraden der Tagschicht von den Ereignissen der letzten Nacht zu unterrichten. Gleichzeitig baten wir sie, auch die Kameraden in den Krematorien II und III zu informieren. Es war nämlich nicht schwierig, dorthin zu gelangen, da sich im Krematorium II die Materialausgabestelle für alle Verbrennungsanlagen befand. Dort holten wir alle Putz- und Desinfektionsmittel, Baumaterial wie Zement, Schamott, Ziegelsteine und anderes mehr. Es galt also nur, einen Vorwand zu finden.
Im Laufe des Vormittags begegnete ich Kaminski und ein paar anderen, die gerade mit einem Wagen die Suppe aus der Lagerküche abholten. Ich unterrichtete sie von dem Inhalt des Schreibens der Politischen Abteilung. Kaminski erfaßte als erster den Kern der Sache und meinte, die Lage sei sehr ernst, denn seit zwei Stunden werde auch in den Öfen der Krematorien II und III das Feuer unterhalten. Alles deutete darauf hin, daß die Insassen des Familienlagers in der kommenden Nacht vergast werden sollten.
Nach kurzem Nachdenken wandte sich dann Kaminski unvermittelt an mich und entschied: »Du setzt dich sofort mit deinen Landsleuten in der Schlosserwerkstatt in Verbindung. Einer von ihnen muß sofort ins Familienlager und die Menschen warnen, sie auf das Schlimmste vorbereiten und ihnen klarmachen, daß sie überhaupt nur dann eine Chance haben, wenn sie sich zur Wehr setzen und Widerstand leisten! Sie müssen zuerst ihre Baracken in Brand setzen und versuchen, den Stacheldraht zu durchbrechen, in andere Lagerabschnitte eindringen, um dort zusammen mit den anderen Häftlingen die Baracken bis auf die Fundamente niederzubrennen. Man muß sie davon überzeugen, daß sie sich auf uns verlassen können und wir alle mitmachen. Auch wir werden alles daransetzen, um die Krematorien zu zerstören und die Henker zu erledigen. Mit etwas Glück wird vielleicht die Flucht ins Gebirge gelingen.«
Kaminskis entschlossene Worte überzeugten mich. Sie gaben

mir neuen Mut und Zuversicht. Sein Plan, nach dem wir uns endlich zusammen mit mehreren tausend Menschen, die genauso wie wir nichts mehr zu verlieren hatten, gegen unsere Peiniger und Henker erheben sollten, erschien mir einleuchtend. Vielleicht könnten wir gleichzeitig die Initialzündung für eine Befreiungsaktion im ganzen Lager geben. Bessere und kampfbereitere Verbündete als Menschen, deren Vernichtung beschlossene Sache war, so dachte ich, könnten wir für einen Aufstand gar nicht gewinnen. Es waren Juden, die hier schon fast sechs Monate gelebt hatten und denen die Verbrechen, die hier täglich verübt wurden, nicht verborgen geblieben waren. Sie würden, davon war ich überzeugt, zu einem Aufstand entschlossen sein, weil ihnen gar keine andere Wahl blieb.

In großer Erregung lief ich gegen Mittag in die Schlosserwerkstatt. Dort traf ich Otto Kraus, Laco Langfelder und Erich Schoen-Kulka, dessen Frau und Sohn auch im Familienlager untergebracht waren. Ich war mit allen seit langem befreundet, und jeder wußte, daß er sich auf den andern verlassen konnte.

Als ich die drei von der unmittelbar bevorstehenden Liquidierung des Familienlagers und von dem Plan Kaminskis unterrichtet hatte, waren sie entschlossen, sofort ins Familienlager zu gehen. Ich bat sie jedoch, auf keinen Fall jemandem mitzuteilen, daß ich es gewesen war, der ihnen die Hiobsbotschaft überbracht hatte.

Für die Schlosser war es kein Problem, ins Familienlager hineinzukommen, denn sie waren für die Instandhaltung aller wichtigen Versorgungseinrichtungen verantwortlich. Da sie oft dringende Reparaturen ausführen mußten, hatten sie Passierscheine, die ihnen jederzeit das Betreten sämtlicher Lagerabschnitte ermöglichten. Auf diesem Weg gelang es, sofort einen Kontakt mit dem Familienlager herzustellen.

Neben der Schlosserwerkstatt war seit einiger Zeit auch der Block 9 eine häufige Zuflucht für mich geworden, weil dort mein alter Freund Alfred Wetzler als Blockschreiber tätig war. Unsere Freundschaft ging auf die Zeit zurück, als wir beide das Gymnasium in Trnava besuchten, und wurde hier noch gefestigt. Von den 634 Männern, die am 13. April 1942 von Sered nach Auschwitz deportiert worden waren, gehörten wir jetzt zu den letzten sieben dieses Transports, die noch am Leben waren.

Während die Schlosser ins Familienlager gingen, suchte ich Alfred auf und überbrachte ihm die schreckliche Nachricht. Gleichzeitig erläuterte ich ihm unsere Pläne. Er meinte, nach Lage der Dinge sei die Entscheidung Kaminskis richtig. Aber er äußerte Zweifel, ob in so kurzer Zeit mit den Leuten im Familienlager eine Verständigung möglich wäre. Seine Bedenken beunruhigten mich. Ich kannte ihn als klugen und unerschrockenen Menschen, der zwischen Wunsch und Realität sicher zu unterscheiden vermochte. Er hatte sich entschlossen, zusammen mit Walter Rosenberg, der sich später Rudolf Vrba nannte, zu flüchten. Beide standen damals gerade inmitten der Vorbereitungen. Jetzt kam ich mit dieser Nachricht vom Plan eines Aufstands, der ihren wohldurchdachten – und später auch erfolgreich ausgeführten – Fluchtplan vielleicht zum Scheitern bringen konnte.

Als ich in die Schlosserei zurückkam und die enttäuschten und ratlosen Gesichter meiner Kameraden sah, ahnte ich nichts Gutes. Sie waren verstört zurückgekommen. Die Menschen im Familienlager hatten von der tödlichen Gefahr, in der sie sich befanden, nichts wissen wollen. Sie wollten nicht glauben, daß sie vergast werden sollten. Seit ihrer Ankunft im Lager waren sie in den Genuß so vieler Privilegien gekommen, daß ihnen der Gedanke, sie könnten vergast werden, absurd erschien. Warum, so hatten sie gefragt, waren sie mit ihren Familien hierhergebracht worden und die ganze Zeit unbehelligt geblieben, wenn man sie töten wollte? Das hätte man doch in Theresienstadt tun können. Warum hatte man sie ein eigenes Lager bauen lassen? Doch nicht, um sie nach dessen Fertigstellung zu vergasen. Viele betrachteten die Hiobsbotschaft, die die Schlosser überbracht hatten, als ein Gerücht, andere als eine Art Panikmache mit dem Ziel, sie vor den Karren eines

riskanten Ausbruchsunternehmens zu spannen, das andere sich ausgedacht hatten.
Am späten Nachmittag kam die Tagschicht aus den Krematorien ins Lager zurück. Zu unserer Überraschung brauchte die Nachtschicht nicht auszurücken. Damit war klar, daß das Feuer in den Öfen nicht weiter unterhalten wurde. Ich stellte dies mit einer gewissen Erleichterung fest. Vielleicht hatten die Henker den Termin für die Mordaktion hinausgeschoben, so daß doch noch Zeit blieb, die bedrohten Menschen von der Gefahr, in der sie sich befanden, zu überzeugen und sie für eine Widerstandsaktion zu gewinnen.
Es vergingen ein paar Tage, ohne daß sich im Familienlager am gewohnten Alltag etwas änderte. So verloren unsere Warnungen von Tag zu Tag mehr an Glaubwürdigkeit und wurden immer mehr als Versuch aufgefaßt, friedfertige Menschen um jeden Preis in ein unverantwortliches und lebensbedrohliches Abenteuer zu stürzen.
Die Ruhe hielt aber nicht lange an. Von den Schlossern erfuhr ich, daß die aus der Slowakei stammende Katerina Singerova, die Häftlingsschreiberin der SS-Oberaufseherin Mandel, ein Telefongespräch mit angehört hatte, das von einem SS-Mann mit Berlin geführt worden war. Dabei war über Einzelheiten der Vernichtung des Familienlagers gesprochen worden. Die Nachricht verbreitete sich rasch im Lager. Wir bemühten uns deshalb erneut, die bedrohten Menschen von der Gefahr zu überzeugen, in der sie sich befanden. Vergeblich! Sogar die Widerstandsbewegung im Lager schaltete sich ein und forderte die Leute im Familienlager auf, sich zur Wehr zu setzen. Es gelang uns allen jedoch nicht, sie zu veranlassen, sich auf den schlimmsten Fall vorzubereiten und an Widerstand zu denken. Diese Menschen waren auf Kampf nicht vorbereitet. Es fehlte ihnen auch an energischen und entschlossenen Persönlichkeiten, die mit Autorität und starker Hand die Führung hätten an sich reißen können. Das galt auch für den beliebten Fredy Hirsch, einen jungen Deutschen, der die Achtung aller im Familienlager erworben hatte und großes Ansehen genoß, weil

er sich vorbildlich und selbstlos um die Kinder- und Jugenderziehung kümmerte. Auch er kam als führende Persönlichkeit nicht in Betracht; dazu fehlten ihm Härte und Entschlossenheit, aber auch Erfahrung in kritischen Situationen. Wer aber sollte sich sonst für die tschechischen Juden einsetzen, wenn sie selbst nicht zum Äußersten entschlossen waren?

Woran lag es, daß diese Menschen zum Widerstand weder entschlossen noch fähig waren?

In der Zeit zwischen den beiden Weltkriegen hatten die Juden in Böhmen und Mähren in einer wirtschaftlich aufblühenden, liberalen und demokratischen Gesellschaft gelebt. Sie paßten sich den Gegebenheiten zwanglos an und nahmen regen Anteil am gesellschaftlichen und kulturellen Leben des Landes. So gelang es ihnen, das Vertrauen, die Sympathien und auch die Freundschaft der meisten ihrer Mitbürger zu gewinnen. Untereinander freilich waren sie in zahlreiche Gruppen und Parteien gespalten, sie besaßen auch keine übergeordnete zentrale Führung. Es gab unter ihnen Repräsentanten des Groß- und des Kleinbürgertums, auch Handwerker und Arbeiter, politisch Linksorientierte, Liberale, Intellektuelle ohne politische und weltanschauliche Heimat und auch Zionisten. Die meisten hatten einen festen politischen Standort, waren überwiegend tolerant, kompromißbereit und demokratisch gesinnt.

Als am 15. März 1939 die Nazis in Böhmen und Mähren einfielen, erwartete wohl keiner der 118000 dort lebenden Juden etwas Gutes; aber niemand konnte sich damals vorstellen, daß im 20. Jahrhundert eine ganze Volksgruppe systematisch ausgerottet werden könnte.

Es dauerte nach der Okkupation nur wenige Tage, bis die sogenannte Rassengesetzgebung in Gang gesetzt wurde. Zuerst wurden die Juden aus dem Staatsdienst entfernt, ihre Unternehmen und Geschäfte wurden »arisiert«. Jüdischen Ärzten wurde die Behandlung von Kassenpatienten und jegliche Tätigkeit im öffentlichen Gesundheitswesen untersagt. Die Juden wurden von der Teilnahme am gesamten politischen, wirtschaftlichen, kulturellen und gesellschaftlichen Leben schrittweise und schließlich völlig ausgeschlossen, ihre Rechte wurden immer mehr beschnitten. Sie mußten ihr Vermögen anmelden, Radiogeräte, Musikinstrumente, Skiausrüstungen und Pelze abgeben. Ihre Personalausweise wurden mit einem großen »J« gekennzeichnet, und vom 7. Lebensjahr an mußten sie den gelben Davidstern auf der Kleidung tragen. Der Aufenthalt im Freien wurde ihnen nur noch bis 20 Uhr erlaubt. Ihren Wohnsitz durften sie nicht mehr ändern, es war ihnen auch nicht mehr gestattet, sich ohne Genehmigung von dort zu entfernen. Jede Eheschließung mit nichtjüdischen Bürgern war ihnen bei Strafe verboten, ebenso der Aufenthalt in öffentlichen Anlagen und Parks, in Schwimmbädern, Kinos, Theatern und auf Sportplätzen. Der Besuch von Mittelschulen, Gymnasien und Universitäten war ihnen gleichfalls untersagt. Die Einkaufszeit wurde für Juden eingeschränkt, sie durften nicht einmal mehr die Haare von nichtjüdischen Friseuren schneiden lassen und keine Wäschereien mehr in Anspruch nehmen. In den Straßenbahnen wurden für sie nur noch hinten einige Stehplätze zur Verfügung gestellt. Auch von der Lebensmittelrationierung waren sie wesentlich härter betroffen als die übrige tschechische Bevölkerung. So war ihnen z. B. die Einlagerung von Kartoffeln und der Erwerb von Knoblauch gänzlich untersagt. Auch das Halten von Haustieren war ihnen nicht mehr erlaubt, so daß sie sich selbst von ihren Hunden, Vögeln und Katzen trennen mußten. Nachdem sie auch von fast allen nichtjüdischen Freunden großenteils aus Furcht vor Repressalien im Stich gelassen wurden, waren sie ganz auf sich selbst gestellt, ohne eine Möglichkeit, an ihrem Schicksal etwas zu ändern. Die meisten lehnten es ab zu emigrieren, solange das noch möglich war, denn bei aller Drangsal übte die Heimat auf die meisten doch noch eine starke Anziehungskraft aus, die nur schwer zu überwinden war. Zur Flucht, so hatten viele anfangs gedacht, würde ihnen immer noch Zeit bleiben. Ihr ganzes Hoffen und Handeln war nur auf das eine Ziel gerichtet: Zeit zu gewinnen und erst einmal den Krieg zu überleben, sei es auch unter den schwie-

rigsten Bedingungen. Diese Erwartungen wurden durch ständig neue Gerüchte, die von ernsthaften Erkrankungen Hitlers bis zu bevorstehenden diplomatischen Schritten Stalins und Roosevelts zu ihrem Schutz reichten, genährt und hielten viele davon ab, auszuwandern. So wurde ihre Lage von Tag zu Tag schwieriger und hoffnungsloser. Einzelne matte Proteste in der Weltöffentlichkeit vermochten daran nichts zu ändern. Es war auch niemand da, der bereit gewesen wäre, wirksame Schritte für sie zu unternehmen. Aber auch die sich häufenden Schikanen, Demütigungen und Drangsalierungen ließen die Betroffenen nicht ahnen, daß ihnen weit Schlimmeres noch bevorstand. Nachdem sich alle Welt von ihnen abgewandt hatte, wurden sie fast aller Habseligkeiten beraubt und, bar jeder Hilfe, von November 1941 an in das Musterghetto Theresienstadt abtransportiert. Die relativ erträglichen Lebensbedingungen, die dort herrschten, sollten der Weltöffentlichkeit vorgaukeln, daß die Nazis bereit waren, auch den Juden gegenüber ein Minimum an Humanität walten zu lassen und wenigstens ihr Leben zu achten. Die Existenz des Ghettos sollte daher vor allem den angeblichen Gerüchten, daß die Juden massenweise vernichtet würden, propagandistisch entgegenwirken.
Das Ghetto Theresienstadt bildete in Wahrheit eine Sammel- und Durchgangsstation für Juden auf ihrem Weg in die Vernichtungslager des Ostens. Aus diesem Ghetto waren auch fast alle Menschen gekommen, die jetzt im Familienlager lebten und deren Vergasung eine beschlossene Sache war.
Die Sorge um die Kinder, die Kranken und Alten lähmte ihre Kampfbereitschaft. Die immer wieder von außen kommenden Aufforderungen, um jeden Preis Widerstand zu leisten und ihr Leben so teuer wie nur möglich zu verkaufen, machte keinen großen Eindruck auf sie. Die Vorstellung, im Falle des Widerstands miterleben zu müssen, wie Frauen und Kinder vielleicht einem Gemetzel zum Opfer fielen, ließ auch die Männer zurückschrecken. Lieber wollten sie dann doch gemeinsam in der Gaskammer sterben, wenn ihr Tod schon beschlossene

Sache war. War denn überhaupt jemand bereit, ihnen beizustehen und sie zu unterstützen? Keiner mochte so recht daran glauben.

Auch von unserer Seite war es eigentlich nichts anderes als bloßes Wunschdenken, wenn wir glaubten, mit Hilfe der Widerstandsbewegung müsse jetzt ein Aufstand im Lager möglich sein. Die Einschaltung der Widerstandsbewegung war nicht so einfach, wie man das vielleicht im ersten Augenblick hätte annehmen können. Fast alle Männer der Widerstandsbewegung hatten in langjähriger Haft schon viel mitgemacht, und das Heranrücken der Roten Armee ließ sie mit Recht hoffen, daß ihre Überlebenschance von Tag zu Tag größer würde. Sollten sie sich in dieser Situation in einen Verzweiflungskampf stürzen und vielleicht für ein paar tausend tschechische Juden und die Häftlinge des Sonderkommandos ihr Leben aufs Spiel setzen? Man zögerte verständlicherweise auf allen Seiten, und so vollzog sich wenige Tage später das unausweichliche und tragische Ende für das Familienlager. Die Menschen waren von der SS noch aufgefordert worden, ihren Angehörigen oder Freunden zu schreiben und die Briefe vorzudatieren. Dies wurde damit begründet, daß die Post zuerst zur Zensur nach Berlin geschickt werden müßte.

Einige Tage später kam Lagerführer Schwarzhuber ins Familienlager und gab bekannt, daß ein Teil der Insassen mit ihren Angehörigen zur Arbeit nach Heydebreck abtransportiert werden sollten. Bald darauf wurden diejenigen tschechischen Juden, die im September 1943 von Theresienstadt eingetroffen waren, etwa 3700 an der Zahl, in das Quarantänelager B II a überstellt. Zuvor hatten sie in der Sauna baden müssen und waren dort auch desinfiziert worden, wie dies üblich war, wenn Häftlinge in ein anderes Lager überstellt oder entlassen werden sollten. Der Gang in die Sauna mußte die meisten in ihrer Annahme bestärken, daß sie wirklich nach Heydebreck verbracht würden.

Am 8. März 1944 rückte ich in den späten Nachmittagsstunden zusammen mit ungefähr hundert Häftlingen in die beiden

großen Todesfabriken ein. Als es dunkel geworden war, rollten schwere Lastwagen durch das Tor auf den Hof des Krematoriums II. Das Quietschen der Bremsen deutete an, daß die Menschen, die auf den Lastwagen zusammengepfercht waren, ihre letzte Etappe erreicht hatten. SS-Männer schnürten die Planen auf und ließen hinten die Ladeklappen herunter. Dann schlugen sie mit Knüppeln wie von Sinnen auf die Menschen ein, als diese von den Pritschen sprangen und herunterkletterten. Eine weitere Schar von SS-Posten, die einen Korridor bildeten, trieb sie unter einem Hagel von Schlägen mit großem Geschrei in den unterirdischen Auskleideraum, wobei die schaurige Szenerie von Scheinwerfern angestrahlt wurde. Die SS-Leute nahmen heute keine Rücksicht auf Alte, Kranke und Kinder, sie knüppelten und jagten die Menschen unbarmherzig wie Wild bei einer Treibjagd.
Das seit Monaten, vielleicht sogar unter Mitwirkung der SS, immer wieder verbreitete und hoffnungsvoll aufgegriffene Gerücht, das Familienlager stehe unter dem Schutz des Internationalen Roten Kreuzes, war, jetzt auch für den letzten erkennbar, wie eine Seifenblase zerplatzt. Heute verzichtete man auf jede Tarnung und die sonst üblichen Täuschungsmanöver. Diese Menschen, die sechs Monate lang in Birkenau gelebt und tagtäglich gesehen hatten, wie die Schornsteine in ihrer Nähe rauchten und qualmten, machten sich keine Illusionen mehr, als sie auf dem Hof der Krematorien angelangt waren. Deshalb hielten es die SS-Schergen auch für überflüssig, ihnen noch das sonst übliche Theater von der Notwendigkeit einer Desinfektion in der Badeanstalt vorzuspielen. Statt dessen behandelte man sie auf ihrem letzten Gang mit einer kaum vorstellbaren Brutalität. Vielleicht wollte man so auch den letzten Hoffnungsschimmer, der noch hätte aufflackern können, im Keim ersticken.
Es dauerte nicht lange, bis sich die etwa 600 Menschen, die man mit der ersten Lastwagenkolonne herangeschafft hatte, im Auskleideraum des Krematoriums befanden. Hier mußten sie auf die nächste Gruppe ihrer Schicksalsgefährten warten. Die

SS-Männer schenkten ihnen keine Aufmerksamkeit mehr. Sie hatten sie ja schon dort, wo sie sie haben wollten, und aus diesem Todesverlies gab es keinen Weg mehr zurück.
Ich befand mich mit etwa 30 Häftlingen in dem unterirdischen Gang, der den Auskleideraum mit der Gaskammer verband. Nach der Vergasung sollten wir die zurückgebliebenen Kleidungsstücke in den Hof schaffen und auf Lastwagen werfen. Eigentlich hätte ich als Heizer hier nichts zu suchen gehabt, aber durch die gemeinsame Vergangenheit, die gemeinsame Sprache, Religion und Kultur fühlte ich mich meinen Landsleuten so verbunden, daß es mich wie ein Magnet in ihre Nähe zog. Ich konnte dem Zwang, diesen Menschen in ihrer letzten Stunde nahe zu sein, nicht widerstehen.
Als ich durch die halboffene Tür in den Auskleideraum blickte, bot sich meinen Augen ein erschütterndes Bild. Die verzweifelten Menschen standen in Gruppen vor den Tarnschildern, die an den Säulen und Wänden angebracht waren. Im Gegensatz zu ihren nichtsahnenden Vorgängern jagten ihnen die Beschriftungen einen panischen Schrecken ein. Als sie noch im Familienlager lebten, hatten sie so manches über diese eigenartigen Räume gehört; damals wollten sie aber trotz vieler augenscheinlicher Beweise nichts davon wissen. Jetzt waren sie selber hier. Ihren verstörten Blicken, aus denen panische Angst sprach, konnte ich entnehmen, wie verzweifelt sie waren. Junge Mütter drückten ihre Kleinen liebevoll an die Brust, größere Jungen und Mädchen weinten und klammerten sich an den Beinen ihrer Eltern fest.
Auf den Treppen neben dem Ausgang standen SS-Posten mit einer Meute von Schäferhunden, die wütend kläfften und an den Leinen zerrten. Vielleicht reizte sie der Blutgeruch, der von den zerschundenen Menschen herrührte. Ihre blutigen, zerschlagenen Köpfe und Gesichter waren ein Beweis dafür, daß es kaum einem gelungen war, den Knüppelschlägen auf dem Hof zu entgehen. Angst und Trauer gaben ihren Gesichtern einen grauen, fahlen Ausdruck. Offensichtlich beschäftigten sie die Ereignisse der letzten Monate und Tage. Jetzt, wo

sie am Rande ihres Daseins standen und sich dessen bewußt waren, durchschauten die meisten die gauklerischen und widerspruchsvollen Versprechungen, mit denen man sie so lange getäuscht und irregeführt hatte.
Warum hatte man sie sechs Monate lang unbehelligt mit ihren Familien in Birkenau leben lassen? Warum hatte ihnen vor ein paar Tagen noch Lagerführer Schwarzhuber mit seinem Ehrenwort als SS-Führer zugesichert, daß sie mit ihren Familien zur Arbeit nach Heydebreck fahren würden? Warum hatte man den Kranken versprochen, sie würden, wenn sie wieder gesund wären, nach Heydebreck nachkommen? Warum hatte man eine Sonderliste mit den Namen der Funktionshäftlinge anfertigen lassen und ihnen zugesichert, daß sie in Heydebreck die gleichen Funktionen erhalten würden? Warum hatte man sie vor ein paar Tagen noch aufgefordert, Briefe zu schreiben? Warum hatten sie noch ins Quarantänelager gehen müssen und warum hatte man ihnen für die angebliche Reise nach Heydebreck sogar noch Essensrationen ausgehändigt? Wozu war das alles nötig? Sie waren doch gar nicht darauf vorbereitet, Widerstand zu leisten oder ihr Leben zu verteidigen. Waffen hatten sie nicht, und wie hätten sie sich anders zur Wehr setzen sollen?
Das ganze Theater, das man ihnen vorgespielt hatte, kam ihnen unverständlich vor, um so mehr, als sie in Birkenau, wo die Massenvernichtung von Menschen etwas Alltägliches war und den ersten Rang einnahm, wie auf einer Insel so lange unbehelligt hatten leben dürfen.
Die vielen bohrenden Fragen, auf die die Menschen jetzt in ihrer hoffnungslosen Lage keine Antwort fanden, entfachten bei den meisten Erbitterung. Ihre Hoffnungen und Illusionen waren zerronnen, was blieb, war Enttäuschung, Trauer und Zorn.
Die Menschen fingen an, sich voneinander zu verabschieden, Männer umarmten ihre Frauen und Kinder. Manche versuchten, ihre Gefühle zu unterdrücken und die unerträgliche Spannung durch erzwungene Beherrschung herabzumindern.

Ströme von Tränen flossen. Mütter wandten sich ihren Kindern zu und streichelten sie zärtlich. Obwohl nur wenige von diesen begriffen, was hier vor sich ging, fühlten sie doch instinktiv, daß sie in eine ausweglose Lage geraten waren. Sie weinten zusammen mit ihren Müttern still und verzweifelt vor sich hin. Allmählich verstummten die Klagelaute. Die Menschen schienen dem Zusammenbruch nahe, ihre Unruhe griff immer mehr um sich. Als einige SS-Führer, unter denen sich auch Lagerführer Schwarzhuber und der SS-Arzt Dr. Mengele befanden, in der Tür des Auskleideraumes erschienen, erfaßten Wut und Zorn die in der Nähe Stehenden. An die Stelle von Leid und Kummer trat jetzt ein unbändiger Haß gegen alle, die ihnen vor Tagen noch ehrenwörtlich versichert hatten, daß sie zur Arbeit nach Heydebreck fahren würden.
Der Zynismus der Henker war heute frei von allen Hemmungen. Sie verzichteten auf jegliche Täuschungs- und Tarnungsmanöver. Selbstbewußt standen sie vor dem Auskleideraum und blickten mitleidlos auf die Menschenmenge. Man sah ihnen an, daß sie mit dem bisherigen Verlauf der Vernichtungsaktion zufrieden waren.
Nach dem Auftauchen der SS-Führer blieb es zunächst ruhig, aber bald hörte man laute Rufe aus dem Auskleideraum, die sich zu Sprechchören verstärkten. »Laßt uns leben. Laßt uns arbeiten!« Mit solchen und ähnlichen Appellen wandten sich die Menschen an die SS-Führer und hofften, vielleicht doch noch ihr Leben zu retten. Ihre erbitterten und gereizten Stimmen hallten durch den unterirdischen Raum. Der Existenzkampf war immer noch nicht zu Ende. Ihr zäher Lebenswille brachte die Menschen dazu, den Auskleideraum, in dem sie herumstanden, noch immer als einen Ort anzusehen, wo es vielleicht doch noch eine Rettung gab. Als sie merkten, daß ihre Beschwörungen bei den SS-Führern keinen Widerhall fanden, stürzten einige Männer zur Tür. Offenbar wollten sie Schwarzhuber Auge in Auge gegenübertreten und ihn an sein »Ehrenwort« erinnern, das er ihnen gegeben hatte. Aber ihr Vorhaben wurde vereitelt. In der Tür wurden sie auf der

Stelle von bewaffneten SS-Posten erschossen, von denen sich an diesem Tag vielleicht 50 im Krematorium befanden. Auch SS-Unterführer waren in großer Zahl versammelt, ich erkannte Boger, Buntrock, Kurschuß, Gorges und viele andere. Nach der Schießerei stürzten sich SS-Leute erneut auf die Menge im Auskleideraum und schlugen mit Knüppeln unbarmherzig auf die Köpfe der Menschen. Dann trieben sie sie mit ihren Hunden in den hinteren Teil des Raumes und bauten Maschinengewehre vor ihnen auf.

Ich dachte, man würde jetzt alle erschießen, und ging von der halbgeöffneten Tür des Auskleideraums weg, um das Massaker nicht mitansehen zu müssen. Als wider Erwarten nicht geschossen wurde, schaute ich erneut hin. Die Menschen, die auf der einen Seite zu einem Haufen zusammengetrieben worden waren, zitterten und bebten vor Angst und Aufregung. Fast alle weinten und schluchzten in höchster Verzweiflung, es hörte sich an wie ein erschütternder Grabgesang. Die meisten waren schwer verletzt, von vielen Schädeln spritzte Blut wie aus kleinen Springbrunnen. Auch die Zähne der Hunde hatten Spuren an den Händen, Armen, Beinen und Füßen vieler zurückgelassen. Die Verzweiflung der Menschen hatte ihren Höhepunkt erreicht.

Die SS-Leute hatten eingesehen, daß sie es sich nicht leisten konnten, die zweite Gruppe der Opfer, die noch erwartet wurde, mit den Menschen im Auskleideraum zusammenzubringen, die kaum noch Ähnlichkeit mit Gottes Ebenbildern hatten.

Oberscharführer Voß trat nun unvermittelt vor die Menge und bemühte sich, einen Kontakt mit den Leuten herzustellen. Er hob beschwörend seine Hände und wandte sich an die Menschen, um ihnen zu verstehen zu geben, daß sie ruhig bleiben sollten. Als es still geworden war, begann er zu sprechen: »Juden, was soll das alles? Eure Stunde hat geschlagen. Es gibt nichts auf der Welt, was euch noch retten könnte. Es liegt jetzt bei euch. Wenn ihr vernünftig seid, könnt ihr euch und euern Kindern viel Schlimmes ersparen. Ja, viel Schlimmes ersparen«, betonte er ein zweites Mal. In die verzweifelten und hoffnungslosen Menschen kam plötzlich wieder etwas Leben. Viele hoben ihre gesenkten Köpfe hoch. Die von Voß betonten Worte, sie könnten ihren Kindern und sich selbst viel Schlimmes ersparen, verstanden manche so, als ob es vielleicht doch noch eine Rettung gäbe. Einbildungskraft und Wunschdenken ließen viele sonst besonnene Leute wenigstens für Augenblicke naiv und vertrauensvoll werden.

Aber bevor sie weiterdenken konnten, fuhr Voß schon fort: »Alles wird viel leichter sein, wenn ihr euch schnell auszieht und dann in den Raum nebenan geht. Oder wollt ihr euren Kindern die letzten Augenblicke unnötig schwermachen?«

Die Menschen hatten jetzt aus dem Mund ihres sich besorgt gebenden Henkers unmißverständlich und unverblümt gehört, was ihnen bevorstand. Viele wandten sich ab, vor Furcht zitternd. Die Stimmen wurden leise und verkrampft, kaum eine Bewegung der Menschen war noch natürlich. Ihre Augen blickten starr mit durchdringender Schärfe, wie hypnotisiert. Eltern nahmen ihre Kinder in die Arme, tödlicher Ernst erfüllte den Raum.

Die meisten fingen jetzt an, sich auszuziehen, während einige wenige noch zögerten. Als die Henker das bemerkten, trieben und stießen sie die Leute mit Schlägen und Stößen aus dem Auskleideraum in die Gaskammer, ohne Rücksicht darauf, ob sie ihre Kleider schon abgelegt hatten oder nicht. Wer sich widersetzte, auf den wurde erbarmungslos und brutal eingeschlagen. Die wehrlosen Männer hatten sich um die Frauen und Kinder geschart, um sie vor den Schlägen und vor den Bissen der Hunde zu schützen. Auf der engen Fläche des Auskleideraums, auf dem die Menschen zusammengedrängt worden waren, kam es jetzt zu einem Chaos. Die Opfer stießen und schoben sich gegenseitig, traten sich auf die Füße, Blut spritzte, SS-Männer schrien und schlugen wild mit Knüppeln, Hunde bellten wütend und bissen um sich.

Plötzlich hob eine Stimme zu einem Gesang an, der immer stärker wurde und bald zu einem mächtigen Chor anschwoll.

Die Menschen hatten begonnen, die tschechoslowakische Nationalhymne »Kde domov můj«, »Nad Tatrou sa blýská« zu singen. Anschließend ertönte das jüdische Lied »Hatikvah«. Auch während dieses Gesangs hörten die SS-Männer nicht auf, roh und brutal auf die Menschen einzuschlagen. Sicher betrachteten sie den Gesang als eine Art letzten Protestes gegen das Schicksal, das sie ihnen zugedacht hatten und vor dem es kein Entrinnen gab.
Der einzige Trost am Rande des Abgrunds war für diese Menschen der gemeinsame Tod, den man ihnen gewissermaßen erlaubt hatte. Mit der tschechoslowakischen Nationalhymne, die sie immer noch sangen, nahmen sie zum letzten Mal Abschied von einer kurzen, aber doch blühenden Vergangenheit, die es ihnen ermöglicht hatte, 20 Jahre lang als Minderheit geachtet und gleichberechtigt in einem demokratischen Staat zu leben. Und die »Hatikvah«, die heutige Nationalhymne des Staates Israel, bedeutete für sie einen Blick in die Zukunft, eine Zukunft freilich, die sie nicht mehr erleben durften.
Ich empfand das Verhalten meiner Landsleute als beispiellose Tat nationaler Ehre und nationalen Stolzes, die mich tief aufwühlte. Ich fühlte mich solidarisch, mehr noch, eins mit ihnen. Nach allem, was ich bis zu dieser Stunde erlebt und mitgemacht hatte und nach allem, was mir noch bevorstand, hielt ich es für sinnlos, mein hoffnungsloses Dasein noch länger fortzusetzen. Auch der Frühling würde meine Erwartungen nicht erfüllen, dachte ich. Von der Widerstandsbewegung hatten wir ja erst vor ein paar Tagen erfahren, daß ein Ausbruch nicht durchgeführt werden könne, solange die Front noch so weit entfernt sei. Als ich jetzt sah, wie meine Landsleute tapfer, stolz und entschlossen in die Gaskammer gingen, fragte ich mich, was für einen Wert das Leben für mich noch haben könnte, selbst wenn es mir vielleicht gelingen sollte, durch ein Wunder hier herauszukommen. Was würde mich denn erwarten, wenn ich nach Sered, meinem Geburtsstädtchen, zurückkäme? Besitz, Haus, Hof, Geschäft, Vermögen, das waren Dinge, die nicht so wichtig waren und die man

ersetzen konnte. Aber für die Eltern, den Bruder, für die bis auf mich ausgerottete Familie, für die ermordeten Mitschüler, die Freunde, die Lehrer und die vielen Menschen der Religionsgemeinde würde es keinen Ersatz geben. Sie aber waren es doch, die mich an meine Kindheit und Jugend erinnerten. Würden ohne sie die Silhouette meiner Heimatstadt, der einladende Fluß Waag, die mir ans Herz gewachsene Landschaft und die vielen aufrechten und anständigen Menschen nicht seelenlos, abgestorben und tot wirken? Und was würde geschehen, wenn ich den Hlinka-Gardisten und Judendrangsalierern oder den FS-Leuten begegnen würde, die ihre jüdischen Mitbürger vor der Deportierung wie Blutegel ausgesaugt und sich ihr Hab und Gut angeeignet hatten? Ihr bloßer Anblick würde mich bestimmt in die dunkelste Vergangenheit zurückversetzen. Nein, eine Rückkehr in die alte Heimat würde nie eine Fortsetzung meiner unbeschwerten Kindheit und Jugend werden. In unserem Haus in Sered, das der Mittelpunkt meines Lebens gewesen war, würden fremde Menschen wohnen. In der jüdischen Schule, wo ich jeden Winkel kannte und mit der mich so viele Erinnerungen verbanden, würde bestimmt Schweigen herrschen. Und was würde aus der Synagoge geworden sein, die ich so oft voller Neugier mit meinem Großvater Maximilian am Sabbat besucht hatte? Sicher war sie ausgeplündert und in eine Turnhalle oder ein anderes profanes Gebäude verwandelt worden. Was für eine Heimat würde ich denn vorfinden? Solche Gedanken ließen mein zukünftiges Leben leer, sinn- und nutzlos erscheinen. Es war eigenartig, ich fühlte mich in diesem Augenblick völlig frei von dem sonst so quälenden Gefühl der Todesangst, die ich schon so oft empfunden hatte. Obwohl ich noch nie den Gedanken an mich hatte herankommen lassen, freiwillig in den Tod zu gehen, war ich jetzt entschlossen, mein Schicksal mit dem meiner Landsleute zu teilen.

Bei dem heillosen Durcheinander, das an der Tür zur Gaskammer herrschte, gelang es mir, mich unter die drängende und schiebende Menge zu mischen, die in die Gaskammer getrieben wurde. Ich lief schnell nach hinten und stellte mich dort hinter eine der Betonsäulen. Hier, so dachte ich, würde ich unentdeckt bleiben, bis der Raum voller Menschen war und zugeriegelt würde. Bis es so weit war, wollte ich auf keinen Fall auffallen. Ein Gefühl der Gleichgültigkeit beschlich mich jetzt. Alles verlor seine Bedeutung, auch der Gedanke an das qualvolle Sterben durch das Zyklon-B-Gas, dessen Wirkung ich ja schon oft, wenn wir in die Gaskammer getrieben wurden, um die Leichen herauszuschaffen, für kurze Zeit zu spüren bekommen hatte, vermochte mir keine Angst und keinen Schrecken mehr einzujagen. Gefaßt sah ich meinem Schicksal entgegen.

Inzwischen war der Massengesang verstummt. An seine Stelle war klägliches Weinen und dumpfes Stöhnen getreten, die sich zu einem einzigen, wehmütigen Klagelied vereinigten. Ich sah zerschlagene und blutige Gesichter, die die Menschen fast zur Unkenntlichkeit verändert hatten. Angetrieben von Schlägen und bösen Hunden, drängten und quetschten sich immer noch Leute durch die Tür. Verzweifelte Kinder, die ihre Eltern verloren hatten, liefen in diesem wüsten Chaos herum, riefen mit weinerlichen Stimmen nach ihren Beschützern und versuchten, sie wiederzufinden.

Plötzlich stand ein kleiner Junge vor mir. Er schien etwas überrascht und blickte mich neugierig an, ohne ein Wort zu sagen. Offenbar war ihm aufgefallen, daß ich ganz allein herumstand. Voller Angst fragte er mich stockend und mit zaghafter Stimme: »Onkel, weißt du vielleicht, wo sich mein Vater und meine Mutter versteckt haben?« Ich versuchte, den Jungen zu beruhigen, und erklärte ihm, daß sich seine Eltern bestimmt unter den vielen Menschen befänden, die sich im vorderen Teil des Raumes drängten. »Geh dahin«, versuchte ich den Jungen zu trösten, »sie warten bestimmt schon auf dich.«

Ich sah ihm noch nach und bemerkte dabei, daß sich eine Gruppe von vielleicht 15 Menschen um mich scharte. Einige waren schon ausgezogen, ein paar andere hatte noch ihre Klei-

der an. Mit traurigen Augen, in denen sich Furcht, Verzweiflung und Angst spiegelten, sahen sie mich forschend an. Einer von ihnen sprach mich zu meiner Überraschung mit meinem Vornamen an. Als ich näher hinsah, erkannte ich den Blockschreiber Hugo Braun und den stellvertretenden Blockältesten Dr. Otto Heller. Ich hatte die beiden kennengelernt, als mich das Schlosserkommando einmal in das Familienlager mitgenommen hatte.
Mein Entschluß, heute zu sterben, ließ sich jetzt nicht mehr so realisieren, wie ich es gedacht hatte. Die Menschen, die um mich herumstanden, gaben keine Ruhe, bis ich ihnen die Gründe, die mich veranlaßt hatten, mit ihnen zu sterben, erklärt hatte. Ich flehte sie an, mit niemandem hier darüber zu reden; denn ich wußte, daß es sicher noch einige Zeit dauern würde, bis die Gaskammer voll war und verriegelt wurde. So lange wollte ich auf jeden Fall unentdeckt bleiben.
Die Zeit schien ins Stocken geraten zu sein. Nur schleppend vergingen die Minuten, das Ende, die Erlösung von aller Qual war immer noch nicht abzusehen. Draußen, vor den Türen der Gaskammer, standen einige SS-Unterführer, hinter ihnen bewaffnete SS-Posten mit Hunden, die unablässig bellten. Wahrscheinlich warteten sie auf die nächste Lastwagenkolonne, die noch mehr Menschen hierherbringen sollte. Durch die offene Tür erkannte ich Schwarzhuber und Dr. Mengele, die sich reckten und über die Schultern der Posten neugierig in die Gaskammer blickten. Als man sie erkannte, erhob sich erneut Geschrei und Geschimpfe. »Ihr habt uns betrogen! Aber euer Hitler wird doch den Krieg verlieren! Dann kommt die Stunde der Rache. Eines Tages müßt ihr für alles büßen, ihr Mörder!« Solche Anklagen und Zornausbrüche wurden den SS-Leuten leidenschaftlich entgegengeschleudert. Die Henker rührte das freilich nicht; sie blieben stumm.
Ich war wütend, daß ich in dieser Schicksalsstunde nicht eine der drei Handgranaten, die wir besaßen, bei mir hatte. Aber die Entscheidung, meinem Leben ein Ende zu machen, hatte ich ganz plötzlich und spontan getroffen. Alles war so schnell

und überraschend gekommen, daß keine Zeit und keine Möglichkeit mehr bestand, noch besondere Vorkehrungen zu treffen.

In der spärlich beleuchteten Gaskammer herrschte eine bedrückende und gespannte Atmosphäre. Der Tod, das wußten alle, war in bedrohliche Nähe gerückt. Es waren sicher nur noch Minuten, die jeden hier drinnen von seinem Ende trennten. Keine Erinnerung an irgendeinen würde übrig bleiben. Dieses Schicksal hatten die Menschen vor Augen, als sie sich umarmten. Eltern drückten ihre Kinder so heftig und leidenschaftlich an sich, daß ich von Wehmut und Schmerz ergriffen wurde.

Von den Menschen, die um mich herumstanden, erfuhr ich auch, daß der junge Fredi Hirsch, der sich so aufopfernd und selbstlos um die Jugend im Familienlager gekümmert hatte, in den Freitod gegangen war. Plötzlich drängten sich einige entblößte Mädchen um mich, alle in blühendem Alter. Sie standen eine Zeitlang vor mir, ohne ein Wort zu sagen, und schauten mich an, in Gedanken versunken. Einige schüttelten mehrmals den Kopf und starrten mich verständnislos an. Schließlich faßte eines der Mädchen sich ein Herz und sprach mich an: »Wir haben erfahren, daß du mit uns zusammen in den Tod gehen willst. Dein Entschluß ist vielleicht verständlich, aber er ist nutzlos, denn er hilft keinem. Oder, wem glaubst du, daß er helfen könnte?« fragte sie zweifelnd und fuhr dann fort: »Wir müssen sterben, aber du hast noch eine Chance, dein Leben zu retten. Du mußt ins Lager zurück und dort allen von unseren letzten Stunden berichten«, herrschte sie mich in einem geradezu befehlenden Ton an. »Du mußt allen klarmachen, daß sie sich von jeder Illusion freimachen müssen. Sie sollten kämpfen, denn das ist besser, als hier ohnmächtig zu sterben. Für sie ist es auch leichter. Sie haben ja keine Kinder. Und du, wenn du vielleicht die Tragödie hier überlebst, erzähle allen, jedem, dem du begegnest, wie es uns ergangen ist. Und noch etwas«, sagte sie, »noch einen Wunsch kannst du mir erfüllen: die goldene Kette an meinem Hals, die

nimm – wenn ich tot bin – ab und gib sie meinem Freund Sascha! Er arbeitet in der Brotkammer. Bestell ihm einen letzten Gruß von seiner Jana. Wenn alles vorbei ist, wirst du mich hier finden.« Das waren ihre letzten Worte, bei denen sie auf eine Stelle neben der Betonsäule deutete, wo ich gerade stand.
Ich war seltsam berührt und überrascht von der harten und nüchternen Sachlichkeit, aber auch von der Anmut, mit der das junge Mädchen auf die Todesvision reagierte und sie in ihrer Phantasie verarbeitete. Bevor ich noch weiter darüber nachdenken konnte, was ich ihr antworten sollte, hatten mich die übrigen Mädchen überwältigt. Sie packten mich an meinen Armen und Beinen und schleppten mich trotz meiner Gegenwehr bis zur Tür der Gaskammer. Dort ließen sie mich los und drängten und schubsten mich mit vereinten Kräften hinaus. Ich landete mitten unter den SS-Männern, die dort herumstanden. Kurschuß erkannte mich als erster und schlug sofort mit einem Knüppel auf mich ein. Ich fiel zu Boden, und wurde, als ich aufsprang, mit einem Fausthieb erneut niedergeschlagen. Das wiederholte sich noch einige Male.
Ich fing wieder an zu denken. Seltsam, der Wille zu leben, durchströmte mich wieder. Als ich zum dritten oder vierten Mal auf die Füße kam, schrie Kurschuß: »Du Arschloch, du verdammtes, merk dir eines: wie lange du lebst und wann du verreckst, das entscheiden wir und nicht du. Hau schleunigst ab, zu den Öfen!« Er versetzte mir noch einen Faustschlag ins Gesicht, der mich gegen den Lift taumeln ließ, dessen Türen offenstanden. Dann fuhr ich nach oben und ging in den Verbrennungsraum. Dort versagten mir meine Füße die Kraft. Auch in meinem Kopf ging alles drunter und drüber. Ich merkte, daß ich einer Ohnmacht nahe war. Was dann geschah, kann ich nicht mehr sagen. Als ich wieder zu mir kam, lag ich im Koksraum. Ein paar Kameraden halfen mir auf die Beine und brachten mich zur Tür, die offenstand. Ich befolgte ihren Rat, erst einmal zu verschnaufen, und wischte mir den kalten Schweiß von der Stirn. Voller Besorgnis, Spannung und mit klopfendem Herzen wartete ich, was geschehen würde. Angst

und Furcht ergriffen mich, doch die Kameraden taten so, als sei nichts Besonderes geschehen. Ich merkte, daß sie mich beruhigen wollten, und gab mir Mühe, mich zu beherrschen und mir nichts anmerken zu lassen. Ich bat um eine Zigarette, ließ mir Feuer geben und versuchte, indem ich starr auf den Stacheldraht blickte, der uns vom Frauenlager trennte, den Eindruck zu erwecken, als ob auch ich mir weiter keine Gedanken machte. Dennoch waren meine Nerven bis zum Zerreißen angespannt. Schließlich kam Kaminski. Er versuchte, mir klarzumachen, daß meine Nerven mit mir durchgegangen seien und sich so etwas, auch wenn er Verständnis dafür habe, nicht mehr wiederholen dürfe. »Du wirst doch«, meinte er, »den Henkern nicht den Gefallen tun und in den Tod gehen, vor allem jetzt nicht, wo wir jeden einzelnen mehr als zuvor brauchen. Du bist doch noch jung, du mußt alles sehen und erleben. Vielleicht wirst du einer von denen sein, die eines Tages frei sind.« Er hatte seine Worte in festem und befehlendem Ton gesprochen und mir dabei ermunternd auf die Schulter geklopft. »Jetzt nimm eine Gabel in die Hand, daß dich keiner beim Nichtstun erwischt!« meinte er besorgt und ging weg.

Kaminskis Worte hatten mich beruhigt und ermuntert. Ich war wieder entschlossen, weiter um mein Leben zu kämpfen. Seinem Rat folgend, ergriff ich eine der Eisengabeln, um, falls ein SS-Mann in meiner Nähe auftauchte, eine Schubkarre mit Koks zu füllen.

Ich fing an, wieder Hoffnung zu schöpfen. Vielleicht würden die Qualen und die Pein der letzten zwei Jahre doch einmal zu Ende gehen und sich so etwas wie ein Wunder ereignen.

Während solche Gedanken durch meinen Kopf gingen, hörte ich von neuem Lastkraftwagen auf den Hof fahren. Die zweite Wagenkolonne war angekommen. Wieder schrien SS-Männer, und wieder bellten Hunde. Betroffen ging ich zur Tür des Koksraumes, blieb aber dort wie angewurzelt stehen. Ich hatte einfach nicht mehr die Kraft, hinauszugehen und um die Ecke herum auf den Hof zu blicken. Deshalb stützte ich mich auf

die Gabel und schaute, um mich abzulenken, auf die Silhouetten der gegenüberstehenden Gebäude mit den Effektenkammern, die sich hinter dem angestrahlten Drahtzaun des Frauenlagers befanden. Dort konnte ich keine Spur von Leben entdecken. Doch meine Absicht, mich auf diese Weise von dem Geschehen draußen abzulenken, ließ sich damit nicht verwirklichen. Meine Gedanken jagten sich wieder und überschlugen sich. Die Bilder, die ich in der Gaskammer gesehen hatte, waren in mein Bewußtsein eingraviert. Ich sah Jana, das temperamentvolle Mädchen mit ihren langen, schwarzen Haaren wieder vor mir. Ihr ebenmäßiges Gesicht, ihre schlanke Gestalt, ihre feurigen Augen, die Blitze heller Empörung geschleudert hatten, ihre wohlgewählten und instinktsicheren Worte, die mehr als ein Wunschtraum gewesen waren, hatten mich tief betroffen und beschäftigten mich immer noch. Es wurde mir klar, daß ich gar nicht wußte, wer sie eigentlich war. Vielleicht würde ich es von Sascha, ihrem Geliebten, erfahren, der in der Brotkammer arbeitete. An ihn dachte ich jetzt. Wie würde er es aufnehmen, wenn er das bittere Ende seiner Geliebten erfahren würde. Ich dachte jetzt aber auch an die Kameraden im Lager, die ihre Flucht vorbereiteten und denen ich zugesichert hatte, ihnen Beweismittel, vor allem Aufklebezettel von Dosen des Zyklon-B-Gases zu verschaffen. Solche Gedanken hatten mich, bestärkt durch Kaminskis Worte, wieder auf den Boden der Wirklichkeit gebracht. Ich dachte, mein weiteres Dasein könnte vielleicht doch noch einen Sinn und Nutzen haben. Zwar war ich noch jung und hatte noch keine großen Erfahrungen, aber vielleicht konnte ich mich doch bei dem geplanten Aufstand nützlich machen. So war ich innerhalb von wenigen Stunden wieder davon überzeugt, daß jeder Tag, jede Stunde und jede Minute, die ich zwischen Leben und Tod schieben konnte, ein Geschenk des Himmels war. Ich fragte mich, wie es dazu gekommen war, daß sich meine Vorstellungen und mein Denken in so kurzer Zeit derartig verändert hatten?
Der an beiden Seiten und hinten mit dem Emblem des Roten

Kreuzes gekennzeichnete Sanitätskraftwagen fuhr jetzt auf den Hof des Krematoriums und hielt heute, entgegen den sonstigen Gepflogenheiten, hinter dem Gebäude an. Er wollte offensichtlich unbemerkt bleiben. Seine Anwesenheit wirkte sonst auf nichtsahnende Ankömmlinge eher beruhigend. Bei den Menschen, die sich heute hier befanden und schon einige Zeit hier gelebt hatten, wäre wahrscheinlich das Gegenteil der Fall gewesen. Denn sie hatten zumindest gerüchtweise und vom Hörensagen von den Tarnungsaufgaben gehört, die diese Autos erfüllten. Der Sanka hatte neben der Rasenfläche hinter dem Krematorium angehalten, wo die Betonsockel herausragten, in die von oben her die erbsgroßen violetten Körner des Zyklon-B-Gases eingeworfen wurden.
Neben dem Auto erkannte ich die Silhouetten der beiden »Desinfektoren«, die sich dort bereithielten und auf den Befehl warteten, das Gas einzuschütten. Offenbar war es noch nicht so weit; denn die beiden redeten miteinander und zündeten sich gerade Zigaretten an. Zwar mußten jetzt schon mehr als tausend Menschen in der Gaskammer sein, offenbar wurden aber noch weitere erwartet. Tatsächlich dauerte es nicht mehr lange, bis die Lastwagenkolonne zum dritten Mal auf den Hof fuhr. Wiederum wurden die Menschen brutal und rücksichtslos in den Auskleideraum getrieben.
Nach einer Weile vernahm ich aus der Gaskammer durchdringende Schreie, Poltern gegen die Tür, aber auch Gejammer und Gestöhne. Die Menschen fingen an zu husten, ihr Gehuste wurde von Minute zu Minute stärker. Es zeigte an, daß das Gas begonnen hatte, seine Wirkung zu entfalten. Der anfänglich anschwellende und unüberhörbar werdende Lärm ließ von Minute zu Minute nach und ging bald in ein vielstimmiges, dumpfes Röcheln über, das hin und wieder noch von Gehuste übertönt wurde. Das tödliche Gas war in die Lungen der Menschen gedrungen und rief dort rasch eine Lähmung des Atemzentrums hervor.
Mir schien es, als ob das Sterben heute schneller vonstatten ging als sonst. Kaum zehn Minuten waren seit dem Einwurf

des Gases vergangen, als es in der Gaskammer still wurde. Vielleicht lag es daran, daß der Betonboden völlig trocken war und daß die »Desinfektoren« heute ein paar Dosen Zyklon-B-Kristalle mehr in die Gaskammer eingeworfen hatten als sonst. Die Erfahrung hatte uns gelehrt, daß immer dann, wenn Zyklon-B-Kristalle mit Wasser in Berührung kamen oder starker Feuchtigkeit ausgesetzt waren, das Gas seine Wirkung nicht so stark entfaltete wie sonst.

Noch bevor die Tür der Gaskammer geöffnete wurde, verließen die SS-Posten mit ihren Hunden, die Unterführer sowie einige SS-Führer das Krematorium II und gingen ins Krematorium III hinüber. Auch Kurschuß, der mich zusammengeschlagen hatte, war dabei. Die Teilnahme an der jetzt dort beginnenden Mordaktion war für ihn wohl wichtiger als sein Verlangen, mir mein heutiges Vergehen heimzuzahlen. Nachdem er weggegangen war, fuhr auch das Auto der »Desinfektoren« auf den Hof des Krematoriums III hinüber. Das bedeutete, daß die Vergasung jetzt dort weiterging.

Auf Befehl eines SS-Mannes war ich mit noch einigen Häftlingen mit dem Lastenaufzug wieder nach unten gefahren. Wir sollten dort im Auskleideraum die von den Opfern zurückgelassenen Habseligkeiten einsammeln und auf einen Lastwagen werfen, der im Hof stand, um die Sachen dann zur Desinfektionskammer zu bringen.

Als ich den Lift verließ, standen Lagerführer Schwarzhuber und Dr. Mengele vor der Tür der Gaskammer. Dr. Mengele schaltete gerade das Licht ein, beugte sich vor und versuchte mit aufmerksamen Blicken durch das Guckloch, das in der Tür angebracht war, festzustellen, ob es drinnen noch Lebenszeichen gab. Nach einigen Augenblicken befahl er dem Kommandoführer, die Ventilatoren einzuschalten, die das Gas absaugen sollten. Als sie ein paar Minuten gelaufen waren, wurde die Tür der Gaskammer, die mit ein paar Querverriegelungen gesichert war, geöffnet.

Noch bevor man die unterste entfernt hatte, bogen sich unter dem Druck der Leichen die beiden Türflügel oben auseinan-

der. Als sie vollends geöffnet wurden, fiel die oberste Schicht der Toten, die gegen die Tür gelehnt waren, wie die Fracht eines überladenen Fahrzeugs beim Öffnen der Ladeklappe heraus. Es waren die Kräftigsten, denen es in ihrer Todesangst gelungen war, sich zur Tür zu drängen und dort die oberen Plätze einzunehmen, weil sie, wenn es überhaupt eine Möglichkeit gegeben hätte, nur von dort hätten nach draußen gelangen können. Das war bei allen Vergasungen so. Die Toten waren auch nicht gleichmäßig in der Gaskammer verteilt. Die meisten lagen auf Haufen, von denen der größte sich bei der Tür befand. Dort, wo das Gas eingeworfen wurde, war so gut wie keiner zu finden. Die Menschen hatten sich wohl instinktiv von diesen Stellen entfernt. Denn das Gas war weder geruch- noch geschmacklos. Es roch nach brennendem Trockenspiritus und erzeugte auf den Lippen einen süßlichen Geschmack. Außerdem rief es nach kurzer Zeit quälenden Hustenreiz und ein Druckgefühl im Kopf hervor, ehe die tödliche Wirkung eintrat.
Nach der Öffnung der Gaskammer wurde zuerst befohlen, die herausgefallenen Leichen und dann die hinter der Tür liegenden wegzuschaffen, um den Zugang freizumachen. Dabei wurde den Toten die Schlaufe eines Lederriemens um eines ihrer Handgelenke gelegt und zugezogen, um sie so in den Lift zu schleifen und nach oben ins Krematorium zu befördern.
Als hinter der Tür etwas Platz geschaffen war, wurden die Leichen mit Wasserschläuchen abgespritzt. Damit sollten Glaskristalle, die noch herumlagen, neutralisiert, aber auch die Leichen gesäubert werden. Denn fast alle waren naß von Schweiß und Urin, mit Blut und Kot beschmutzt, und viele Frauen waren an den Beinen mit Menstruationsblut besudelt.
Wenn die eingeworfenen Zyklon-B-Kristalle mit Luft in Berührung kamen, entwickelte sich das tödliche Gas, das sich zuerst in Bodenhöhe ausbreitete und dann immer höher stieg. Daher lagen auch oben auf den Leichenhaufen die Größten und Kräftigsten, während sich unten vor allem Kinder, Alte und Schwache befanden. Dazwischen fand man meist Männer

und Frauen mittleren Alters. Die Obenliegenden waren wohl in ihrer panischen Todesangst auf die schon am Boden Liegenden hinaufgestiegen, weil sie noch Kraft dazu und vielleicht auch erkannt hatten, daß sich das tödliche Gas von unten nach oben ausbreitete.
Auf den Leichenhaufen waren die Menschen ineinander verschlungen, manche lagen sich noch in den Armen, viele hatten sich im Todeskampf noch die Hände gedrückt, an den Wänden lehnten Gruppen, aneinandergepreßt wie Basaltsäulen.
Die Leichenträger hatten Mühe, die Toten auf den Leichenhaufen auseinanderzuzerren, obwohl sie noch warm und noch nicht erstarrt waren. Viele hatten den Mund weit aufgerissen, auf den Lippen der meisten war eine Spur von weißlichem, eingetrocknetem Speichel zu erkennen. Manche waren blau angelaufen, und viele Gesichter waren von Schlägen fast bis zur Unkenntlichkeit entstellt. Sicher hatte auch das unterirdische Labyrinth, zu dem die Gaskammer geworden war, dazu geführt, daß die Menschen in panischer Angst im Dunkeln herumirrten, gegeneinanderstießen, übereinanderfielen und aufeinander herumtrampelten, so daß es zu diesem Tohuwabohu von verhedderten Leichen gekommen war. Unter ihnen lagen auch schwangere Frauen, von denen einige vor ihrem qualvollen Ende noch den Kopf ihrer Leibesfrucht herausgepreßt hatten. Während die Toten aus der Gaskammer geschafft wurden, mußten die Leichenträger Gasmasken aufsetzen; denn die Ventilatoren konnten das Gas nicht vollständig absaugen. Vor allem zwischen den Toten befanden sich noch immer Reste des tödlichen Gases, das beim Räumen der Gaskammer frei wurde.
Es war eine schreckliche, aber auch anstrengende Arbeit, die Leichen mühevoll aus den Haufen, in denen sie lagen, herauszuzerren und wegzuschleifen. Man kam dabei schnell ins Schwitzen, so daß sich die Gläser der Gasmaske beschlugen, und deshalb geriet man meistens schon nach wenigen Minuten in Atemnot. Daher mußten immer wieder Pausen eingelegt werden, damit man Luft schnappen konnte.

Als die Leichenträger begonnen hatten, die Toten aus dem hinteren Teil der Gaskammer wegzuschaffen, ging ich zu der Säule, in deren Nähe am späten Abend die Mädchen mich angesprochen hatten. Dort fand ich unter einem Haufen von Toten auch Jana, das Mädchen, das mich gebeten hatte, ihre Halskette abzunehmen und ihrem Geliebten Sascha als letztes Andenken zu bringen. Wie sie angekündigt hatte, lag sie unweit der von ihr bezeichneten Säule. Sie sah aus, als ob sie noch leben und schlafen würde. Ich nahm ihr, wie ich versprochen hatte, die Kette vom Hals, steckte sie ein und verließ den Raum. Dann fuhr ich mit dem Lift nach oben.
Bald darauf begann es draußen zu dämmern. Der Gong, der auch hier zu hören war, weckte die Häftlinge im Lager. Aus dem nahegelegenen Frauenlager drang Lärm zu uns herüber. Es dauerte nicht lange, bis die ersten Märsche des Lagerorchesters erklangen und die kleine SS-Postenkette eingezogen wurde, die während der Nacht draußen gewesen war. Das Leben im Lager begann wieder zu pulsieren. SS-Leute liefen geschäftig herum und erteilten Befehle, Häftlingskommandos rückten zur Arbeit aus, einige marschierten auch auf der Lagerstraße zwischen den beiden Krematorien vorbei. Kaum einer dieser Häftlinge konnte sich vorstellen, was für ein grauenhaftes Geschehen hinter den Mauern der beiden Gebäude, zwischen denen sie gerade hindurchmarschierten, sich heute nacht abgespielt hatte.
Als wir nach dieser Nachtschicht das Lagertor passiert hatten, ging ich sofort in den ersten Block, der links von der Lagerstraße lag. Dort war die Brotkammer untergebracht. Auf meinem Weg erfuhr ich, daß der Blockälteste Röhrig, ein Reichsdeutscher, der einen roten Winkel trug, in die Strafkompanie versetzt worden war, nachdem man ihn zuvor noch kahlgeschoren hatte. Als gestern abend die Menschen des Familienlagers im Quarantänelager auf die Lastwagen getrieben wurden, die sie in die Krematorien bringen sollten, hatten die SS-Leute Kapos und Blockälteste mit Knüppeln bewaffnet und ihnen befohlen, bei der brutalen Treibjagd mitzuwirken. Röhrig, ein

politischer Häftling, hatte sich geweigert, dabei mitzumachen, und den SS-Leuten erklärt, er sei kein Henker.

Nachdem ich die Brotkammer betreten hatte, stand Sascha vor mir. Er stammte aus Odessa und war als Unteroffizier der Roten Armee in Kriegsgefangenschaft geraten. 1941 war er mit mehr als 13 000 sowjetischen Kriegsgefangenen, von denen im Januar 1945 keine hundert mehr am Leben waren, nach Auschwitz geschafft worden. Daher war es kein Wunder, daß die wenigen, die noch lebten, von den SS-Leuten als eine Art musealer Exemplare angesehen wurden.

Sascha lächelte mir meistens zu, wenn wir uns begegneten, aber diesmal lag tödlicher Ernst auf seinem Antlitz. Er hatte, wie viele andere, davon gehört, daß das Familienlager liquidiert werden sollte. Als ich Janas goldene Halskette aus der Tasche zog, sie ihm aushändigte und ihm den Abschiedsgruß seiner Geliebten überbrachte, liefen Tränen über sein bronzefarbenes, narbiges Gesicht. Er brachte kein Wort hervor und ließ den Kopf hängen. Schmerz und Trauer hatten ihn überwältigt. Er schluckte ein paarmal heftig und bemühte sich, seine Gefühle zu verbergen. Aber das Bewußtsein, seine Geliebte für immer verloren zu haben, überwältigte den sonst so lustigen und harten Burschen. Er war jetzt einem Zusammenbruch nahe.

Nach Minuten des Schweigens brach es aus ihm hervor: »Moja dorogaja Jana«, rief er schluchzend und bedeckte sein Gesicht mit beiden Händen. Dann erfuhr ich, daß er Jana vor ein paar Wochen zum letzten Mal gesehen hatte. Damals hatten sie darüber gesprochen, was sie tun würden, wenn sie hier einmal herauskämen. Jana, so erklärte er mir, habe keinen Menschen mehr auf der Welt gehabt. Von ihren Angehörigen in Prag, wo sie als Kinderschwester gearbeitet hatte, sei niemand mehr am Leben. Deshalb hätten sie beschlossen, zu seiner Mutter nach Odessa zu gehen und dort zu heiraten und zu leben. Nachdem Sascha mir das alles stockend erzählt hatte, stieß er gebrochen und mit tränenerstickter Stimme hervor: »Jetzt hat alles keinen Sinn mehr.«

In diesem Augenblick kam mir die Welt wieder grauenhaft, schrecklich, sinnlos, ja unerträglich vor. Nach den Erlebnissen der letzten Nacht fand ich nicht mehr die Kraft, den Schmerz und das Leid, das über Sascha gekommen war, noch länger mit ihm zu teilen und ihn zu trösten. So verließ ich, selbst Tränen in den Augen, die Brotkammer.
Während ich müde und niedergeschlagen die Lagerstraße hinunterging, schreckte mich das abgehackte Kommando »Ein Lied!« auf. Ich blickte zur Seite und sah, daß die Strafkompanie gerade ausrückte. Gesang ertönte in der Frühlingslandschaft. Die Häftlinge, die sich mühsam vorwärtsschleppten, sangen das Lied von einem Mädchen, dessen Refrain lautete: »Sie hat zwei wunder-, wunderschöne, braune Augen und einen Bubikopf, der steht ihr gut.«

Das Inferno

Als am 7. April 1944 nach dem Abendappell die Alarmsirene aufheulte, kauerten Alfred Wetzler und Walter Rosenberg schon seit Stunden in ihrem engen, unterirdischen Versteck. Es lag jenseits des Stacheldrahts, der das Lager umgab, aber noch innerhalb der großen Postenkette, die tagsüber um einen weiteren Bereich aufzog. Das Erdloch war ungefähr 200 Meter rechts von der Straße, die zu den Krematorien führte, im Lagerabschnitt »Mexiko« ausgehoben worden. Die Bezeichnung »Mexiko« geht darauf zurück, daß in diesem nicht ganz ausgebauten Lagerabschnitt III im Frühjahr 1944 Häftlinge ohne jede Bekleidung untergebracht waren, die sich aus Kanada stammende Decken umhängten. Dadurch gaben sie ein ziemlich buntes Bild ab. Dort entstand gerade ein weiträumiges Lager für Tausende von Häftlingen. Ein paar in den Fluchtplan eingeweihte Kameraden, die auf diesem Gelände mit dem Bau von Baracken beschäftigt waren, hatten, nachdem Alfred und Walter hineingekrochen waren, das Erdloch mit Holzdielen abgedeckt und dann Erde darauf geschüttet. Die Erde und der Boden der näheren Umgebung waren dann mit Petroleum begossen und mit Tabak durchsetzt worden, um zu verhindern, daß schnuppernde Hunde die beiden aufspürten. Der Rat hierzu stammte von sowjetischen Kriegsgefangenen.
Im Lager wußte jeder, was das durchdringende Heulen der Alarmsirene bedeutete. Es war das Zeichen, daß ein Flucht-

versuch unternommen worden war. Dreimal zehn Minuten lang war der schrille Ton mit kurzen Unterbrechungen kilometerweit zu hören.
In den Lagerabschnitten B II d und B II a, wo Alfred Wetzler und Walter Rosenberg untergebracht waren, hatte man beim Abendappell ihre Abwesenheit bemerkt und sofort Alarm geschlagen.
Schwere Stunden standen den beiden jetzt bevor. Drei Tage und drei Nächte lang mußten sie kauernd in ihrem engen und finsteren Versteck ausharren, weil die große Postenkette erst nach ergebnislosem Ablauf dieser Frist eingezogen wurde. Aber selbst das war noch nicht sicher. Wurde nämlich in der Zwischenzeit ein weiterer Fluchtversuch unternommen, dann hätte die Postenkette drei weitere Tage draußen bleiben müssen. Schließlich war es auch ungewiß, ob und wie lange es die beiden in ihrem Versteck aushalten würden, ohne zu ersticken oder entdeckt zu werden.
Die SS-Lagerleitung hatte drastische Vorbeugungsmaßnahmen getroffen, um jede Flucht unmöglich zu machen. Das Innere des Lagers, wo sich die Häftlingsunterkünfte befanden, war von zwei Stacheldrahtzäunen umgeben, die etwa 5 Meter hoch und mit elektrischem Strom geladen waren. Dieser Lagerbereich wurde von zahlreichen SS-Posten bewacht, die mit Maschinengewehren bewaffnet waren und hauptsächlich auf Wachttürmen standen. Sie bildeten die sogenannte kleine Postenkette, die bei Tag eingezogen wurde, weil dann die meisten Häftlinge außerhalb des Lagers arbeiteten und dort von der großen Postenkette umstellt waren. Diese wurde erst eingezogen, wenn am Abend alle Häftlinge ins Lager eingerückt waren und beim Abendappell niemand vermißt wurde.
Als es an jenem April 1944 zu dämmern begann, setzten im Lager fieberhafte Suchaktionen nach den beiden Vermißten ein. Übernervös und hektisch durchstöberten SS-Männer, Kapos und als zuverlässig geltende Blockälteste jeden Winkel, stellten die Häftlingsbaracken auf den Kopf, schnüffelten in den Magazinen und Werkstätten herum und kämmten sogar die Waschräume und Latrinen durch.

Auch auf dem Gelände außerhalb der Stacheldrahtzäune war eine hysterische Razzia im Gange. Dort durchstöberten SS-Leute mit Schäferhunden auch den Abschnitt Mexiko, wo sich das Versteck befand, die Bauplätze und suchten unter dem Baumaterial, das herumlag, zwischen Ziegelsteinen, Zementsäcken, Brettern und in Baugruben nach den Vermißten.
Während der ganzen Nacht war das Gebell und Gekläffe der Schäferhunde zu hören. Sie waren auf Biß abgerichtet, schnupperten jeden fremden Geruch und nahmen jedes Geräusch wahr.
Mit Genugtuung stellte ich am nächsten Morgen fest, daß alles Suchen vergeblich geblieben war. Meine Zuversicht, daß es Alfred und Walter gelingen würde, dieser Hölle zu entrinnen, wurde von Stunde zu Stunde größer. Wenn sie durchkämen, würden sie die Aufgabe, die sie sich gestellt hatten, bestimmt erfüllen.
Als am Abend des dritten Tages nach ihrer Flucht die große Postenkette eingezogen wurde, fühlte ich mich erleichtert und schöpfte neue Hoffnung. Ich versprach mir viel von dem Gelingen ihrer Flucht. Jetzt würde die Welt endlich erfahren, was in den Todesfabriken von Auschwitz geschah.
Ich hatte Alfred einen Plan der Krematorien mit den Gaskammern und eine Liste mit den Namen der SS-Leute übergeben, die in den Krematorien Dienst taten. Außerdem hatte ich den beiden Aufzeichnungen ausgehändigt, die ich seit einiger Zeit von fast allen Transporten gemacht hatte, die in den Krematorien IV und V vergast worden waren. Ich hatte ihnen auch die Vernichtungsprozedur in allen Einzelheiten geschildert, so daß sie draußen exakt berichten konnten, wie man die Opfer ihrer letzten Habseligkeiten beraubte, wie man sie durch Täuschungsmanöver in die Gaskammern brachte, wie man ihnen nach der Vergasung die Goldzähne herausbrach und den Frauen die Haare abschnitt, wie man die Toten nach versteckten Wertsachen absuchte, wie man ihre Brillen und Prothesen einsammelte und was sonst noch alles geschah. In vielen langen Gesprächen hatte ich Alfred und Walter einprägsam die

Tragödie geschildert, die sich hinter den Mauern der Krematorien unablässig abspielte.

Das wichtigste Beweismaterial, das ich ihnen mit auf den Weg gab, war eine jener Etiketten, die auf die Blechdosen aufgeklebt waren, die das Zyklon-B-Giftgas enthielten. Ich hatte lange Zeit versucht, an eine dieser Dosen heranzukommen. Das war aber nicht einfach. Wenn die »Desinfektoren« das todbringende Gas in die Gaskammern geworfen hatten, brachte meistens der eine die leeren Dosen in das Rotkreuzauto zurück, das auf dem Hof des Krematoriums abgestellt war, während der andere in den Auskleideräumen nachschaute, ob es etwas zu organisieren gab. Es gelang mir lange nicht, an eine leere Dose heranzukommen, obwohl ich mich schon häufig ganz nahe an das Auto herangeschlichen hatte. Ich sah schließlich ein, daß ich so mein Ziel nicht erreichen würde, und dachte eine Zeitlang nach, bis mir eines Tages die richtige Idee kam.

Als die »Desinfektoren« wieder einmal ihr Mordhandwerk ausgeübt hatten, wandte ich mich an Unterscharführer Gorges und machte ihm klar, daß wir zum Einsammeln der Goldzähne zwei neue Blechdosen brauchen könnten, weil die alten schon ziemlich zerbeult waren. Nichts Böses ahnend, erklärte er sich mit meinem Vorschlag sofort einverstanden und schickte mich zu dem Rotzkreuz-Sanka auf dem Hof. Dort erklärte ich den beiden SS-Männern, ich sollte auf Befehl von Unterscharführer Gorges zwei leere Blechdosen abholen. Einer der beiden machte nun hinten am Auto die Tür auf und herrschte mich an: »Los, nimm zwei und verschwinde!«

Die Etiketten, die auf die Blechdosen aufgeklebt waren, enthielten etwa folgenden Text: »Zyklon-B-Giftgas. Zyanpräparat. Achtung Gift! Tesch und Stabenov Internationale GMBH. Für Schädlingsbekämpfung. Nur von geschultem Personal zu öffnen . . .« Es war schwierig, die Etiketten unbeschädigt abzulösen, und es gelang mir einigermaßen nur bei einer der beiden Dosen. Da das Papier dabei etwas einriß und die Herstellerfirma mit ihrem Sitz nicht mehr vollständig zu erkennen war, komplettierte ich den Text mit einem Bleistift.

Zwei Tage vor seiner Flucht übergab ich Alfred Wetzler das Etikett, damit er einen weiteren Beweis für die Ausrottung der Juden vorlegen könnte. Wenn er und Walter Rosenberg alles, was sie in Auschwitz erfahren hatten, enthüllen würden, dann mußte doch etwas geschehen, um dem Massenmord ein Ende zu bereiten. Die übrige Welt, so glaubte ich, könnte doch zu dem, was hier geschah, nicht schweigen und auch nicht untätig bleiben. Ich mußte wieder an Jana, das mutige und entschlossene Mädchen und an ihre Gefährtinnen denken, die mich vor etwa einem Monat aus der Gaskammer herausgestoßen und beschworen hatten, weiterzuleben, um der Welt vielleicht einmal Zeugnis abzulegen von den Leiden, Greueln und Schrecken, die die Menschen hier erdulden mußten. Nun war es soweit. Wenn den beiden Freunden die Flucht gelungen war, würde das für unmöglich Gehaltene wahr werden und die Welt erfahren, welch grauenhafte Verbrechen hier schon seit mehr als zwei Jahren verübt wurden.
In meiner Phantasie malte ich mir aus, wie alliierte Bombenflugzeuge schon bald die Krematorien und Gaskammern in Schutt und Asche legen würden. Es müßte auch möglich sein, so dachte ich, weitere Transporte von Juden nach Auschwitz zu verhindern. Dazu brauchte man nur alle Eisenbahnlinien, die hierher führten, ständig zu bombardieren. Wenn die beiden Freunde erst einmal eine Bresche in die Mauer des Schweigens geschlagen hätten, dann würde bestimmt bald Stille in den Schlachthöfen hier einkehren.
Seit der Flucht von Alfred und Walter waren nun schon einige Tage vergangen. Die Galgen, an die man sie nach ihrer Ergreifung hängen wollte, ragten nach wie vor bedrohlich in den Himmel. Wohl keiner unserer Bewacher konnte sich vorstellen, wie den beiden die Flucht aus dem Lager hatte gelingen können. Ich fühlte mich jetzt etwas erleichtert, denn ich hatte keinen Zweifel mehr, daß Alfred und Walter den Todeskreis, der um das Lager gezogen war, erfolgreich durchbrochen hatten. Die Anführer der Widerstandsbewegung im Sonderkommando, denen meine Verbindung zu den beiden Ausbrechern

bekannt war, übten jetzt wieder einen stärkeren Druck auf die Verbindungsmänner im Lager aus und drängten darauf, nun endlich das Signal für den Aufstand zu geben. Doch diese hielten es immer noch für richtig, damit noch zu warten.
So verging Woche um Woche. Der Himmel von Birkenau verdüsterte sich mehr und mehr. Die Anzeichen, daß Schlimmes bevorstand, häuften sich von Tag zu Tag. Obwohl die Rote Armee nur noch einige hundert Kilometer von Auschwitz entfernt war und täglich näher heranrückte, wurde auf dem Gelände von Birkenau eine hektische Betriebsamkeit entfaltet. Die Arbeiten, die die SS-Lagerleitung hatte in Angriff nehmen lassen, wurden mit einer kaum vorstellbaren Eile vorangetrieben. Mehrere hundert Häftlinge waren Tag und Nacht damit beschäftigt, Eisenbahngeleise bis in unmittelbare Nähe der Krematorien II und III zu verlegen. An der Straße zwischen den Bauabschnitten B I und B II wurde eine Ein- und Ausladerampe mit einer dreigleisigen Eisenbahnanlage gebaut, um die Vernichtungsstätten direkt mit der Außenwelt und dem Auschwitzer Bahnhof zu verbinden. Zahlreiche Häftlinge waren eingesetzt worden, um den Zustand der Straßen zu verbessern. Von morgens früh bis in die späten Abendstunden arbeiteten Straßenwalzen, rollten Lastwagen und lärmten Baumaschinen ohne Unterbrechung. Auch an der Fertigstellung neuer Häftlingsunterkünfte im Lagerabschnitt B II c und im Bauabschnitt III, genannt Mexiko, wurde fieberhaft gearbeitet. Ebenso wurden im Lagerabschnitt B II g in den Baracken des Effektenlagers letzte Vorbereitungen getroffen, um einen reibungslosen Betrieb zu gewährleisten. Das dort eingesetzte sogenannte Kanada-Kommando wurde nach und nach auf eine Stärke von fast tausend Häftlingen gebracht. Ihre Aufgabe war es, das Hab und Gut, das man den Ankömmlingen auf der Rampe abgenommen hatte, auf Lastwagen zu laden und in die Magazine zu schaffen, um es dort zu sortieren und nach Wertsachen abzusuchen, die Kleider zu reinigen und den Transport der Sachen in das Reichsgebiet vorzubereiten. Auch alle Kleider, Wäsche, Schuhe und sonstige Gegen-

stände, die in den Auskleideräumen zurückgelassen worden waren, wurden nach »Kanada« gebracht.
Für die Instandsetzung der Krematorien hatte man Zivilarbeiter eines oberschlesischen Werkes herbeigeholt. Auch verschiedene Handwerkerkommandos waren zur Arbeit in die Krematorien geschickt worden.
Nachdem ihr Betrieb nach und nach vollständig eingestellt worden war, wurden die Risse im Mauerwerk der Öfen mit einer Spezialschamottmasse ausgefugt, die gußeisernen Türen mit schwarzer Farbe gestrichen und die Türangeln geschmiert. In die Öfen wurden neue Roste eingesetzt und die sechs Schornsteine wurden von oben bis unten inspiziert und ausgebessert. Man vergaß auch nicht, die Ventilatoren von Elektrikern sorgfältig prüfen und warten zu lassen. Zum Schluß wurden die Wände der vier Auskleideräume und der acht Gaskammern frisch getüncht.
All diese Arbeiten hatten ganz offensichtlich den Zweck, die Vernichtungsstätten in reibungslose Betriebsbereitschaft zu versetzen. Rätselhaft blieb uns allerdings, was mit den Schönheitsreparaturen im Krematorium V bezweckt wurde. Dort wurden nämlich nicht nur die Schamottziegel der beiden Ofenkomplexe, sondern auch die Speißfugen zwischen den Backsteinen an den Wänden mit weißer Farbe gestrichen. Was für einen Sinn konnte das haben, so fragten wir, wenn der Heizraum schon am ersten Tag nach Aufnahme des Betriebs wieder unter einem schwarzgrauen Rußschleier liegen würde? Auf den Gedanken, daß in diesem Raum ein SS-Stab während der bevorstehenden Massenvernichtungen sein Hauptquartier einrichten würde, kam keiner. Auch bei dem stillgelegten Bunker II, jetzt Bunker V genannt, jenem weißverputzten Bauernhaus, das durch ein Waldstück vom Lager Birkenau getrennt war, herrschte wieder rege Betriebsamkeit. Kein Fremder hätte es für möglich gehalten, daß in diesem so friedlich und schlicht aussehenden Häuschen nochmals Abertausende von Menschen vergast werden könnten. Alle möglichen Häftlingskommandos, Elektriker, Schlosser und Straßenarbei-

ter waren damit beschäftigt, auch diese vor mehr als einem Jahr stillgelegte Vernichtungsstätte wieder betriebsbereit zu machen.
Ende April 1944 verdichteten sich die Gerüchte, daß die Ausrottung der ungarischen Juden unmittelbar bevorstehe. Uns Häftlingen im Sonderkommando traf diese Hiobsbotschaft wie ein Schock. Sollten wir wieder ohnmächtig mit zusehen, wie von neuem Hunderttausende fabrikmäßig getötet wurden? Wir bestürmten abermals die Widerstandsbewegung im Lager, doch endlich das Signal für den Aufstand zu geben. Aber dort wollte man immer noch kein Risiko eingehen. Wieder vertröstete man uns mit der heranrückenden Roten Armee, deren Vormarsch die SS sicher schon bald demoralisieren und desorganisieren werde. Erst wenn es soweit sei, so ließ man uns wissen, könnte ein Aufstand Aussicht auf Erfolg haben.
Als wir entgegenhielten, diese Einstellung bedeute nichts anderes, als daß wir nochmals Hunderttausende einäschern müßten, gab man uns zu verstehen, daß es für diese Menschen sowieso keine Rettung gebe. Diese Hinhaltetechnik der Widerstandsbewegung ließ uns immer mehr daran zweifeln, ob ihre Führer wirklich bereit waren, nicht nur für ihr eigenes Leben, sondern auch zur Rettung Tausender anderer Menschen zu kämpfen und Opfer zu bringen. Nach allen Erfahrungen, die wir gemacht hatten, waren wir jetzt überzeugt, daß sie ihre Überlebenschance von Stunde zu Stunde größer werden sahen und deshalb immer weniger entschlossen waren, ihr eigenes Leben durch ein risikoreiches Unternehmen aufs Spiel zu setzen. Wer hätte ihnen eine solche Haltung auch verübeln wollen, wo die Befreiung für sie in greifbare Nähe gerückt war? Uns blieb daher nichts anderes übrig, als mit den Zähnen zu knirschen und abzuwarten, was weiter geschehen würde.
Anfang Mai 1944 tauchte zuerst der Lagerkommandant Höß und einige Tage später Hauptscharführer Moll auf dem Gelände bei den Krematorien auf. Ihr Erscheinen löste im Sonderkommando ein Gefühl der Furcht und Beklemmung aus. Nur zu gut war uns Moll bekannt. War er es doch gewesen,

der die Leichen, die im Sommer 1942 aus den Massengräbern bei den Bunkern I und II an die Erdoberfläche gekommen waren, in Gruben hatte verbrennen und das dort eingesetzte Sonderkommando bis auf den letzten Mann hatte liquidieren lassen.

Die bevorstehende Vernichtungsaktion hatte wohl wegen ihres ungeheueren Ausmaßes den Lagerkommandanten Höß veranlaßt, Hauptscharführer Moll, einen der schlimmsten Mörder des Zweiten Weltkrieges, mit der neuen Leitung der Vernichtungsanlagen zu beauftragen.

Moll war ziemlich klein, von untersetzter, aber kräftiger Statur. Sein pausbackiges Gesicht war, wie dies bei Menschen mit rötlichblonden Haaren häufig der Fall ist, von Sommersprossen übersät. Er hatte ein Auge verloren und trug deshalb eine Prothese. Seine Einäugigkeit brachte ihm im Sonderkommando den Spitznamen »Zyklop« ein.

Moll war brutal, zynisch und skrupellos. Juden waren für ihn Untermenschen. Dementsprechend behandelte er sie auch. Gegenüber dem Rassenfeind war für ihn alles erlaubt. Er weidete sich an den Qualen, die er seinen Opfern zufügte, und dachte sich ständig neue Quälereien und Foltermethoden aus. Sein Sadismus, seine Gefühllosigkeit, seine Mordgier und seine Mordlust kannten keine Grenzen. Er war ein monströser, unberechenbarer Menschentyp, an dessen Geisteszustand zu zweifeln wir häufig Anlaß hatten.

Neben seiner Hemmungslosigkeit und seinem Fanatismus gehörten unermüdliche Tatkraft, engstirnige Gewissenhaftigkeit und außergewöhnliche organisatorische Fähigkeiten zu seinen Wesensmerkmalen. All diese Eigenschaften prädestinierten dieses Scheusal in Menschengestalt wie keinen anderen dazu, die größte Massenvernichtungsaktion aller Zeiten vorzubereiten und durchzuführen.

Oberscharführer Voß, dem die vier Krematorien bisher unterstellt gewesen waren, war dieser Aufgabe nach Meinung der Lagerleitung wohl nicht so recht gewachsen und wurde deshalb abgelöst.

Moll wechselte zuerst zahlreiche SS-Unterführer aus. So wurde Unterscharführer Steinberg vorübergehend mit dem Kommando über die Krematorien II und III beauftragt, aber schon bald von Oberscharführer Muhsfeldt abgelöst, der aus Majdanek gekommen war. Von sowjetischen Kriegsgefangenen, die ihn von dort kannten, erfuhren wir, was für ein unbarmherziger und brutaler Menschenschinder dieser bieder und harmlos aussehende Mensch trotz seiner zierlichen Gestalt war. Ihm waren die Rottenführer Holländer und Eidenmüller unterstellt. Beide waren baumlange Kerle und hager wie Bohnenstangen.

Für die Leitung der Vernichtungsstätte im Bunker V hatte Moll Unterscharführer Eckardt ausgewählt. Dieser war etwa 28 Jahre alt, groß, blond und schlank. Er stammte aus Ungarn und beherrschte Ungarisch wie seine Muttersprache. Sein Spießgeselle, der in Łódz aufgewachsene Kell, verstand polnisch und auch jiddisch. Den beiden war die Aufgabe zugedacht, ihre Ohren offenzuhalten und aufzupassen, worüber die Opfer auf ihrem Weg zu den Vernichtungsstätten sprachen und ob ihre Äußerungen auf Widersetzlichkeiten hindeuteten.

In den Krematorien IV und V, wo bisher hauptsächlich Unterscharführer Gorges und der Sturmmann Kurschuß das Kommando geführt hatten, kamen zur Verstärkung Unterscharführer Seitz und ein wenig später Scharführer Busch hinzu.

Auf Befehl von Moll wurde bald mit dem Aushub von fünf Gruben hinter dem Krematorium V, nicht weit von den drei Gaskammern, begonnen. Auch auf das Gelände beim Bunker V rückte jeden Tag eine größere Zahl von Häftlingen aus, um dort ebenfalls Gruben auszuheben.

Zuvor hatte Moll hier und bei den Höfen der Krematorien IV und V etwa 3 Meter hohe Sichtblenden aus langen Stecken, Gerten und Reisig errichten lassen, um Außenstehende daran zu hindern, neugierige Blicke auf die Vernichtungsstätten zu werfen.

Das Wiesengelände hinter dem Hof des Krematoriums V, auf

dem Tausende von Frühlingsblumen blühten, verwandelte sich in eine eigenartige Baustelle. Etwa 150 Häftlinge waren jetzt dort eingesetzt. Schaufeln, Spaten, Schubkarren, Bauholz, Preßlufthämmer und anderes Werkzeug wurde herbeigeschafft. Mit ihrer Hilfe sollten nach Beendigung der Vermessungsarbeiten die Verbrennungsgruben ausgehoben werden. Der Vernichtungsfachmann Moll lief, begleitet von seinen Spießgesellen, rastlos und ungeduldig auf der ausgedehnten Baustelle herum und ordnete an, wo die einzelnen Gruben, das Brennstoffdepot, der Platz, wo die Asche kleingestampft werden sollte und wo die übrigen der massenhaften Vernichtung und Beseitigung von Menschen dienenden Einrichtungen, die er sich ausgedacht hatte, hinkommen sollten.
Nachdem er in einen Grundriß vom hinteren Teil des Hofs des Krematoriums V die Lage der Verbrennungsgruben mit allem Drum und Dran eingezeichnet hatte, wurde mit den eigentlichen Arbeiten begonnen.
Wir waren in fünf Arbeitsgruppen eingeteilt worden. Angetrieben durch ständige Drohungen und Schläge, rammten wir unsere Spaten in die schwere Erde, um in hektischer Eile die Gruben auszuheben. Wieder einmal blieb uns nichts anderes übrig, als uns der Gewalt zu beugen und am Bau von Stätten mitzuwirken, die die schlimmste und grausamste Vernichtungsaktion aller Zeiten ermöglichen sollten.
Nachdem Voß durch Moll abgelöst worden war, wurden unsere Daseinsbedingungen von Tag zu Tag schlechter. Mehr und mehr machten sich Niedergeschlagenheit und Verzweiflung breit. Wir hatten kaum mit den Ausschachtungsarbeiten begonnen, als Moll bemerkte, daß einer seinen Spaten ein paar Zentimeter hinter der straff gespannten Schnur, die den Rand der Grube markierte, eingestochen hatte. Er bekam einen seiner Tobsuchtsanfälle und schrie uns wütend an: »Ihr verfluchten Idioten, seid ihr blind? Wenn noch einer danebensticht, werdet ihr mich kennenlernen! Ich verlange Gewissenhaftigkeit und unbedingten Gehorsam!« Sein Zornausbruch reizte die herumstehenden SS-Schergen. Wie auf ein Kommando

schlugen sie mit ihren Knüppeln auf uns ein und brüllten: »Los, los, dalli, dalli, ihr verdammten Hunde! Wir bringen euch noch bei, wie gearbeitet wird!« Auch die Kapos wurden nervös und schrien herum, schlugen aber keinen.

Die Hektik und Hetzerei dieses ersten Tages auf der Baustelle wollten kein Ende nehmen. Von Stunde zu Stunde wurde das Arbeitstempo mörderischer. Die Erde, die wir ausgestochen hatten, wurde am Grubenrand auf Schubkarren geladen und dann unter den Argusaugen unserer Peiniger im Laufschritt weggeschafft. Moll war überall zu finden. Er schien allgegenwärtig. An keinem Ort und zu keiner Minute konnte man vor ihm sicher sein. Wo er sich gerade aufhielt, herrschte ein Gefühl der Unsicherheit, des Unbehagens und der Angst. Wenn er den Eindruck hatte, daß wir unser Letztes gaben, strahlte er vor Zufriedenheit. Das schmutzige, barbarische Mordgeschäft, das er in Gang gesetzt hatte und dessen Bewerkstellung ihm zum Lebensinhalt geworden war, faszinierte ihn offensichtlich. Für uns aber zog sich der Tag unbarmherzig in die Länge. Unsere Kräfte erlahmten, als sich die Sonne dem Horizont näherte. Die Märsche der Lagerkapelle, die zu uns herüberdrangen und anzeigten, daß die Arbeitskommandos einrückten, waren längst verklungen. Doch Moll ließ weiterarbeiten, bis die Dunkelheit hereingebrochen war.

Dann endlich ertönte der lang ersehnte Pfiff, der das Zeichen gab, daß die Arbeit eingestellt werden konnte. Nachdem wir das Arbeitsgerät gesäubert und an dem vorgesehenen Platz abgelegt hatten, ging es im Laufschritt zum Sammelplatz, wo die Kapos an der Häftlingskolonne entlangliefen und die Fünferreihen abzählten. Als sich auch die SS-Leute davon überzeugt hatten, daß keiner fehlte, konnten wir endlich ins Lager einrücken. Erst dort wurde uns richtig klar, wie sehr sich unsere Daseinsbedingungen geändert hatten, seit Moll aufgetaucht war. Solange Voß Chef der Krematorien gewesen war, hatten wir einigermaßen erträglich gelebt.

Auch Voß war ein Mörder, aber lange nicht der schlimmste in Auschwitz. Damals war er etwa Mitte Dreißig, mittelgroß und

stämmig, mit einer schmalen Adlernase im Gesicht. Eine wichtige Rolle in seinem Leben spielte der Alkohol. Seinen Dienst in den Krematorien versah er nicht mit der Besessenheit und auch nicht mit dem Eifer und dem Fanatismus von Moll. Natürlich war auch er sich über seine Rolle als Vollstrekker der Massenmorde im klaren. Aber bei Exekutionen hörte ich manchmal, wie er vor sich hinbrummte, Befehl sei eben Befehl. In solchen Situationen hatte ich oft den Eindruck, als ob er vielleicht letzte Skrupel überwinden oder sich Mut machen wollte. Die Schulung und Erziehung in der SS hatte ihn eher zu einem kritiklosen gefügigen Werkzeug als zu einem fanatisch gefühlskalten Ausrottungssüchtigen gemacht, dem humane Gefühle fremd geworden waren.
Voß hatte zwei Gesichter und spielte auch verschiedene Rollen. Er konnte Späße machen, ausgelassen sein, herzhaft lachen, manchmal auch unbefangen mit uns Häftlingen über banale Dinge reden und dabei sogar scherzen. Den ihm unterstellten SS-Leuten gegenüber verhielt er sich ziemlich leutselig und nachsichtig, wobei er nie den Vorgesetzten hervorkehrte. Es bereitete ihm aber auch keine großen Skrupel, Männer, Frauen und auch Kinder am laufenden Band vor der Wand zu erschießen. In unseren Augen war er trotz allem der am wenigsten inhumane von allen Henkern, mit denen wir es in den Todesfabriken zu tun hatten.
Neben seinem Hang zum Alkohol hatte Voß eine weitere Schwäche, die wir skrupellos ausnutzten. Gold, Brillanten, Dollars und andere Wertsachen übten nämlich eine große Anziehungskraft auf ihn aus. Da solche Gegenstände nach der Vergasung der Opfer in großer Zahl gefunden wurden, konnten wir Voß viele Wertsachen zustecken. So wurden vor jedem Heimaturlaub, den er antrat, Brillanten unter den Schulterstücken und an anderen diskreten Stellen seiner Uniform von einem aus Paris stammenden Schneider unauffällig eingenäht. Dabei ging Voß natürlich kein Risiko ein. Wenn er unter Augenzwinkern durchblicken ließ, daß er in Urlaub fahren würde, bekam er zur Antwort: »Aber Herr Oberscharführer,

Sie werden doch nicht mit dieser Feldbluse fahren wollen. Lassen Sie sie hier, der Schneider wird sie ausbessern und frisch aufbügeln!«

Das war natürlich Theater. Voß wußte genau, was gespielt wurde, stellte sich aber dumm, und wir taten es auch. Er gab sich den Anschein, als ob es ihm wirklich nur darum ginge, daß alle Knöpfe fest angenäht und die Bluse frisch aufgebügelt werden sollten.

Diese Art von Korruption, die wir auch mit andern SS-Leuten trieben, war eine große Hilfe. Wenn es nicht riskant war, drückten manche unserer Bewacher schon einmal ein Auge zu, so daß vieles geschehen konnte, was sie nicht sahen oder nicht sehen wollten. Auf diese Weise war es uns nicht nur gelungen, die drei Handgranaten unentdeckt aus dem alten Auschwitzer Krematorium nach Birkenau zu schmuggeln, es war uns auch nicht schwergefallen, mit einigen Außenkommandos unter allen möglichen Vorwänden Kontakte aufzunehmen, hauptsächlich mit sowjetischen Kriegsgefangenen, die uns unter großen Risiken Waffen und Munition beschafften. Dazu brauchten wir aber Gold, Dollars und Brillanten.

Nachdem Moll Voß abgelöst hatte, führte er ein strenges Regiment im Sonderkommando. So war es nicht verwunderlich, daß nach seinem Auftauchen viele von Niedergeschlagenheit und Hoffnungslosigkeit erfaßt wurden. Wir bezweifelten, ob es uns künftig noch möglich sein würde, wie bisher konspirativ tätig zu sein und unsere Kontakte zum Lager aufrechtzuerhalten. Hinzu kam die Besorgnis, daß es Moll und seine Schergen mit ihren brutalen und rücksichtslosen Methoden in kurzer Zeit vielleicht schaffen würden, aus uns allen Muselmänner zu machen. Auch diese Sorge war ein Grund, bei der Widerstandsbewegung erneut auf ein baldiges Signal zum Aufstand zu drängen.

Was wir nach Molls Auftauchen erdulden und mitmachen mußten, war schlimm und wurde immer schlimmer. Wir konnten nicht begreifen, warum es die zivilisierte Welt ohne erkennbare Reaktion hinnahm, daß die Todesmühlen von

Auschwitz auf immer höheren Touren liefen, wo doch die militärische Niederlage des Dritten Reiches für jeden vernünftig Denkenden so gut wie besiegelt war. Fast ein Monat war jetzt auch schon seit der Flucht von Alfred Wetzler und Walter Rosenberg vergangen, und kein Zeichen deutete darauf hin, daß sie irgendeines ihrer Ziele erreicht hatten. War es den Nazis und ihrem raffinierten Propagandaminister vielleicht wieder einmal gelungen, die übrige Welt zu täuschen, fragten wir uns? Oder hatte man den Schilderungen von Alfred und Walter keinen Glauben geschenkt, weil die Verbrechen, von denen sie berichteten, so entsetzlich waren, daß man sie für unglaubwürdig hielt? Vielleicht waren die beiden auch für verrückt erklärt und in eine psychiatrische Anstalt gesteckt worden. Hatten sie doch behauptet, Hunderttausende von Menschen seien mit einem chemischen Präparat, das zur Schädlingsbekämpfung diente, ermordet worden, nur weil sie Juden waren.

Als wir am nächsten Morgen zur Arbeit ausrückten, hatte ich alle Illusionen verloren. Unsere Anführer hatten am Abend zuvor mit Verbindungsleuten der Widerstandsbewegung gesprochen. Wir erfuhren, daß der Aufstand in ein paar Wochen stattfinden sollte. Diese Nachricht beruhigte die meisten ein wenig. Wir nahmen uns deshalb vor, jeden Konflikt mit unseren Peinigern zu vermeiden.

Noch bevor mit der Arbeit begonnen wurde, lief Moll nervös und laut palavernd auf der Baustelle herum. Er besichtigte das Gelände und rannte von einer Stelle zur andern, wobei er immer wieder eine große Planskizze, die er auseinandergefaltet hatte, mit kleinen Detailskizzen von den Gruben und den anderen Vernichtungseinrichtungen verglich. Er wurde von seinen Unterführern begleitet, die ihm dienstbeflissen folgten und denen er erläuterte, welche Arbeiten heute verrichtet werden sollten. Sein Schäferhund, den er abgöttisch liebte und hätschelte, lief neben ihm bei Fuß.

Währenddessen standen die Kapos bei ihren Kolonnen und warteten auf Molls Befehle. Die gespannte Stille wurde

schließlich durch einen Pfiff und den abgehackt ausgestoßenen Befehl unterbrochen: »Kapos herkommen!« Die Funktionshäftlinge rannten zu Moll und stellten sich in einer Reihe vor ihm auf. Dann bekamen sie genaue Arbeitsanweisungen.
Als Schlojme, ein kleinwüchsiger Mann, zu dessen Arbeitsgruppe ich gehörte, zurückkam, gab er uns zu verstehen, daß nach Molls Vorstellungen in den nächsten acht Tagen fünf Gruben ausgehoben werden müßten. Moll hatte genau ausgerechnet, wieviel Erde dabei täglich zu bewegen war.
Dann ging es an die Arbeit. Es war noch kalt, die Sonne war noch nicht aufgegangen. Niemand hatte eine Vorstellung, ob und wie Molls Befehl in dieser kurzen Zeit ausgeführt werden könnte.
Unter dem Geschrei der SS-Leute und den Anfeuerungsrufen der Kapos schaufelten wir dann wieder rastlos die schwere Erde über den Rand der nun schon tiefer werdenden Gruben. Oben wurde die Erde in Schubkarren verladen und im Laufschritt weggefahren. Die fünf SS-Kommandoführer liefen währenddessen wichtigtuerisch mit ihren Knüppeln herum, verfolgten mit Argusaugen das Arbeitstempo und trieben uns unter ständigen wüsten Drohungen zur Eile an. Ihre unnachsichtige Strenge und ihr Eifer ließen erkennen, daß auch sie vor Moll großen Bammel hatten und sich als Garanten für die Ausführung seiner Befehle betrachteten.
Je tiefer wir in die Erde eindrangen, um so schwerer wurde die Arbeit. Nach einigen Stunden war ich so erschöpft, daß ich glaubte, meine Kräfte würden mich verlassen. Auch meine Kameraden waren am Ende. Ich fragte mich, wie lange wir bei der ständigen Antreiberei noch durchhalten würden. Als Molls Schergen bemerkten, daß das Arbeitstempo nachließ, schlugen sie uns und schrien uns an: »Los, los, ihr verfluchten Faulenzer, dalli, dalli, schneller!« Ein Glück, daß Moll gerade nicht in der Nähe war. Wir rafften unsere letzten Kräfte zusammen und bemühten uns, im alten Tempo weiterzuarbeiten. Während der kurzen Mittagspause, die man uns gönnte, überlegte ich, ob wir es schaffen könnten, die von Moll befoh-

lene Sklavenarbeit in einer Woche zu vollenden. Mir schien es unmöglich. Die meisten anderen dachten genauso.

Der Gedanke an die teuflischen Foltermethoden, deren sich Moll wie kein anderer zu bedienen pflegte, jagte jedem von uns Furcht und Schrecken ein. Als am späten Nachmittag das Knattern seines Motorrads ertönte und er mit seinem Schäferhund, der im Seitenwagen saß, heranbrauste, hatte fast jeder ein ungutes Gefühl. Aber unsere Befürchtungen erwiesen sich nicht als begründet. Nachdem Moll alle Gruben gründlich besichtigt und mit seinen Unterführern gesprochen hatte, gab er überraschend den Befehl, ins Lager einzurücken. Völlig entkräftet kamen wir im Block 13 an, wo uns vor Müdigkeit bald die Augen zufielen.

Nach ein paar Tagen sahen auch Molls Schergen ein, daß die Arbeiten an den Gruben nicht in der vorgesehenen Zeit beendet werden konnten. Inzwischen hatte es nämlich zu regnen begonnen, so daß wir bis an die Knöchel in den schmierig und glitschig gewordenen Lehmboden einsanken. Auch der Abtransport der durch den Regen noch schwerer gewordenen Erde wurde kräftezehrender und zeitraubender. Deshalb ließ Moll die Arbeit in drei Gruben einstellen und ordnete an, alle Häftlinge beim Bau der anderen Gruben einzusetzen.

Ein paar Tage später hatten wir es geschafft. Die zwei Gruben, die ausgehoben worden waren, hatten eine Länge von 40 bis 50 Metern, waren etwa 8 Meter breit und 2 Meter tief. Die große Vernichtungsstätte war aber noch lange nicht einsatzbereit. Nachdem die grobe Arbeit getan war, ging es an die Ausführung der von Moll ersonnenen Details, die eine Vernichtungsphantasie von schauerlicher Erfindungskraft offenbarten.

Zusammen mit seinem Helfer Eckardt stieg der Mordingenieur in eine der Gruben hinunter und markierte auf dem Grund einen 25 bis 30 cm breiten Streifen, der in Längsrichtung mitten hindurchlief. Hier sollte durch Ausstechen der Erde ein von der Mitte nach beiden Seiten hin leicht abschüssiger Kanal entstehen, damit das Fett der Leichen, wenn sie in der Grube brannten, in zwei Auffangbehälter abfließen konnte, die auf beiden Seiten am Ende des Kanals ausgehoben werden sollten.

Moll jagte nun eine Gruppe von Häftlingen in die Grube, die mit Spaten, Schaufeln, Hämmern, Kellen, Ziegelsteinen, Zement und Wasserwaagen ausgerüstet waren. Sie sollten den Abflußkanal für das Menschenfett herstellen. Es schien unfaßbar: Abflußkanäle für Menschenfett, das man als Brennstoff verwenden wollte, um die Mordspuren möglichst rasch zu tilgen. Empört, aber hilflos und niedergeschlagen sahen wir die Tragödie in ihrem schrecklichen Ausmaß auf uns zukommen.

Von der Außenwelt kam kein Zeichen. Wir waren wie gelähmt und fühlten uns von Tag zu Tag ohnmächtiger gegenüber den SS-Schergen. Jede Arbeitsverweigerung, ja schon eine bloße Andeutung davon hätte den sicheren Tod bedeutet, ohne daß der Gang des Geschehens dadurch auch nur im geringsten beeinflußt worden wäre. Was blieb uns also übrig, als weiterhin auf dem dünnen Seil, auf dem wir uns befanden, über dem Abgrund zu balancieren.

Ende Mai gelang zwei weiteren jüdischen Häftlingen, Czeslaw Mordowicz und Arnošt Rosin, die Flucht. Ich war mit beiden befreundet und hatte Kenntnis von ihrem Fluchtplan. Auch sie waren von mir über alle Einzelheiten der gerade in vollem Gang befindlichen Vernichtung der ungarischen Juden informiert worden. Würde es ihnen vielleicht gelingen, die Welt zu alarmieren?

Sowohl Alfred Wetzler und Walter Rosenberg-Vrba als auch Arnošt Rosin und Czeslaw Mordowicz gelang die Flucht von Auschwitz. Sie lebten alle mit falschen Papieren in der Slowakei und unterrichteten unter anderem auch den päpstlichen Nuntius von den Massenmorden in Auschwitz. Sein Bericht wurde den westlichen Alliierten übermittelt.

Nachdem Moll seine Anweisungen über den Bau der Kanäle erteilt hatte, fuhr er weg. Die Kommandoführer liefen an den Rändern der Gruben entlang und trieben von dort die Häftlinge zur Arbeit an. Ich war vom Ausbau der »technischen

Einrichtungen« in den Gruben verschont geblieben. Zusammen mit einigen anderen mußte ich die Reste des Erdaushubs, der noch am Rande der Gruben herumlag, mit Schubkarren wegschaffen.
Ein paar Stunden später kam Moll zurück. Er ging schnurstracks auf eine der zwei Gruben zu, kletterte behend hinunter und lief zielbewußt zur Mitte. Dort blieb er stehen und blickte erwartungsvoll nach rechts und links entlang dem Kanal. Dann befahl er, ein paar Eimer Wasser herbeizuschaffen. Es dauerte nicht lange, bis man sie an Stricken hinunterließ und vor Moll, der immer noch in der Grube stand, hinstellte. Nachdem er den ersten Eimer ergriffen hatte, bückte er sich, holte weit aus und goß das Wasser mit Schwung in die eine Richtung des Kanals. Er verharrte eine Weile in seiner vornübergebeugten Haltung, wobei er gespannt den Lauf des Wassers verfolgte. Dann stellte er den Eimer neben sich hin. Auch ich blickte von oben neugierig in die Grube. Was ich sah, ließ Schlimmes befürchten. Das Wasser schwappte nämlich, bevor es den Auffangbehälter an der Stirnseite der Grube erreicht hatte, zurück und kam dann langsam zur Ruhe. Währenddessen breitete sich eine fast unerträgliche Spannung aus. Alle Augen waren auf Moll gerichtet. Als er erkannt hatte, daß das Gefälle des Kanals nicht in Ordnung war, ergriff er den Eimer und schlug damit blindwütig auf die Köpfe der Häftlinge ein, die in seiner Nähe standen. Die Kommandoführer sahen sich nun gedrängt, ihrem Vorgesetzten nachzueifern. Sie sprangen in die Grube und schlugen mit ihren Knüppeln auf jeden ein, der ihnen in den Weg kam.
Auch Moll stürzte sich wie ein Berserker auf die Häftlinge in die Grube, die sich inzwischen zusammengekauert hatten, und teilte mit seinen Stiefeln wütende Tritte aus. Dabei schrie er wie von Sinnen: »Ihr blödes Volk, wo kommt ihr denn her, daß ihr so was nicht richtig zustandebringt?«
Inzwischen war es Abend geworden. Die Arbeitskommandos waren schon alle ins Lager eingerückt. Doch uns stand noch eine lange Nacht bevor. Nach Einbruch der Dunkelheit waren

Scheinwerfer herangeschafft worden, um die Gruben zu beleuchten. Moll war in einen blauen Monteuranzug geschlüpft und legte zusammen mit Eckardt selbst Hand an. Mit einer langen Meßlatte, einer Wasserwaage und noch anderem Werkzeug gab er an allen Stellen des Kanals das Gefälle an und überwachte alle Tätigkeiten.

Als die Arbeiten endlich eingestellt wurden, ließ Moll nochmals ein paar Eimer Wasser holen. Ungeduldig ergriff er den ersten und goß das Wasser mit Schwung in den Abflußkanal. Dann verharrte er einige Sekunden regungslos nach vorn gebeugt und verfolgte gespannt, wie es den Kanal entlangplätscherte. Das Ganze wiederholte sich noch ein paarmal, bis der letzte Eimer Wasser in die andere Richtung des Kanals ausgegossen worden war. Nun lief Moll nervös zu einem der beiden Auffangbehälter an der Stirnseite der Grube und stellte mit Genugtuung fest, daß diesmal das Wasser vollständig abgeflossen war und sich in dem Reservoir angesammelt hatte. Dann ging er etwas gelassener zu dem zweiten Auffangbehälter auf der entgegengesetzten Seite und überzeugte sich auch dort von dem Gelingen seines Experiments. Jetzt erst löste sich seine Spannung. Sein Gesicht spiegelte Zufriedenheit wider, und um seine Lippen huschte so etwas wie ein flüchtiges Lächeln. Er war offensichtlich erleichtert und davon überzeugt, daß er einen großen Schritt auf dem Weg zur Lösung der ihm gestellten Aufgabe vorangekommen war.

Moll kamen wohl nochmals Zweifel, ob seine Vernichtungsanlagen so funktionieren würden, wie er sich das vorstellte. Ich hörte, wie er sich an Eckardt wandte und diesen fragte: »Was glauben Sie, Eckardt, wird es mit dem heißen Fett genauso klappen wie mit dem Wasser? Fett ist doch zähflüssig.« »Ich glaube schon, Hauptscharführer!« versuchte ihn sein Unterführer zu beruhigen, ohne allerdings dessen Zweifel restlos zu zerstreuen. Moll blieb noch eine Weile stehen und grübelte vor sich hin, ohne ein Wort zu sagen, wobei er von oben in die Grube hinabblickte.

Wir standen erschöpft herum und warteten, was weiter geschehen würde. Es war schon nach Mitternacht, als Moll schließlich den Befehl zum Einrücken gab. Wir kamen uns wie erlöst vor.

Nach ein paar Stunden Schlaf begann ein neuer Tag. Die letzten Vorbereitungen für die bevorstehende Massenvernichtungsaktion wurden getroffen. Durch die zwei im Hinterhof des Krematoriums V ausgehobenen Verbrennungsgruben war die Kapazität der vier Krematorien von Birkenau erheblich erweitert worden. Um sie in Betrieb nehmen zu können, mußten nur noch ein paar Kleinigkeiten bewerkstelligt werden. Während schwere Lastwagen der SS-Fahrbereitschaft ununterbrochen alles mögliche, demontierte alte Eisenbahnschwellen, Nadelbaumzweige, Abfallholz, Balken, Stofflappen und Lumpen, größere Mengen Methanol und Fässer mit Schmierölrückständen, Stampfer, grob- und feinmaschige Eisensiebe, Zement, Holzlatten, Bretter und Fässer mit Chlorkalk, heranbrachten, wurde der Platz, wo das Brennmaterial noch unter freiem Himmel lagerte, überdacht. Alle Einzelheiten der bevorstehenden Vernichtungsprozedur wurden von Tag zu Tag offenkundiger.

Mitte Mai 1944 kamen dann die ersten Transporte mit ungarischen Juden in Birkenau an. Das Sonderkommando war inzwischen auf 450 Mann verstärkt worden und sollte bald nahezu 900 Häftlinge zählen. Als die Vernichtungsmaschinerie auf Hochtouren lief, setzte es sich aus etwa 450 ungarischen, 200 polnischen, 180 griechischen, drei slowakischen, fünf deutschen und einem holländischen Juden zusammen. Hinzu kamen die 19 sowjetischen Kriegsgefangenen, fünf polnische Schutzhäftlinge und ein reichsdeutscher Kapo.

Auf dem hinteren Hof des Krematoriums V ließ Moll drei weitere Verbrennungsgruben ausheben, so daß er dort jetzt über fünf verfügte. Auch das Bauernhaus westlich der Krematorien IV und V, das 1942 schon als Vernichtungsstätte gedient hatte, war als sogenannter Bunker V wieder in betriebsbereiten Zustand versetzt worden. Neben den vier Räumen des Hauses, die als Gaskammern dienten, waren ebenfalls vier

Verbrennungsgruben ausgehoben worden. Die Auskleideräume, in denen sich die Opfer vor ihrer Vergasung ihrer Kleider entledigen sollten, waren in drei Holzbaracken untergebracht. Auf numerierte Kleiderhaken und die sonst üblichen Tarnungs- und Irreführungsparolen hatte man dort verzichtet. Zu den Öfen der Krematorien waren so in kurzer Zeit neun große Verbrennungsgruben hinzugekommen, so daß es möglich war, in kurzer Zeit eine fast unbegrenzte Anzahl von Leichen zu verbrennen.

Für Moll, den Massenschlächter, begann jetzt eine Zeit weiterer Aktivität. Seiner Vernichtungstechnik war es vorbehalten, einen relativ kleinen Teil der Erdoberfläche in eine Stätte zu verwandeln, auf der man innerhalb kürzester Zeit die Leichen von Tausenden und Abertausenden von Ermordeten beseitigen konnte. Gegenüber dem, was er sich ausgedacht hatte und in die Tat umzusetzen begann, nahm sich Dantes »Hölle« wie ein Kinderspiel aus.

Von Anfang an achtete die Lagerleitung der SS streng darauf, daß die Spuren der verübten Verbrechen vollständig beseitigt wurden. Deshalb wurde die Menschenasche in regelmäßigen Abständen in Fischteiche und in die Weichsel geschüttet.

Damit die aus den Krematorien und aus den Gruben stammende Asche rasch und unauffällig beseitigt werden konnte, ließ Moll neben den Gruben beim Krematorium eine Fläche von etwa 60 Meter Länge und 15 Meter Breite betonieren. Auf ihr wurde später die Asche aus den Gruben mit massiven Stampfern fein pulverisiert.

Während diese Betonierungsarbeiten stattfanden, war die Vernichtung der ungarischen Juden schon in vollem Gange. Sie rollte in einem noch nie dagewesenen Tempo ab. Elf Monate vor Kriegsende pendelten lange Eisenbahnzüge ständig zwischen Ungarn und Birkenau hin und her, wo man doch hätte annehmen müssen, daß jede verfügbare Lokomotive und jeder Eisenbahnwaggon für den Kriegseinsatz benötigt würden. Fast täglich kamen jetzt mehrere Eisenbahnzüge mit durchschnittlich vierzig bis fünfzig Viehwaggons neben der neu errichteten Rampe in Birkenau an. Die Waggons, in die man die Menschen hineingepfercht hatte, waren verriegelt und wurden erst geöffnet, wenn der Zug sein Ziel erreicht hatte. Die Ankömmlinge litten unter quälendem Durst, weil sie während der mehrtägigen Fahrt keinen Tropfen Wasser bekommen hatten. Schon unterwegs waren viele den Strapazen und Entbehrungen erlegen, so daß sie die Endstation der langen Reise nicht mehr lebend erreichten.

Diejenigen, die man bei der Selektion für den Gang in die Gaskammer ausgewählt hatte, schleppten sich in langen Kolonnen auf den staubigen Straßen und Wegen zu den Vernichtungsstätten. Sie machten einen völlig erschöpften, niedergeschlagenen Eindruck, so als ob sie ahnten, daß sie ihren letzten Gang angetreten hatten. Mütter schoben Kinderwagen vor sich her, andere führten größere Kinder, die schon laufen konnten, an der Hand. Jüngere Menschen waren den Alten und Kranken behilflich und stützten sie beim Gehen. Manche waren nur deshalb in diese Prozession der Todeskandidaten geraten, weil sie auf der Rampe SS-Männer angefleht hatten, sie nicht von ihren gebrechlichen, hilfebedürftigen Angehörigen zu trennen; sie konnten ja nicht ahnen, daß diese schon ein paar Stunden später keiner Hilfe mehr bedurften.

Der Weg von der Rampe zu den Vernichtungsstätten führte die Opfer an langen Stacheldrahtzäunen vorbei, die rechts und links an den weißgetünchten, in regelmäßigen Abständen aufgestellten Betonpfosten befestigt waren. Sie konnten sehen, wie sich in dieser Stacheldrahtlandschaft ausgemergelte Gestalten in zebragestreiften Monturen teilnahmslos und uninteressiert bewegten. Diejenigen, die nachts ankamen, blickten in Tausende von grellen Lampen, die, wie auf langen Schnüren aufgezogen, das Gelände in ein fahles, gespenstisches Licht tauchten. Die SS-Posten auf den Wachttürmen mit ihren drohenden Maschinengewehren verstärkten diesen düsteren Eindruck noch.

Der Anblick, der sich den Ankömmlingen sowohl bei Tag wie auch nachts bot, war so trostlos, daß er fast alle in einen Zu-

stand der Apathie versetzte und sie daran hinderte, der ungewohnten und für sie auch ungewöhnlichen Szenerie besondere Aufmerksamkeit zu widmen. Vor allem der Durst, der sie in der Sommerhitze besonders heftig peinigte, brachte viele an den Rand der Verzweiflung. Der Gedanke, wann sie endlich etwas zu trinken bekämen, beherrschte sie so stark, daß sie nicht mehr fähig schienen, noch an etwas anderes zu denken.
In einer solchen körperlichen und seelischen Verfassung waren auch jene rund zweitausend Menschen, die in der Morgendämmerung eines heißen Junitages des Jahres 1944 auf dem vorderen Hof des Krematoriums V eintrafen. Von dort wurden sie durch einen von SS-Männern gebildeten Korridor zu dem nahegelegenen Wäldchen geführt.
Die Menschen standen jetzt etwa hundert Meter vor den Gruben. Dazwischen versperrte ihnen die etwa drei Meter hohe Sichtblende den Blick. Vor ihr standen SS-Posten mit schußbereitem Gewehr, um zu verhindern, daß jemand zu nahe kam und durch die Ritzen auf das Inferno blicken konnte.
Hinter der Sichtblende tobte ein höllisches Feuer. Es schlug wie eine riesige Fackel in den Himmel und ließ eine weithin sichtbare, schwarzgraue Wolke über dem Gelände zurück.
Das Knistern, Prasseln, Zischen und Brutzeln des Feuers lieferte die grausige Begleitmusik zu diesem Inferno. Doch die Phantasie der Menschen war nicht groß genug, um sich vorstellen zu können, daß der Qualm und die Rauchschwaden, die die Sonne verdunkelten, das gewaltige Feuer, das hinter der Sichtblende tobte, und der süßliche Geruch, der die Luft schwängerte, von der Verbrennung Tausender ermordeter Menschen herrührte, die vor ein paar Stunden jenes Schicksal erlitten hatten, das ihnen jetzt bevorstand. Sie konnten nicht ahnen, welche Tragödie sich in der vergangenen Nacht in den Gaskammern abgespielt hatte, bevor im Morgengrauen mit der Beseitigung der Leichen begonnen wurde.
Die Todeskandidaten, die an jenem Morgen in dem Wäldchen herumstanden, mußten noch einige Zeit warten, bis sie an der Reihe waren, vergast zu werden; denn die Opfer der letzten

Nacht waren noch nicht alle aus den Gaskammern herausgeworfen worden.

Hauptscharführer Moll ließ sich dann und wann in dem Wäldchen blicken. Er forderte die Menschen auf, sich noch ein wenig zu gedulden, und versprach ihnen, daß sie bald etwas zu trinken bekämen. Auf diese Weise wollte er die entkräfteten und ungeduldig gewordenen Leute ein wenig beruhigen und neue Erwartungen wecken.

Seit dem Vorabend waren im Abstand von etwa vier Stunden drei Transporte in den Gaskammern des Krematoriums V verschwunden und vergast worden. Nachdem das Schreien, Stöhnen und Röcheln verstummt war, wurden die Gaskammern ein paar Minuten lang entlüftet. Dann jagten die SS-Leute Häftlingskommandos hinein, um die Leichen herauszuschaffen.

Sobald die letzten Toten auf den mit Leichen übersäten Platz hinter dem Krematorium V geworfen worden waren, wurden die nächsten Todeskandidaten in den Auskleideraum geführt, um sich dort ihrer Kleider zu entledigen. Zuvor war von der Fahrbereitschaft die Hinterlassenschaft ihrer Vorgänger abtransportiert worden. Das alles nahm Zeit in Anspruch. Deshalb mußten die später Kommenden oft noch einige Zeit in dem Wäldchen warten. Währenddessen trieben Moll und seine Spießgesellen die erschöpften Leichenschlepper zu fieberhafter Eile an, um die Gaskammern wieder frei zu bekommen und sie oberflächlich reinigen zu lassen.

Zwischendurch zeigte sich Moll nochmals der im Wäldchen wartenden Menge und erklärte den Leuten, daß es nun wirklich nicht mehr lange dauern würde, bis sie etwas zu trinken bekämen. Man merkte ihnen an, daß sie ausschließlich der Gedanke beschäftigte, wann sie endlich ihren quälenden Durst würden löschen können. Viele hatten sich auf den Boden gelegt und beleckten das taubenetzte Gras, um sich so etwas Linderung zu verschaffen. Als es immer noch nichts zu trinken gab, wurden die Menschen unruhig. Das Weinen und Jammern der Kinder, das immer lauter wurde, trug viel dazu bei. Sie schrien nach Wasser und flehten nur um ein paar Tropfen, die ihnen ihre Mütter aber nicht geben konnten. Diese versuchten, ihre Kleinen zu besänftigen und zu beruhigen, indem sie sie auf den Arm nahmen und an sich drückten. Einige Frauen näherten sich vorsichtig und schrittweise so weit den SS-Posten, daß diese ihre Worte verstehen konnten, und riefen ihnen verzweifelt und bettelnd zu: »Wasser, bitte Wasser!« Die Posten brachten ihre Gewehre in Anschlag und veranlaßten die Frauen durch unmißverständliche Gebärden und Drohungen, wieder zurückzuweichen.

Nun tauchte Unterscharführer Eckardt auf und redete in ungarischer Sprache auf die Menschen ein. Auch er versuchte, die vom Durst Gepeinigten weiter zu vertrösten und versprach ihnen bald etwas zu trinken. Natürlich wußte er genau, daß ihr Lebenswille und ihre Hoffnung sich wieder regen würden, wenn man ihnen erlaubte, ihren brennenden Durst zu löschen. Dieses vorprogrammierte Leiden verfolgte ja gerade den Zweck, ihre Wahrnehmungsfähigkeit und ihren Widerstandswillen zu lähmen, damit die gigantische Mordmaschinerie reibungslos auf vollen Touren laufen konnte. Keine Minute durfte nach den Vorstellungen der Henker verlorengehen, sonst würde es nicht gelingen, einige hunderttausend ungarische Juden in ein paar Wochen zu vernichten. Die Reduzierung der Lebensenergien durch tagelangen Durst war im Ablauf der Vernichtungsprozedur fest eingeplant und spielte eine psychologisch wichtige Rolle in Molls Ausrottungsstrategie.

Der Pfiff einer Lokomotive, das Quietschen von Rädern, das Zischen des Dampfes, der den Ventilen entwich, und das laute Kreischen der Bremsen zeigten an, daß wieder ein Transport auf der Rampe angekommen war. Nur wenig später schleppte sich wieder eine müde hin- und herwogende Menge auf der Lagerstraße entlang, es war ein vielstimmiges Durcheinander, Weinen und Kindergeschrei, übertönt von Kommandorufen und Geschimpfe. Die Prozession machte vor dem Bauabschnitt B II f halt, um dort zu warten, bis man ihre Vorgänger, die noch immer in dem Wäldchen warteten, in die Gaskammern des Krematoriums V gepfercht hatte.

Auf dessen hinterem Hof, wo sich die Verbrennungsgruben befanden, türmten sich, ein paar Meter von den Türen der Gaskammern entfernt, zahlreiche amorphe Leichenhaufen. Aus ihnen wurde ein Leichnam nach dem andern von den Leichenschleppern herausgezogen und in einer langen Reihe, die zu der dritten Grube führte, nebeneinandergelegt. Dann tauchten die Zahnextrahierer und die Leichenfriseure auf, um in hektischer Eile den auf dem Rücken liegenden Toten die Goldzähne herauszubrechen, ihre Körperöffnungen nach versteckten Wertsachen abzusuchen und den Frauen die Haare abzuschneiden. Erst wenn das alles geschehen war, durften die Leichen eingeäschert werden.

Bei Morgengrauen war in zwei Gruben, in denen vielleicht 2500 Leichen aufeinandergeschichtet worden waren, das Feuer entfacht worden. Zwei Stunden später konnte man die Toten schon nicht mehr erkennen. In den weißglühenden Flammen lagen unzählige verkohlte, ausgedörrte Rümpfe nebeneinander. Ihre schwarz-phosphoreszierende Farbe ließ erkennen, daß der Einäscherungsprozeß sich schon in einem fortgeschrittenen Stadium befand. Das Feuer mußte jetzt immer wieder von außen in Gang gehalten werden, weil der Scheiterhaufen, der anfangs etwa einen halben Meter über den Rand der Grube herausgeragt hatte, inzwischen unter dieses Niveau zusammengefallen war.

Während in den Öfen der Krematorien mit Hilfe der Ventilatoren eine dauerhafte Glühhitze erhalten werden konnte, wenn die Leichen richtig Feuer gefangen hatten, brannte das Feuer in den Gruben nur so lange, als die Luft zwischen den Leichen zirkulieren konnte. Da der Leichenhaufen immer mehr in sich zusammensackte und von außen keine Luft mehr bekam, mußten wir Heizer die brennende Masse in der Grube ständig mit Öl, Methanol und Menschenfett begießen, das sich in den Auffangbehältern an den beiden Stirnseiten der Grube reichlich angesammelt hatte und dort am Sieden war. Mit langen Rundeisen, die am unteren Ende wie der Griff eines Spazierstocks gebogen waren, wurde das brutzelnde Fett mit Eimern herausgeschöpft, die wir mit dicken Fäustlingen anfaßten. Wenn das Fett an allen möglichen Stellen in die Grube geschüttet wurde, schlugen Stichflammen unter heftigem Zischen und Prasseln in die Höhe. Unaufhörlich entstieg der Grube dichter Rauch und Qualm. Die Luft stank nach Öl, Fett, Benzol und verbranntem Fleisch.

Während der Tagschicht arbeiteten durchschnittlich 140 Häftlinge im Bereich der Krematorien IV und V. Rund 25 Leichenträger waren damit beschäftigt, die drei Gaskammern des Krematoriums V zu räumen und die Toten zu den Gruben zu schleifen. 10 Zahntechniker und Leichenfriseure mußten den Toten die Goldzähne herausbrechen, ihre Körperöffnungen nach versteckten Wertsachen absuchen und den Frauen die Haare abschneiden.

Die Aufgabe von etwa 25 weiteren Leichenträgern bestand darin, die Leichen in den Gruben in drei Schichten auf das Brennmaterial zu stapeln. Rund 15 Heizer mußten das Brennmaterial in die Gruben einlegen, das Feuer entfachen und unterhalten, indem sie ständig zwischen den Rümpfen herumstocherten und sie mit Öl, Methanol und Menschenfett begossen.

Das Aschenkommando zählte ungefähr 35 Mann. Ein Teil von ihnen mußte die Asche aus den Gruben schaufeln und zum Aschendepot transportieren. Die andern waren damit beschäftigt, sie durch Zerstampfen zu pulverisieren.

Eine kleine Gruppe von Häftlingen verlud die im Auskleideraum zurückgelassenen Kleider, Schuhe und sonstigen Habseligkeiten der Opfer auf Lastwagen, holte das Mittagessen aus dem Lager und verrichtete die sonst noch anfallenden Arbeiten.

Die restlichen Häftlinge waren im Krematorium IV eingesetzt, wo der Betrieb wie immer weiterlief.

Diese grundsätzliche Arbeitseinteilung wurde jedoch häufig geändert, vor allem, wenn an irgendeiner Stelle zusätzliche Arbeitskräfte benötigt wurden. So kam es beispielsweise oft vor, daß ein Teil der Heizer kurzfristig ins Krematorium zur Ausräumung des Auskleideraums oder zum Leichenschleppen abkommandiert wurde.

Die Einteilung bei der Nachtschicht sah ähnlich aus. Das Heizerkommando wurde jedoch meistens auf die Hälfte reduziert, weil nachts wegen der Fliegergefahr in den Gruben kein Feuer entfacht werden durfte. Die Heizer mußten dann die bei Eintritt der Morgendämmerung beginnende Einäscherung vorbereiten.

In der dritten Grube, wo man gerade einen neuen Scheiterhaufen auftürmte, wurden alte Eisenbahnschwellen, zersägte Balken, Holzstücke und Sägespäne übereinandergeschichtet und dann mit einer Lage von dürren Tannenzweigen bedeckt. Darauf legten die Leichenträger ungefähr 400 Tote in vier Reihen nebeneinander, mit dem Gesicht nach oben. Die nächste Schicht setzte sich wieder aus Brennmaterial zusammen, das, wie schon zuvor, mit Tannenreisig abgedeckt wurde. Dann kam eine neue Lage mit etwa 400 Leichen, die wieder in vier Reihen nebeneinandergelegt wurden. Nachdem diese »Arbeitsgänge« noch einmal wiederholt worden waren, lagen schließlich rund 1200 Tote in drei Schichten übereinander. Die Heizer hatten währenddessen Lumpen, Lappen und andere Stoffetzen, die mit Öl und Methanol getränkt worden waren und das Feuer in Gang bringen sollten, an vielen Stellen zwischen das Brennmaterial gesteckt.

Bei all diesen Vorbereitungen zur Beseitigung der ermordeten Opfer wurde in höllischem Tempo gearbeitet. Die SS-Leute trieben uns zu hektischer Eile an und überhäuften uns pausenlos mit wüsten Schimpfworten. Am Ende ragte der Scheiterhaufen wie ein riesiger Grabhügel des Verderbens etwa einen halben Meter aus der Grube heraus. Nun liefen Heizer mit langen, brennenden Fackeln zur Grube und steckten sie an zahlreichen Stellen tief hinein. Es waren Eisenstangen mit einem Griff, die am Ende mit ölgetränkten Lappen umwickelt worden waren.

Bald darauf stiegen an vielen Stellen der Grube kleine Rauchsäulen empor. Es dauerte nicht lange, bis das Feuer, das sich rasch ausbreitete, zu knistern und zu prasseln begann. Wenn die Lappen und Fetzen in der Grube Feuer fingen, kam es zu

explosionsartigen Verpuffungen. Beißender Qualm und Rauch breitete sich immer stärker über der Todeslandschaft aus.
Von Zeit zu Zeit tauchte Hauptscharführer Moll in seiner weißen Uniform, die zu der düsteren Umgebung merkwürdig kontrastierte, bei den Gruben auf, um sich zu vergewissern, daß alles klappte. Ein Orden zierte seine Brust. Es war, wie ich erfuhr, das Kriegsverdienstkreuz mit Schwertern. Der »Führer« hatte es ihm wohl für seinen rastlosen und aufopfernden Einsatz im Vernichtungslager Birkenau verliehen. Diese »Ehre« wurde, wie man hörte, nur wenigen zuteil.
Wenn sich Moll bei den Gruben zeigte, schrien Eckardt, Kell und auch der Sturmmann Kurschuß, die meistens betrunken waren, noch lautstärker als sonst herum und trieben uns zu noch größerer Eile an. Offensichtlich wollten sie ihrem »Chef« zeigen, daß ihnen das schreckliche Geschäft, das sie betrieben, genausowenig Skrupel bereitete wie diesem selbst. Die Unterscharführer Gorges und Busch verhielten sich dagegen zurückhaltender und taten auch in Anwesenheit von Moll nie mehr, als unbedingt von ihnen erwartet wurde.
Die SS-Wachtposten, die jenseits des Stacheldrahts, der um das Gelände bei den Gruben gezogen war, auf den Wachttürmen standen, waren durchwegs ältere Männer. Offenbar waren sie erst vor kurzem zu den Wachmannschaften gekommen; denn wir hatten sie früher noch nie gesehen. Man merkte ihnen an, daß sie von der gespenstischen Szenerie, mit der sie konfrontiert waren, ziemlich verstört waren. Manchem schien es schwerzufallen, das schaurige Geschehen in der Menagerie des Todes, die sich vor ihnen ausbreitete, zu verkraften. Was mochte wohl in den Köpfen dieser schon älteren Männer vor sich gehen, so fragte ich mich oft, wenn sie das höllische Geschehen aus ihrer Vogelperspektive gezwungenermaßen beobachteten?
Die explosionsartigen Verpuffungsgeräusche aus der Grube hörten nach einiger Zeit auf. Die Leichen, die obenauf lagen, machten den Eindruck, als wären sie aneinandergekettet. Sie wurden jetzt von zahllosen kleinen, blauroten Feuerzungen

beleckt. Das Feuer wurde immer stärker, und die Flammen schlugen höher und höher aus dem Grabhügel heraus. Man konnte beobachten, wie einzelne Tote sich regten. Unter der immer stärker werdenden Hitze krümmten sie sich, als litten sie unerträgliche Schmerzen. Arme und Beine bewegten sich wie in Zeitlupe, sogar Rümpfe richteten sich zögernd und mühsam ein wenig auf, so daß man hätte glauben können, sie wollten sich noch einmal mit letzter Kraft gegen das ihnen zugedachte Schicksal aufbäumen.
Das Feuer war inzwischen so stark geworden, daß die Leichen auf allen Seiten von Flammen umlodert wurden. Auf ihrer Haut hatten sich Brandblasen gebildet, die nach und nach zerplatzten. Fast alle waren von schwarzen Brandflecken übersät und glänzten, als wären sie eingefettet worden. Bei den meisten war unter der sengenden Hitze die Bauchdecke aufgeplatzt. Heftiges Zischen und Brutzeln waren der Beweis dafür, daß ihr Fleisch richtiggehend geröstet wurde. An beiden Stirnseiten der Grube sammelte sich das erste siedende Fett in den Auffangbehältern. Die Flammen, die lange Zeit purpurrot gebrannt hatten, nahmen jetzt mit Unterstützung des Windes eine weißglühende Farbe an. Die Leichen brannten schließlich so stark, daß sie sich selbst verzehrten und auch noch die Einäscherung der um sie herumliegenden beschleunigten.
Das brutzelnde und tosende Höllenfeuer hielt in dieser Heftigkeit jedoch nur an, solange der Scheiterhaufen, der immer mehr in sich zusammensackte, noch über den Rand der Grube herausragte. Je mehr er zusammenfiel, desto weniger Luft bekam das Feuer, so daß es zu ersticken drohte. Wenn es soweit war, mußten wir Heizer mit Eisengabeln in den brennenden Rümpfen herumstochern, um der Luft Zugang zu verschaffen, und ständig Öl, Methanol und Menschenfett darübergießen, damit das Feuer weiter brannte.
In den beiden anderen Gruben war es inzwischen erloschen. Die Einäscherung der Leichen hatte fünf bis sechs Stunden gedauert. Was übriggeblieben war, füllte noch knapp ein Drittel der Grube aus. Die weißgrau schimmernde Oberfläche war von zahllosen Totenschädeln übersät.

Häftlinge des Aschenkommandos, die wohl die schlimmste Arbeit verrichten mußten, wurden jetzt von den SS-Leuten zu den beiden Gruben getrieben. Zuerst spritzte man von allen Seiten Wasser auf die noch glühend heiße Asche, bis sich ihre Oberfläche etwas abgekühlt hatte. Währenddessen breitete sich unter höllischem Zischen eine heiße Dampfwolke aus und hüllte die Umgebung der Gruben in einen feuchtwarmen, grauen Nebel. Wenn ein Wasserstrahl einen Totenschädel traf, brach er augenblicklich auseinander.
Sobald die Oberfläche des Aschenhaufens etwas abgekühlt war, wurden Holzdielen, die mit Schwarzblech beschlagen waren, in die Grube geworfen. Dann stiegen Häftlinge des Aschenkommandos hinunter und warfen mit Schaufeln die immer noch heiße Asche heraus. Sie waren zwar durch Fäustlinge und Tellermützen notdürftig geschützt, doch fielen ständig, vor allem bei Wind, heiße Aschenpartikel von oben auf sie herab und führten häufig zu schweren Verbrennungen im Gesicht und zu Verletzungen der Augen, manchmal sogar zu Erblindungen. Deshalb bekamen die Häftlinge des Aschenkommandos, die in den Gruben arbeiteten, Schutzbrillen.
Wenn die Asche aus den Gruben geschaufelt und mit Schubkarren im Laufschritt zum Aschendepot gebracht worden war, wurde sie dort auf etwa mannshohe Haufen gestapelt. Unter ihnen lagen noch zahlreiche Glieder und Körperteile, die nicht vollständig verbrannt waren. Deshalb wurden mit Spezialgabeln zuerst angekohlte Glieder, Finger, Hände, Teile von Armen, Beinen und Füßen, aber auch Torsos von Rümpfen aussortiert und in einer kleineren Grube ein zweites Mal verbrannt. Währenddessen wurde die übrige Asche auf der weiträumigen rechteckigen Fläche, die Moll für diesen Zweck hatte betonieren lassen, kleingestampft und pulverisiert. Man hätte glauben können, daß man sich auf einer größeren Baustelle befand, wo gerade das Fundament für ein weiträumiges Gebäude fertiggestellt worden war. Auf dem Betonboden standen zahlreiche Metallsiebe mit groben, weniger groben und feineren Maschen herum. Dahinter türmten sich zahlrei-

che Haufen feinpulverisierter, weißlichgrauer Asche. Die Transportmittel der Fahrbereitschaft reichten damals nicht aus, um die riesigen Aschenberge wegzuschaffen. Deshalb wurde ein großer Teil in ein paar Gruben geworfen, die zu diesem Zweck ausgehoben worden waren, und dort festgestampft. Auf der betonierten Fläche war eine größere Gruppe von Häftlingen damit beschäftigt, die letzten Spuren der in den Gaskammern verübten Massenmorde zu tilgen. Es waren fast ausnahmslos griechische Juden. Ein Teil von ihnen war damit beschäftigt, mit massiven Eisenstampfern in gleichbleibendem Rhythmus die Asche zu zerstoßen. Während dieser sturen, monotonen Arbeit sangen sie pausenlos und unbekümmert mit sonoren, ausdrucksvollen Stimmen, wie sie allen Mittelmeervölkern eigen sind, ein schwermütiges Lied mit einem Refrain, der mit den Worten »Mama, son tanto felice« begann. Dabei schien es, als wollten sie mit ihren Stampfern den Takt zu ihrem Lied schlagen. Andere warfen unermüdlich die Asche mit Schaufeln gegen die Metallsiebe. Was nicht durch die Maschen fiel, wurde nochmals kleingestampft, und zwar so lange, bis die Asche so fein pulverisiert war, daß auch die feinmaschigsten Metallsiebe kein Hindernis mehr bildeten.
Das monotone Gestampfe und der schwermütige Gesang wurden unablässig von dem schrillen Kreischen einer elektrischen Kreissäge übertönt, die unter einem behelfsmäßigen Dach neben dem Depot installiert worden war. Mit ihr wurde das Brennholz für die Gruben kleingesägt.
An die Transportzüge, die damals aus Ungarn kamen und von denen fast jeden Tag mehrere auf der Rampe eintrafen, waren regelmäßig ein oder zwei offene Waggons angehängt, die mit langen, vierkantigen Holzbalken beladen waren. Ihr Anblick war geeignet, bei den Opfern, wenn sie auf der Rampe standen, den Eindruck zu erwecken, daß dieses Holz zum Bau von Unterkünften dienen sollte. Auf den Gedanken, daß es ein paar Stunden später zu ihrer Einäscherung verwendet werden könnte, war wohl keiner gekommen. Diese Balken wurden von Häftlingen des Sonderkommandos an der Rampe auf Lastwa-

gen verladen und dann zu der Kreissäge gebracht. Auch ich war einige Male diesem Kommando zugeteilt worden.
Ein anderes Kommando, zu dem ich damals ebenfalls mehrmals abkommandiert wurde, fuhr zwei- bis dreimal in der Woche mit Lastwagen unter starker Bewachung in die Wälder der Umgebung, um von dort Tannenzweige und Reisig herbeizuschaffen.
Die Menschen, die morgens in dem Wäldchen gestanden und gewartet hatten, waren ein paar Stunden später in die drei Gaskammern des Krematoriums V getrieben und vergast worden. Während die Leichenträger die Toten nach draußen schleiften, wartete in dem Wäldchen nichtsahnend schon eine neue Menschenmenge. Es waren jene Menschen, die im Lauf des Morgens auf der Rampe eingetroffen waren und die man auf der Lagerstraße beim Abschnitt B II f hatte warten lassen, bis ihre Vorgänger in die Gaskammern geführt worden waren. Auch sie mußten sich jetzt gedulden, bis alle Toten aus den Gaskammern nach draußen geschafft und die im Auskleideraum zurückgebliebenen Gegenstände abtransportiert worden waren.
Der erste von mehreren Lastwagen, die diese Sachen nach »Kanada« ins Effektenlager brachten, war auf den vorderen Hof des Krematoriums gefahren. Sein Fahrer bemühte sich, das Fahrzeug rückwärts genau vor die zweiflügelige Tür zu bugsieren, durch die man über einen Gang in den Auskleideraum gelangte. Mit einer Gruppe von vielleicht 15 Häftlingen war auch ich dorthin geschickt worden, um die von den Opfern zurückgelassenen Sachen einzusammeln und auf die Lastwagen zu werfen. SS-Leuten war es strikt untersagt, irgend etwas anzufassen. Offenbar wollte man sie nicht der Versuchung aussetzen, sich an Wertsachen des »Rassefeindes« zu bereichern. Nur die wenigsten freilich konnten dieser Versuchung widerstehen. Von Moll abgesehen waren alle SS-Leute, die im Bereich der Krematorien Dienst taten, auf Gold, Brillanten und Dollars genauso scharf wie der Teufel auf eine arme Seele. Jeder versuchte zu ergattern, was er konnte.

Aber auch unsere fingerfertigen Hände, die hier die Kunst des Stehlens erlernt hatten, weil ihre Beherrschung eine wichtige Voraussetzung für das Überleben war, gingen an diesem Ort emsig und zielbewußt ans Werk. Da wir damals genauso wie auch die Häftlinge im Lager mit ungarischer Salami, Gänseschmalz, Pflaumenmus und Zigaretten reichlich versorgt waren, konnten wir die organisierten Wertsachen vor allem zur Beschaffung von Waffen und Munition verwenden.
Zahllose Kleiderhäufchen und Bündel lagen auf dem Betonboden des Auskleideraums herum, der wie ein Blumenbeet von gelben Davidsternen übersät war. Die numerierten Kleiderhaken an den Wänden waren leer, ein Zeichen dafür, daß man, um Zeit zu gewinnen, auf die üblichen weitschweifigen Ansprachen und Täuschungsmanöver verzichtet hatte. Da sich keiner der SS-Schergen im Raum befand, befaßte ich mich nur damit, Wertsachen ausfindig zu machen. Wie die anderen fing auch ich an, herumliegende Kleidungsstücke fieberhaft zu durchsuchen. Freilich mußte man dabei auf der Hut sein, denn jeder, der von Moll im Besitz von Gold, Brillanten oder Dollars ertappt wurde, war verloren. Der Vollstreckung des zwangsläufigen Todesurteils ging jedesmal eine Ouvertüre voraus, die sich Moll von Fall zu Fall ausdachte und die sich durch immer neue Grausamkeiten und perverse Sadismen auszuzeichnen pflegte.
Daran mußte ich denken, als ich die herumliegenden Kleidungsstücke durchsuchte. Mir war klar, daß es mir, wenn mich Moll im Besitz von Dollars oder Brillanten ertappen würde, genauso oder noch schlimmer ergehen würde wie dem bedauernswerten Mendele, bei dem, als er vor ein paar Tagen überraschend gefilzt wurde, Dollarnoten entdeckt worden waren. Aus seinem mannigfaltigen Repertoir wandte der Folterspezialist Moll eine Prozedur an, von der er überzeugt war, daß sie abschreckend wirken würde. Er trieb Mendele zu einer der Gruben, auf deren Oberfläche Hunderte von eingeäscherten Skeletten herumlagen. Die obere Aschenschicht war noch am Glühen. Am Rand der Grube zog Moll seine Pistole und

wandte sich zynisch an Mendele: »Eigentlich müßte ich dich jetzt erschießen, du Judenhund. Aber so bin ich nicht, du sollst eine Chance haben. Ich laß dich laufen, wenn du barfuß durch die Grube läufst.«

In seiner Verzweiflung schöpfte Mendele wohl noch einmal Hoffnung, sein Leben retten zu können. Er streifte seine Schuhe ab, sprang unerschrocken in die Grube und versuchte, um sein Leben zu laufen und das Unmögliche zu schaffen. Als er mit einem markerschütternden Schrei in der höllischen Glut zusammensackte, gab ihm Moll den Fangschuß.

Moll hatte einen krankhaft scheinenden Hang zu perversen, wollüstigen Quälereien. So gehörte es beispielsweise zu seinen Gewohnheiten, von Zeit zu Zeit im Krematorium aufzutauchen, wenn sich die Todeskandidaten gerade ihrer Kleider entledigten. Er lief dann wie ein Fleischbeschauer durch den Auskleideraum und suchte sich ein paar junge, nackte Frauen aus, die er anschließend auf den hinteren Hof des Krematoriums zu einer der Gruben trieb, wo gerade Leichen verbrannt wurden. Wenn die Frauen dort sahen, was vor sich ging, waren sie so entsetzt, daß sie nicht mehr ein noch aus wußten. Sie standen verstört und wie angewurzelt am Rand der Grube und wandten ihre Blicke von der schaurigen Szenerie zu ihren Füßen ab. Man merkte Moll, der das Verhalten der Frauen aufmerksam beobachtete, an, daß er sich an ihren Ängsten und Schrecken weidete, bis er sie nach einiger Zeit von hinten erschoß, so daß sie vornüber in die brennende Grube fielen.

Einmal wurde ich Zeuge, wie in einer solchen Situation mehrere junge Frauen wie scheue Rehe auseinanderstoben und auf den Stacheldrahtzaun zuliefen, vor dem ein tiefer Graben ausgehoben worden war. Moll hetzte sofort seinen Schäferhund hinterher, der sich mit langen Sätzen auf die Frauen stürzte und eine nach der anderen, wütend hin und her jagend, in die Beine und das Gesäß biß. Inzwischen waren auch Molls Helfer herbeigeeilt und trieben die verstörten, verängstigten Frauen mit Knüppeln zu der Grube zurück, aus der immer noch Feuer herausschlug. Dort fieberte Moll schon der Befriedigung seiner Mordlust entgegen. Er forderte die verzweifelten Frauen auf, sich nebeneinander mit dem Gesicht zur Grube aufzustellen. Der Anblick der brennenden Leichen löste erneut panische Angst und Schrecken bei ihnen aus. Währenddessen lief Molls Schäferhund, der wohl darauf abgerichtet war, mit langen Schritten etwa einen halben Meter hinter den Frauen nervös auf und ab, wobei er seinen Schwanz fast waagerecht nach hinten abgespreizt hatte. Mit glänzenden Augen und hechelnder Zunge wachte er darüber, daß keines der Opfer auch nur die geringste Bewegung machte. Die Frauen, deren Wunden, die von den Hundebissen herrührten, bluteten, standen in ihrer Todesangst starr und steif am Rand der Grube, in der zahllose Leiber brannten. Moll fühlte sich jetzt in seinem Element. Erregt und lüstern rief er den wehrlosen Frauen zu: »Schaut es euch genau an, schaut euch alles gut an! Gleich werdet ihr genauso brennen, wie die da unten.« Dann erschoß er eine nach der anderen mit seinem schallgedämpften Karabiner, so daß sie vornüber in das Inferno der Grube fielen.

Eines Tages hatte Moll bei dem Kapopiepel Leibele zwei goldene Ringe entdeckt. Er jagte den jungen Burschen unwirsch in den Verbrennungsraum des Krematoriums und ließ ihm dort die Hände auf den Rücken fesseln. Dann hängten ihn Molls Helfer an einem Haken auf. Unter irrsinnigen Schmerzen verlor der Junge das Bewußtsein. Jetzt befahl Moll, ihn herunterzunehmen, und ließ ein paar Eimer Wasser über ihn schütten. Als Leibele wieder zu sich gekommen war und sich weiterhin weigerte, anzugeben, woher er die Ringe habe, lief Moll mit der Bemerkung: »Dir werd' ich es zeigen!« wutschnaubend weg. Es dauerte nicht lange, bis er mit einer Blechbüchse in der Hand wiederkam und Leibele mit Benzin übergoß. Dann warf er ein brennendes Streichholz auf ihn. Nachdem sich explosionsartig eine Stichflamme entzündet hatte, rannte der Junge unter gellenden Schreien wie eine lebendige Fackel auf den unter Strom stehenden Stacheldraht zu. Noch bevor er ihn erreicht hatte, machte Moll mit einem gezielten Schuß seinen Qualen ein Ende.

Während Moll ständig neue Teufeleien ersann, steigerten sich seine Foltermethoden zu kaum vorstellbaren Formen von Brutalität und Sadismus. Zu den Opfern seiner raffiniert ausgedachten Quälereien gehörten besonders Intellektuelle, von denen eine größere Zahl ins Sonderkommando geraten war. Moll schien es diesen Menschen anzusehen, daß sie Professoren, Lehrer, Journalisten, Ärzte, Juristen, Ingenieure oder Künstler waren. Wenn er von seinen abartigen Neigungen geplagt wurde, wählte er sich seine Opfer in der Weise aus, daß er auf einige Häftlinge zuging, wobei er einen nach dem andern anherrschte: »Was bist du von Beruf?« Fast ausnahmslos wurde seine Vermutung, einen Akademiker oder Intellektuellen am Wickel zu haben, bestätigt. Man merkte ihm an, daß er auf seinen Spürsinn besonders stolz war.
Eine ungewöhnliche Belustigung bereitete ihm das sogenannte Froschschwimmen, das er ab und zu, wenn er Laune hatte, in einem der beiden Löschteiche beim Krematorium IV oder beim Bunker V veranstaltete. Er jagte dann die von ihm ausgesuchten Opfer ins Wasser und ließ sie unter ständigem Quaken so lange schwimmen, bis ihre Kräfte erlahmt waren und sie vor Erschöpfung ertranken. Bis es soweit war, ergötzte und weidete er sich mit seinen Henkersknechten am Todeskampf der unglücklichen Opfer, denen bei jedem Versuch, sich dem Rand der Grube zu nähern, eine Pistole oder ein Gewehr drohend vor die Nase gehalten wurde.
Ein weiteres Spiel in Molls Folterrepertoire war das sogenannte Ziegelstoßen. Die dazu von ihm ausgesuchten Kandidaten, die er in zwei Gruppen einteilte, bekamen eine große Anzahl von Backsteinen, die immer irgendwo herumlagen. Diese mußten mit beiden Händen so lange gegeneinander geschlagen werden, bis sie zerbarsten und zersplitterten. Dabei zogen sich natürlich alle, die an diesem »Wettkampf« teilnahmen, blutige und schmerzhafte Verletzungen zu. Die Häftlinge derjenigen Gruppe, die unterlag, wurden von Molls Schergen zum Stacheldraht getrieben und, noch bevor sie ihn erreicht hatten, wie Hasen abgeknallt. Eine andere Art, seine

perverse Mordgier zu befriedigen, war die Tötung von Kleinkindern, die er lebendig in das siedende Menschenfett an den Stirnseiten der Gruben warf.
Wenn jedoch der Lagerkommandant oder andere SS-Führer auf dem Gelände der Krematorien erschienen, beherrschte sich Moll und unterdrückte seine abartigen Neigungen. Dann lief die Mordmaschinerie ihren gewohnten, fabrikmäßigen Gang, ohne daß es zu besonderen Exzessen gekommen wäre. Das Organisieren von Wertsachen beim Ausräumen des Auskleideraums war aus vielerlei Gründen lebensnotwendig. Es versetzte aber auch jeden wegen des unabwägbaren Risikos in einen Zustand von Spannung und Streß, bis die Beute endgültig sichergestellt war. Ohne diese Dinge wäre es unmöglich gewesen, einen Aufstand zu planen, die Widerstandsbewegung im Lager zu unterstützen, SS-Leute zu korrumpieren, weitere Waffen und Munition zu besorgen und vieles andere zu bewerkstelligen. Trotz aller Hoffnungen auf das Gelingen des geplanten Aufstands sorgten unsere Anführer aber auch dafür, daß im Fall seines Scheiterns die Nachwelt erfahren würde, welche Verbrechen hier begangen wurden. Einige schreibgewandte Häftlinge zeichneten handschriftlich eine Chronik des Sonderkommandos auf, die in Blechdosen verpackt und dann vergraben wurde in der Hoffnung, daß sie eines Tages vielleicht jemand entdecken würde.
Als ich an jenem Tag in den Auskleideraum geschickt worden war, lag auf zahllosen Haufen die Hinterlassenschaft von mehr als tausend Menschen herum, denen man vorgespiegelt hatte, sie würden in den Osten umgesiedelt. Mit der Fingerfertigkeit von Taschenspielern durchsuchten wir zuerst die inneren Taschen der Kleidung. Hier fanden wir Brieftaschen, Personalausweise, Reisepässe, Schulzeugnisse, Universitätsdiplome, Familienbilder und vieles andere mehr. In den äußeren Taschen steckten Kämme, Bleistifte, Streichhölzer, Zigaretten, Brillen, Medikamente, Präservative, Taschentücher und alle möglichen anderen Dinge. Unsere Aufmerksamkeit konzentrierte sich jedoch auf jene Stellen, wo erfahrungsgemäß Wert-

sachen in der Kleidung eingenäht oder versteckt waren. Vor allem die Kragen und wattierten Schultern der Anzüge waren es, die wir behend, aber sorgfältig abtasteten. Wenn es dabei knisterte oder wenn man auf etwas Hartes stieß, trennten wir mit scharfen, kleinen Messern die Stoffnähte auf. Dann kamen meistens Dollarnoten oder Brillanten zum Vorschein. Wenn die Kleider durchsucht waren, wurden auch noch die danebenliegenden Bündel einer raschen Kontrolle unterzogen. Hier konnte man Zahnbürsten, Zahnpasta, Sweaters, Strümpfe, Kinderspielzeug, Messer, Gabeln, Löffel, Kerzen und vieles andere finden, was Menschen, die vermeintlich zur Umsiedlung in den Osten fuhren, für ihr weiteres Dasein als lebenswichtig erachteten.

All diese Dinge mußten wir nun aus dem Auskleideraum herausschaffen und auf die Lastwagen werfen, mit denen sie in den Lagerabschnitt »Kanada« gebracht wurden. Man konnte genau feststellen, was die hoffnungsvollen Menschen auf ihrem letzten Weg alles mitgenommen hatten: Neben Wintermänteln befanden sich auch wertvolle Pelze unter der Hinterlassenschaft, auch einige Talles, jene rituellen Tücher aus weißer Wolle, die mit schwarzen, unregelmäßigen Streifen durchsetzt waren, lagen auf dem Boden des Auskleideraums herum.

Die damals herrschende große Hitze hatte kaum einen der Deportierten davon abgehalten, für den kommenden Winter vorzusorgen. Die Tatsache, daß alle ihre Winterkleidung mitgebracht hatten, war ein Beweis dafür, daß die ungarischen Juden nicht wußten und wohl auch nicht ahnten, daß auf die meisten von ihnen am Ende ihrer Reise die Gaskammer warten würde.

Die Hinterlassenschaft der ermordeten Menschen war in kurzer Zeit sortiert und auf Lastwagen verladen. Diese brachten die Ladung nach »Kanada«, wo sich schon die größeren Gepäckstücke befanden, die man den Ankömmlingen auf der Rampe abgenommen hatte. Daß Pelze und andere warme Kleidungsstücke für die deutschen Soldaten im Osten dringend benötigt wurden, war uns klar. Was die Nazis aber mit den rituellen Talles und den Gebetsriemen anfangen würden, konnten wir uns nicht vorstellen. Der Auskleideraum war jetzt leergeräumt und stand wieder bereit, 2000 neue Todeskandidaten aufzunehmen, die schon seit Stunden in dem Wäldchen warteten.

Allein in den drei Gaskammern des Krematoriums V waren seit dem Vorabend vielleicht 10 000 Menschen verschwunden. Aber auch auf dem Gelände des Bunkers V mit seinen vier Gaskammern wurden in vier Gruben Leichen verbrannt. Außerdem wurde in den Krematorien II, III und IV mit ihren insgesamt fünf Gaskammern und 38 Öfen mit Hochdruck gearbeitet. Bei dieser enormen »Vernichtungskapazität« wird es vielleicht begreiflich, wie es möglich war, in wenigen Wochen rund 400 000 ungarische Juden zu vernichten.

Um 10 000 Menschen von Ungarn nach Birkenau zu transportieren, wurden rund 100 Eisenbahnwaggons benötigt. Nach ihrer Ermordung genügten einige Lastwagen, um die Asche, die von ihnen übriggeblieben war, zur Weichsel oder zur Sola zu schaffen.

Die Hoffnung auf die immer wieder aufgeschobene Selbstbefreiung bekam jetzt wieder neue Nahrung. Gerüchte, nach denen die Lagerkommandantur für den Fall eines überraschenden Vorstoßes der sowjetischen Truppen Vorkehrungen traf und dabei auch Erwägungen anstellte, wie man im Ernstfall alle Häftlinge rasch liquidieren könnte, mehrten sich und beunruhigten auch diejenigen in der Widerstandsbewegung, die bis jetzt von der Tatsache ihres Überlebens fest überzeugt gewesen waren und daher von einem allgemeinen Aufstand nicht viel hatten wissen wollen. Nun, wo es ein offenes Geheimnis war, daß Hauptscharführer Moll beauftragt worden war, einen Plan für den Ernstfall auszuarbeiten, ergab sich eine neue Lage. Natürlich wußte keiner, was für einen teuflischen Plan Moll tatsächlich ausgeheckt hatte. Erst nach dem Krieg wurde bekannt, daß er ein SS-Artillerie-Regiment auffahren lassen wollte, um das Lager von allen Seiten unter Beschuß zu nehmen. Gleichzeitig sollten Flugzeuggeschwader

das Lager aus der Luft bombardieren und in Schutt und Asche legen.
Unter dem Eindruck der drohenden Gefahr wurde als Zeitpunkt für den Aufstand ein Freitag Mitte Juni 1944 bestimmt. Mit der Widerstandsbewegung war vereinbart worden, daß alles nach dem festgelegten Plan ablaufen sollte.
Die vier Krematorien und der Bunker V befanden sich am Ende der beiden großen Achsen des Lagers Birkenau, und zwar westlich von den Bauabschnitten B I und B III. Sie waren aus strategischer Sicht der wohl günstigste Ausgangspunkt für die Befreiungsaktion, der folgender Plan zugrundelag:
Am späten Nachmittag, noch bevor die Häftlingskommandos zum Abendappell ins Lager einrückten, sollten die SS-Unterführer und die SS-Posten auf dem Gelände der Krematorien IV und V überwältigt und ihrer Waffen und Uniformen beraubt werden. Um alle Spuren zu verwischen, war beschlossen worden, ihre Leichen sofort in einer der Gruben zu verbrennen. Die Überwältigung der Henker auf dem Gelände der Krematorien schien ziemlich unproblematisch; denn wir waren 140 Häftlinge, während uns lediglich 7 SS-Leute gegenüberstanden. Es waren zwar einige unter uns, von denen man eine aktive Teilnahme nicht erwarten konnte, aber wir bildeten doch eine so starke Übermacht, daß der erste Überraschungsschlag eigentlich nicht fehlschlagen konnte.
Auch auf dem Gelände der Krematorien II und III sollte die SS-Mannschaft von den 180 Häftlingen, die üblicherweise dort arbeiteten, auf die gleiche Weise unschädlich gemacht werden. Wenn das geschehen war, galt es abzuwarten, bis die Nachtschicht von den SS-Unterführern herangeführt wurde und die SS-Posten zur Ablösung anrückten. Beim Betreten des Geländes der Krematorien sollten die SS-Begleitmannschaft und die beim Stacheldraht in der Nähe des Krematoriums V aufziehenden SS-Wachmänner wie ihre Vorgänger schlagartig überwältigt, entwaffnet und ihrer Uniformen beraubt werden. Wenn dieser zweite Schlag gelang, würden wir allein bei den

Krematorien IV und V über 20 SS-Uniformen, über ebenso viele Feuerwaffen und sogar über ein paar Maschinengewehre verfügen. Schließlich war eine Reihe von mutigen, kräftigen und intelligenten Leuten ausgewählt worden, die gut deutsch sprachen und vor nichts zurückschreckten. Sie sollten die Rolle der uniformierten SS-Leute spielen und im weiteren Verlauf der Aktion eine Art Schlüsselstellung haben.
Einem Teil von ihnen war die Aufgabe zugeteilt worden, eine Bresche in die äußere Postenkette zu schlagen, um den Weg in die Freiheit zu bahnen. Diese Postenkette wurde von SS-Posten gebildet, die mit Maschinengewehren bewaffnet waren und auf Wachttürmen standen, die in regelmäßigen Abständen errichtet worden waren. Drei der Unsrigen sollten, als SS-Leute getarnt und mit Kleinkalibergewehren bewaffnet, kurz vor dem Abendappell, bevor die große Postenkette eingezogen wurde, ein »Arbeitskommando« von zehn Häftlingen zu einem der Wachttürme führen. Um keinen Verdacht zu erregen, war ausgemacht worden, daß die Häftlinge Werkzeug, Sägen, Vorschlaghämmer, Schaufeln und Holzlatten mit sich tragen sollten, so daß der Eindruck entstehen mußte, sie würden, wenn auch zu einer etwas ungewohnten Stunde, zur Arbeit ausrücken. Das wäre nichts Ungewöhnliches gewesen. Wenn dieses »Arbeitskommando« bei dem ersten Wachtturm angelangt war, sollte einer der vermeintlichen SS-Leute dem Posten zu verstehen geben, daß er den Auftrag habe, einige Sicherheitsvorkehrungen zu treffen, um die Türme standfester zu machen. Dann sollte der Posten aufgefordert werden, einen Augenblick herunterzukommen. Während er die Sprossen herabstieg, wäre es ein leichtes gewesen, ihn ohne großes Aufsehen mit einem schallgedämpften Kleinkalibergewehr zu erledigen. Denn wir mußten alles vermeiden, was bei den benachbarten Posten Argwohn erregen konnte; deshalb durfte auf keinen Fall ein Knall laut werden.
Auf die gleiche Weise sollten noch weitere SS-Posten auf benachbarten Wachttürmen unschädlich gemacht werden, um so einen möglichst breiten Fluchtkorridor zu schaffen. Dieses

Vorhaben sollte von den Außenkommandos, die hinter der großen Postenkette arbeiteten, unterstützt werden. Ihnen war die Aufgabe zugedacht, ihre Aufseher vor dem Einrücken ins Lager zu überwältigen und zu entwaffnen, um dann ebenfalls einige SS-Posten auf den Wachttürmen auszuschalten.
Nach der Überrumpelung der SS-Leute auf dem Gelände der Krematorien sollte die Masse der Häftlinge des Sonderkommandos, von einigen als SS-Leute getarnten Kameraden scheinbar bewacht, geordnet und unauffällig ins Lager einrükken, genauso, wie dies tagtäglich geschah. Dabei hätten alle Blockführer, deren Stuben am Weg lagen, niedergemacht werden können.
Kleinkalibergewehre standen in den Kommandoführerstuben aller Krematorien immer einsatzbereit in einem Spind, so daß es nicht schwierig war, sich ihrer nach Überwältigung der SS-Leute zu bemächtigen. Außerdem sollten auf dem Weg ins Lager in den Blockführerstuben auch alle Telefondrähte zerschnitten werden.
Einer dritten Gruppe war die Aufgabe zugedacht, auf dem Gelände der Krematorien zu bleiben, um diese zu sprengen und dann in Brand zu setzen. Die als unvermeidlich angesehene Schießerei mit der SS sollte das Signal dazu geben.
Auch die anderen Kommandos, die innerhalb der großen Postenkette arbeiteten, hatten Pläne geschmiedet, wie sie in den entscheidenden Augenblicken ihre Bewacher überwältigen und entwaffnen wollten. Wenn ihre Rechnung ebenfalls aufging, würden wir über so viele Uniformen und Feuerwaffen verfügen, daß es gelingen mußte, den Durchbruch durch die große Postenkette zu erzwingen.
Die im Barackenbereich verbliebenen Häftlinge wollten ihre Unterkünfte in Brand setzen und mit isolierten Blechscheren so große Löcher in die Stacheldrahtzäune schneiden, daß man gefahrlos durchkommen konnte.
Jeder, der eine Waffe hatte und in einer SS-Uniform steckte, sollte vor allem die Flucht der übrigen garantieren und den Fluchtkorridor nach allen Seiten gegen Angriffe solange absi-

chern, bis die große Masse die Postenkette passiert hatte. Dann sollten sie sich anschließen, um von den Partisanen in den Wäldern der Umgebung in Sicherheit gebracht zu werden. Damit es bei den wohl unvermeidbaren Kämpfen und Schießereien mit der SS nicht zu Verwechslungen käme, war verabredet worden, daß sich unsere Uniformierten durch einen gelben Streifen auf dem rechten Ärmel kenntlich machten.

Nach der Flucht wollten wir uns den Partisanen anschließen. Wir glaubten, daß man durch Sabotageakte, durch die Sprengung von Eisenbahnschienen oder durch die Behinderung anderer Verkehrswege weitere Deportierungen erschweren, wenn nicht gar unmöglich machen könnte.

Alle Vorbereitungen zur Verwirklichung des Ausbruchunternehmens waren getroffen und jeder einzelne war mit seinen Aufgaben genau vertraut gemacht worden. Alle Waffen, die sich in unseren Händen befanden, waren bereitgestellt. Auch Dynamit war aus der Union-Munitionsfabrik in Auschwitz organisiert worden. Kaum einer von uns gab sich der Illusion hin, daß sich die große Masse würde retten können. Im Gegenteil, die meisten waren sich darüber im klaren, daß wohl nur wenige den bevorstehenden Kampf überleben würden. Aber insgeheim hoffte doch jeder, daß er zu diesen wenigen gehören würde.

Als der entscheidende Tag gekommen war, waren fast alle von gespannter, nervöser Erwartung erfaßt. Von den Verbindungsleuten der Widerstandsbewegung im Lager wurde uns einige Male signalisiert, daß alles in Ordnung sei. Erregt fieberten wir den Nachmittagsstunden entgegen. Ich dachte an das heillose und hilflose Durcheinander, das im Auskleideraum des Krematoriums II geherrscht hatte, als die zierliche und schmächtige Tänzerin dem SS-Unterführer Quackernack die Pistole entrissen und Rapportführer Schillinger damit erschossen hatte. Wenn schon eine einzige Pistole in den Händen einer schwachen Frau zu einer Panik unter den SS-Schergen geführt hatte, wie würden sie erst reagieren, so fragte ich mich, wenn ihnen plötzlich und unerwartet eine Schar bewaffneter Häftlinge entgegentrat, die entschlossen waren, um jeden Preis ihre Freiheit zu erkämpfen. Auf eine solche Attacke waren sie ja nicht vorbereitet und dachten wohl auch nicht im entferntesten daran.

In der spannungsgeladenen Atmosphäre hatte zunächst keiner bemerkt, daß drei Häftlinge, die eine Schubkarre mit sich führten, unter dem Vorwand, es werde dringend Baumaterial benötigt, aus dem Krematorium II zu uns herübergekommen waren. Einer von ihnen teilte unseren Anführern mit, daß der Aufstand wegen unvorhergesehener Umstände, die das Gelingen fraglich machten, plötzlich hätte aufgeschoben werden müssen.

Die Nachricht traf uns wie ein Schock. Wir wollten es zunächst nicht glauben, daß uns im letzten Augenblick wieder ein Strich durch die Rechnung gemacht werden sollte. Auch die Beteuerungen, daß es sich nur um einen Aufschub von wenigen Tagen handle, konnte uns nicht beruhigen. Alle möglichen Gerüchte schwirrten herum. Einmal hieß es, in dem uns benachbarten »Kanada«-Kommando habe es Schwierigkeiten gegeben, ein anderes Gerücht besagte, daß die Gestapo in Kattowitz eine umfangreiche Razzia gegen die Partisanen durchgeführt hätte. Die wirklichen Gründe, warum der Aufstand in letzter Minute abgeblasen wurde, erfuhren wir nie. Vielleicht lag das an den strengen konspirativen Regeln der Untergrundbewegung.

Nachdem sich die Aufregung allmählich wieder gelegt hatte, ging der schreckliche Alltag im Sonderkommando weiter, bis sich eines Tages Ende Juni 1944 unsere Lage noch mehr zuspitzte.

Der gerissene und durchtriebene Moll war auf die Idee gekommen, die Unterkünfte für das ganze Sonderkommando in die Räumlichkeiten der Vernichtungsstätten zu verlegen, um auf diese Weise alle Kontakte mit dem übrigen Lager zu unterbinden. Damit waren wir völlig isoliert. Ein Teil von uns richtete sich auf den Dachböden der Krematorien II und III häuslich ein, während die große Masse, der auch ich angehörte, im

Auskleideraum des Krematoriums IV untergebracht wurde. Zunächst herrschte große Ratlosigkeit; denn es war klar, daß der Ausbruchsplan nun nicht mehr so wie vorgesehen, verwirklicht werden konnte, weil wir bei Schichtwechsel jetzt nicht mehr aus- und einzurücken brauchten. Deshalb galt es, neue Pläne zu schmieden. Ich wagte nicht, daran zu denken, was geschehen würde, wenn Moll jetzt eine Selektion in unseren Reihen durchführte. Für diesen Fall rechnete ich mir keine Chance mehr aus. Denn wer Moll kannte, dem war klar, daß keiner mit einer älteren Häftlingsnummer bei einer von ihm geleiteten Selektion ungeschoren davonkommen würde. Dafür hatten wir zu viel gesehen und gehört.

An unseren Anführern wurde wieder scharfe Kritik geübt. Die Angriffe der radikalen Elemente fanden diesmal auch die Unterstützung der sowjetischen Kriegsgefangenen. Auch deren Lage war nämlich inzwischen genauso bedrohlich geworden. Einer von ihnen hatte, als er im Krematorium II von einem Kommandoführer mißhandelt wurde, sich auf ihn gestürzt und ihn niedergeschlagen. Nachdem Kumpane ihm zu Hilfe geeilt waren, gab der Kommandoführer den Sowjets zu verstehen, er werde dafür sorgen, daß sie alle überstellt würden. Was das bedeutete, war jedem klar. Daß es dann doch nicht dazu kam, war dem Unterscharführer Steinberg zu verdanken.

Im Sonderkommando arbeitete damals ein Berliner Jude namens Zander. Dieser war, wie gemunkelt wurde, mit Steinberg irgendwie verwandt oder verschwägert. Steinberg hatte ihm zu verstehen gegeben, daß ihm nichts passieren würde, solange er in Birkenau Dienst tat. Das war allgemein bekannt. Deshalb wandte sich Kaminski an Zander und bat ihn, wegen der angedrohten Überstellung der Russen bei Steinberg zu intervenieren. Dabei ging es Kaminski vor allem darum, die sowjetischen Kameraden zu beruhigen und im Sonderkommando wieder Einmütigkeit herzustellen.

Zander gelang es, seinen Schwager Steinberg – oder was sonst er war – davon zu überzeugen, daß es sich bei den Tätlichkeiten des sowjetischen Kriegsgefangenen gegen den Kommandoführer nicht um eine Widersetzlichkeit, sondern um die Entgleisung eines Betrunkenen gehandelt habe. Steinberg seinerseits brachte tatsächlich den Kommandoführer soweit, daß er keine Meldung machte und die Angelegenheit auf sich beruhen ließ.

Allmählich kehrte wieder Ruhe im Sonderkommando ein. Die Kontakte zur Widerstandsbewegung konnten aufrechterhalten werden. Dreimal am Tag gingen die Essenholer ins Lager, wobei sie häufig Gelegenheit hatten, sich mit Leuten der Widerstandsbewegung zu treffen. Weitere Kontaktmöglichkeiten ergaben sich über den Krankenbau. Kurze Zeit nach unserer Isolierung auf dem Gelände der Krematorien wurde es notwendig, für alle, die stationär behandelt werden mußten, eine kleine Station im Häftlingskrankenbau im Lagerabschnitt B II f einzurichten, die von Dr. Pach geleitet wurde. Diese Station war eingerichtet worden, als Häftlinge des Aschenkommandos immer wieder schwere Brandwunden erlitten, die nicht ambulant behandelt werden konnten. Zwar schien es uns absurd und widersinnig, daß Moll die Verletzten noch behandeln und pflegen ließ, aber die Gesetze der Logik galten hier nun einmal nicht.

Auch die Anwesenheit von Handwerkerkommandos auf dem Gelände der Vernichtungsstätten erleichterten unsere Isolierung. Einige Handwerker waren immer bereit, Nachrichten an die Widerstandsbewegung und auch von dort Botschaften an uns zu übermitteln.

Nachdem für Dr. Pach eine kleine Station im Häftlingskrankenbau eingerichtet worden war, übernahm Dr. Bendel die ambulante ärztliche Behandlung im Sonderkommando. Auch er trug viel dazu bei, die Verbindung zum Lager aufrechtzuerhalten, indem er hin und wieder fiktive Diagnosen stellte, um auf diese Weise diesen oder jenen von uns in den Krankenbau einzuweisen.

Dort waren damals einige kriegsgefangene sowjetische Offiziere untergebracht, unter ihnen – wie wir erfuhren – auch ein

General. Einige unserer Leute freundeten sich mit diesen Offizieren an und erörterten mit ihnen den Plan unserer Befreiung, bei dem ja die veränderten Verhältnisse, die durch unsere Isolierung vom Lager eingetreten waren, berücksichtigt werden mußten. Es stellte sich schon bald heraus, daß man die ursprüngliche Konzeption in den Grundzügen beibehalten konnte. Nach Lage der Dinge kam es jetzt entscheidend darauf an, wie die SS-Leute auf dem Gelände der Krematorien überwältigt werden konnten, bevor ihre Ablösung für die Nachtschicht anrückte. Wenn die Nachtschicht eintraf, mußten unsere Leute, die dazu ausersehen waren, bewaffnet sein und in SS-Uniformen stecken, um gemeinsam mit noch anderen die ankommenden Henker schlagartig niederzumachen, zu entwaffnen und ihrer Uniformen zu berauben. Danach würde sich eine größere Anzahl von uns, als Arbeitskommando formiert und von bewaffneten Kameraden in SS-Uniformen begleitet, unauffällig auf den Weg ins Lager machen. Der weitere Ablauf der Selbstbefreiungsaktion konnte der gleiche bleiben. Auf dem Weg ins Lager waren die Blockführer in ihren Stuben zu überwältigen, alle Telefonleitungen zu kappen und der Ausbruch dann, wie geplant, in die Tat umzusetzen.
Inzwischen trafen immer noch Eisenbahnzüge mit Juden aus Ungarn auf der Rampe in Birkenau ein. In dem heißen Sommer des Jahres 1944 kamen aber auch zahlreiche Transporte aus den Arbeitslagern Radom und Pustkow, aber auch aus Griechenland an, die das gleiche Martyrium erdulden mußten. Ihr Schicksal teilten auch einige tausend Juden hauptsächlich tschechischer Nationalität, die abgesehen von einigen wenigen, die bei der ersten Liquidierung des Familienlagers übriggeblieben waren, ebenfalls unmittelbar vor ihrer Vergasung in Birkenau eingetroffen waren.
Es waren aber nicht nur Juden, die auf dem Ausrottungsprogramm des Dritten Reiches standen. Im Frühjahr 1943 hatte man damit begonnen, Zigeuner aus Deutschland, Polen, Böhmen und Mähren, Rumänien, Ungarn und aus Frankreich nach Auschwitz zu deportieren. Sie wurden im Lagerab-

schnitt B II e, dem sogenannten Zigeunerlager, untergebracht. Dort lebten sie, Männer, Frauen und Kinder, in Holzbaracken unter Bedingungen, die sich von den sonst im Lager üblichen in vielerlei Hinsicht unterschieden. Sie durften Zivilkleider tragen, die Haare wurden ihnen nicht abgeschnitten, auch von Schikanen, Strafappellen, Schlägen und ähnlichem blieben sie verschont. Sie wurden, von Ausnahmen abgesehen, auch nicht zu Arbeiten außerhalb ihres Lagerabschnitts herangezogen. Die damit zwangsläufig verbundene Isolierung führte allerdings dazu, daß sie mehr als die meisten anderen Häftlinge unter einem ständigen Mangel an Lebensmitteln und unter katastrophalen hygienischen Verhältnissen zu leiden hatten. Da sie aus ihrem Lagerbereich nicht herauskamen, war es ihnen nur selten möglich, etwas zu organisieren. Das Zusammenleben einer so großen Menge von Menschen, deren Zahl durch Geburten ständig zunahm, auf einem so engen Raum, das Fehlen von Medikamenten, die Ernährungsschwierigkeiten und der Mangel an Hygiene führten zu häufigen Erkrankungen mit oft tödlichem Ausgang, vor allem bei Neugeborenen, obwohl sich einige tschechische und polnische Ärzte unermüdlich und aufopferungsvoll um die Kranken kümmerten, soweit es in ihren Kräften stand. Von uns erhielten sie öfters Medikamente, die aus der Hinterlassenschaft vergaster Opfer stammten, aber auch nicht mehr als ein Tropfen auf den heißen Stein bedeuteten.

Die vielfältigen Mangelerscheinungen im Zigeunerlager zeitigten schlimme Folgen. Es fiel uns auf, daß immer mehr tote Zigeuner in die Krematorien gebracht wurden, vor allem die Leichen kleiner Kinder und älterer Menschen. Sie bestanden meist nur noch aus Haut und Knochen, waren ohne Muskeln und ohne Fett, und die Gelenke waren von einer dünnen, pergamentartigen Haut überzogen. Die völlig ausgemergelten Leichen waren fast alle mit Krätze befallen. Von den verstorbenen Kindern hatten viele auffallend zerfressene Wangen. Wir vermuteten, daß hungrige Ratten ihnen Löcher in die Wangen gefressen hatten, bis wir von Ärzten erfuhren, daß es

sich um eine typische Erkrankung namens »Noma« handelte, von der besonders häufig schlecht ernährte und geschwächte Kinder nach Infektionskrankheiten befallen werden.
Anfang August 1944 fingen die Nazis an, auch die Zigeuner als »Artfremde« auszurotten. Vor ihrer Vergasung war zunächst eine größere Anzahl von ihnen in andere Lager überstellt worden; zurück blieben vielleicht knapp 3000 Menschen. Eines Tages, nach Einbruch der Dunkelheit, rollten in den späten Abendstunden Lastwagen auf den Hof des Krematoriums V. Zigeuner, die im Lagerbereich B II e verblieben waren und diese Nacht vergast werden sollten, waren auf die Ladeflächen gepfercht worden. Auf den Trittbrettern standen SS-Leute, die den Todeskonvoi begleiteten. Nachdem die Fahrzeuge angehalten hatten, sprangen sie herunter und öffneten hinten die Ladeklappen. Die Menschen – es waren vielleicht dreihundert – sprangen nun herunter und wurden durch einen von bewaffneten SS-Posten gebildeten Korridor in den Auskleideraum getrieben. Währenddessen fuhren die Lastautos wieder zurück, um neue Menschenfracht heranzutransportieren. Nach etwa zwanzig Minuten rollte ein neuer Konvoi mit Todeskandidaten heran. Wieder wurden die Menschen in den Auskleideraum dirigiert, während die Lastwagen erneut wegfuhren. Das wiederholte sich noch zwei- oder dreimal, bis sich gegen Mitternacht mehr als 1000 Menschen im Auskleideraum des Krematoriums V befanden. Die übrigen hatte man ins Krematorium II gebracht. Als der erste Schub sich im Auskleideraum befand, kamen mehrere SS-Unterführer und forderten die Menschen auf, ganz nach hinten zu gehen und sich dort auszuziehen. Gleichzeitig rückten SS-Leute nach hinten und bildeten dort vor der Menge eine Art Absperrungskette. Nach einiger Zeit tauchten auch Angehörige der SS-Prominenz auf. Unter ihnen befanden sich der Kommandant des Lagers Auschwitz II, Kramer, Lagerführer Schwarzhuber, einige SS-Ärzte und noch andere SS-Führer. Auch Moll, der die Vernichtungsaktion leitete, lief mit seinen Untergebenen geschäftig herum und gab Anweisungen und Befehle.

Im Auskleideraum herrschte eine eigenartige Atmosphäre. Die Zigeuner, die vergast werden sollten, kannten viele der herumstehenden SS-Leute schon seit längerem und versuchten deshalb, wie sie es gewohnt waren, mit ihnen in ein Gespräch zu kommen. Ihr Verhältnis zur SS war im Laufe der Zeit fast so etwas wie vertraulich geworden. Das lag wohl daran, daß sie fast alle deutsch sprachen, vielleicht auch daran, daß es für die SS-Leute keinen plausiblen Grund gab, Zigeuner zu hassen. Im Gegensatz zu den Juden, Bolschewiken, Slawen und anderen »Untermenschen« war gegen die Zigeuner in der offiziellen Propaganda der Nazis niemals viel Kompromittierendes verlautbart worden. Viele hatten, bevor sie hierhergekommen waren, als deutsche Soldaten an der Front gekämpft und waren auch mit Orden ausgezeichnet worden.
Vielleicht hatte auch die dem Wesen der Zigeuner eigene optimistische Lebensauffassung, die sie selbst im Lager nicht davon abhielt, ihren Gewohnheiten nachzugehen, auch leidenschaftlich und temperamentvoll zu musizieren, dazu beigetragen, daß sich die SS-Leute ihnen gegenüber wohlmeinender verhielten. Doch jetzt im Auskleideraum gaben sie sich kühl und abweisend. Wenn sie angesprochen wurden, stellten sie sich taub und reagierten nicht auf Fragen und Gesten. Dadurch wurden die Menschen ihrer letzten Illusionen beraubt. Sie ahnten, was man mit ihnen vorhatte, und bäumten sich deshalb nochmals verzweifelt gegen das Schicksal auf, das man ihnen zugedacht hatte.
Der Auskleideraum war gegen Mitternacht voll von Menschen. Die Unruhe wuchs von Minute zu Minute. Man hätte glauben können, daß man sich in einem riesigen Bienenstock befand. Von allen Seiten waren verzweifeltes Schreien, Jammern und vorwurfsvolle Anklagen zu hören. Sprechchöre wurden laut: »Wir sind doch Reichsdeutsche! Wir haben nichts verbrochen!« Woanders riefen die Menschen: »Wir wollen leben! Warum wollt ihr uns umbringen?«
Noch etwas Ungewöhnliches, was ich noch niemals zuvor in diesem Wartesaal des Todes gesehen hatte, konnte ich heute

beobachten. Ich wurde Zeuge, wie zahlreiche Männer ihre Frauen fest umklammert hielten und, krampfhaft an sie gepreßt, wie untrennbar verschmolzen, leidenschaftlich, aber verzweifelt, sich ein letztes Mal geschlechtlich vereinigten. Es schien, als ob sie auf diese Weise von dem Liebsten, das sie auf Erden hatten, aber zugleich auch von ihrem eigenen Leben Abschied nehmen wollten.

Den meisten SS-Leuten konnte man ansehen; daß sie heute ein schlechtes Gewissen hatten. Während sie bei der Vergasung oder Erschießung von Juden, deren Tötung für sie alle schon zur täglichen Routine geworden war, so gut wie keine Skrupel zeigten, ging die heutige Mordaktion den meisten an die Nieren. Die befohlene Vergasung dieser Menschen war ihnen offensichtlich unangenehm und peinlich. Nur schwer konnten manche so etwas wie Schamgefühl verbergen, das sie vielleicht empfanden, weil sie heute an der Vernichtung von Menschen mitwirkten, mit denen sie bisher ganz gut ausgekommen waren und gegen die sie nichts gehabt hatten.

Aber für Sentimentalitäten war an diesem düsteren Ort kein Platz. Die Vernichtungsaktion nahm den gewohnten Verlauf. Moll und seine Helfershelfer entsicherten ihre Pistolen und Gewehre und forderten die Menschen, die sich inzwischen ausgezogen hatten, energisch und unmißverständlich auf, den Auskleideraum endlich zu verlassen und in jene drei Räume zu gehen, in denen sie vergast werden sollten.

Während sie ihren letzten Gang antraten, weinten viele vor Verzweiflung, andere bekreuzigten sich und flehten Gott an, wieder andere, die sich immer noch nicht mit ihrem unabwendbar gewordenen Schicksal abfinden wollten, wandten sich, lebhaft gestikulierend, an die SS-Leute und riefen ihnen immer wieder zu: »Wir sind doch Reichsdeutsche! Mit uns könnt ihr das doch nicht machen!«

Auch aus den Gaskammern konnte man noch eine Zeitlang verzweifelte Rufe und Schreie hören, bis das tödliche Gas seine Wirkung getan und auch die letzte Stimme zum Ersticken gebracht hatte.

Noch bevor die Gaskammern geöffnet wurden, ordnete Moll an, daß sich alle Häftlinge des Sonderkommandos unverzüglich in die beiden Räume zwischen dem Auskleideraum und den Gaskammern zu begeben hätten. Dort wurden wir mit dem Hinweis eingeschlossen, es sei Fliegeralarm gegeben worden. Das war Unsinn, denn durch die vergitterten Fenster konnten wir erkennen, daß die Beleuchtung im Lager nicht ausgeschaltet worden war. Man hatte uns offensichtlich unter einem Vorwand hier eingeschlossen. Dieses Bewußtsein löste bei fast allen ein ungutes Gefühl aus. Vielleicht hatte jetzt auch unsere letzte Stunde geschlagen? Die Angst und die Beklemmung wurden noch größer, als wir von draußen zweimal kurz hintereinander das Pitschen eines schallgedämpften Kleinkalibergewehrs hörten. Das konnte nichts Gutes bedeuten.
Überraschenderweise ließen uns die SS-Leute nach ein paar Minuten wieder aus unserem Gefängnis heraus und jagten uns zurück in den Auskleideraum. Dort mußten wir uns in Reihen formieren. Dann kam Moll und erklärte, Kapo Kaminski sei erschossen worden. Er, Moll, sei dahintergekommen, daß er einen Anschlag auf Oberscharführer Muhsfeld geplant habe. In letzter Minute sei es gelungen, ihm zuvorzukommen.
»Genauso wie ihm wird es jedem ergehen«, betonte Moll drohend, »der auf den Gedanken kommen sollte, ein krummes Ding zu drehen!« Mit den Worten: »Los! Weitermachen! Klamotten einsammeln! Gaskammern ausräumen!« jagte er uns weg. Ich lief in den Auskleideraum, um mitzuhelfen, die herrenlos gewordene Hinterlassenschaft der Zigeuner auf die Lastautos zu verladen, die auf dem Hof bereitstanden.
Die Erschießung Kaminskis bedrückte uns sehr. Kopflos und wie betäubt liefen wir zwischen dem Auskleideraum und den Lastwagen hin und her. Keiner konnte es so richtig begreifen, daß wir wieder einen unserer Anführer verloren hatten.
Bis zum Eintritt der Morgendämmerung waren die meisten der vergasten Zigeuner auf den hinteren Hof hinausgeschleift worden. Jetzt wurde damit begonnen, die Leichen in zwei nebeneinanderliegende Gruben zu schaffen, um dort ihre Ein-

äscherung vorzubereiten. Dabei stießen wir auch auf den toten Kaminski, dessen Leichnam offenbar von SS-Leuten hierhergebracht und mit Tannenzweigen zugedeckt worden war. Er hatte zwei Einschüsse, einen hinten im Genick, einen weiteren vorn im linken Auge, das völlig zerschmettert war.
Wer Kaminski bei der SS denunziert hatte, erfuhren wir nie. Es wurde zwar gemunkelt, Mietek Morawa hätte ihn verraten. Kaminski hatte nämlich ein paar Tage vor seiner Erschießung im Auftrag der Widerstandsgruppe mit ihm gesprochen, um vorsichtig zu sondieren, wie sich die fünf polnischen Häftlinge des Sonderkommandos im Falle eines Aufstandes verhalten würden.
Nachdem sich die erste Aufregung über Kaminskis Tod etwas gelegt hatte, begannen wir, uns wieder Gedanken über die Zukunft zu machen. Unsere Befürchtung, die SS könnte im Zusammenhang mit Kaminskis Erschießung etwas von unseren Ausbruchsplänen erfahren haben, erwies sich als unbegründet; denn sonst hätte Moll nicht nur von einem geplanten Anschlag auf Oberscharführer Muhsfeld gesprochen. Es wäre auch unverständlich gewesen, warum nur Kaminski und kein anderer der führenden Leute der Widerstandsgruppe erschossen wurde. Nach allem konnte Moll von unseren Ausbruchsplänen noch keinen Wind bekommen haben.
Als der Sommer 1944 sich seinem Ende zuneigte, kamen immer weniger Eisenbahntransporte auf der Rampe von Birkenau an. Zu dieser Zeit wurde Hauptscharführer Moll überraschend versetzt. Man sprach davon, daß er als Lagerführer in das Nebenlager Gleiwitz I abkommandiert worden sei.
Als er ein paar Tage weg war, ging im Sonderkommando wieder eine Selektion über die Bühne. An einem Nachmittag Ende September 1944 ließ man alle Häftlinge, die im Krematorium IV einquartiert waren, auf dem Hof antreten. Dort standen Scharführer Busch, Unterscharführer Gorges und einige SS-Leute von der politischen Abteilung, unter ihnen auch Oberscharführer Houstek. Busch ergriff als erster das Wort und gab bekannt, daß er für ein Kommando in einem

anderen Lager 200 Mann brauche; die Unterkünfte und die Verpflegung dort seien gut, wesentlich besser als hier. Dann forderte er diejenigen zum Vortreten auf, die bereit seien, sich überstellen zu lassen.

Auf dem Hof herrschte Grabesstille. Nicht ein einziger Häftling rührte sich, auch keiner von jenen, die erst vor kurzem ins Sonderkommando gekommen waren. Auch sie wußten genau, was das alles bedeutete. War Busch so naiv, dachte ich, daß er glaubte, auch nur einer von uns sei bereit, sich freiwillig für die eigene Abschlachtung zu melden?

Es vergingen einige Minuten, ohne daß etwas geschehen wäre. Die SS-Leute beratschlagten jetzt, was sie tun sollten. Dann traten Busch und Gorges vor und fingen an, einen Häftling nach dem andern aus unseren Reihen auszusondern und auf die gegenüberliegende Seite zu schicken. Dabei notierten sie die Nummern der selektierten Häftlinge. Alle, die eine niedrige Nummer hatten, blieben von der Selektion verschont. Nachdem die 200 Todeskandidaten ausgewählt waren, kam plötzlich Moll auf seinem Motorrad herangebraust. Offenbar hatte man ihn im Zusammenhang mit der Selektion rufen lassen. Sein Auftauchen hatte für uns die gleiche Bedeutung wie das Erscheinen des Scharfrichters auf der Hinrichtungsstätte. Ein wenig später trafen auch mehrere bewaffnete SS-Posten ein und führten die Selektierten weg.

Unsere düsteren Ahnungen wurden in der folgenden Nacht zur Gewißheit. Zum ersten Mal in der Geschichte von Auschwitz übernahmen SS-Leute im Krematorium II die Arbeit der Häftlinge des Sonderkommandos und äscherten die Leichen der am Nachmittag Selektierten ein. Von unseren Kameraden, die auf dem Dachboden des Krematoriums II hausten, erfuhren wir, was sich in jener Nacht unter ihren Augen abgespielt hatte. Zuerst waren einige SS-Leute erschienen und hatten ihnen untersagt, die nach unten führende Treppe zu betreten. Angeblich sollte eine größere Anzahl von Zivilisten, die bei einem Fliegerangriff ums Leben gekommen waren, eingeäschert werden.

Das beabsichtigte Täuschungsmanöver gelang jedoch nicht. Als nämlich am nächsten Morgen die Heizer herunterkamen, um die Öfen wieder betriebsbereit zu machen, stellten sie fest, daß es den SS-Leuten, die in der vergangenen Nacht die Öfen bedient hatten, nicht gelungen war, alle Spuren unserer am Vortag selektierten Kameraden restlos zu beseitigen. So entdeckten sie in einigen Öfen Rückstände von Leichen, die nicht vollständig verbrannt waren und noch identifiziert werden konnten.
Nachdem sich diese Nachricht herumgesprochen hatte, machten sich erneut Niedergeschlagenheit und Hoffnungslosigkeit in unseren gelichteten Reihen breit. Was würde, so fragten wir, mit uns geschehen, wo doch immer weniger Transporte auf der Rampe eintrafen? Als die Todesmühlen auf Hochtouren liefen, brauchten wir um unser Leben nicht zu bangen. Aber jetzt wurden doch immer weniger Häftlinge für den Betrieb der Todesfabriken benötigt. Keiner war mehr sicher, ob nicht schon morgen wieder eine Selektion angeordnet würde. Die Massenvernichtung beim Bunker V war inzwischen vollständig eingestellt worden. Auch in den Gruben hinter dem Krematorium V wurden schon seit einiger Zeit keine Leichen mehr verbrannt. Dafür waren die Öfen im Krematorium V wieder in Betrieb genommen worden.
Wie befürchtet, kam es am 7. Oktober zu der nächsten Selektion. Einige Tage vorher hatte Scharführer Busch alle Kapos des Krematoriums V und des Bunkers V zu sich rufen lassen und ihnen erklärt, daß er 300 Mann für ein Trümmerbeseitigungskommando brauche. Sie sollten in einer oberschlesischen Stadt eingesetzt werden, die von Fliegerbomben stark zerstört worden sei. Busch forderte die Kapos auf, ihm binnen 24 Stunden eine Liste mit den Namen und Nummern von 300 Häftlingen zu übergeben.
Er machte es sich dieses Mal einfach und wälzte die Entscheidung über Leben und Tod von 300 Menschen auf die Kapos ab, um einer neuen Selektion aus dem Wege zu gehen. Mit dieser Teufelei hatte er unsere Kapos in eine ausweglos schei-

nende, verzweifelte Lage gebracht. Denn sie konnten nicht jedem das Weiterleben ermöglichen, aber schon mit der Entscheidung, bestimmte Häftlinge auf keinen Fall in der Liste aufzuführen, hatten sie zwangsläufig das Schicksal von anderen auf dem Gewissen. Nach langen Diskussionen und einer schlaflosen Nacht wurde beschlossen, diejenigen nicht auf die Liste zu setzen, von denen man erwarten konnte, daß sie am ehesten fähig wären, im Falle eines Aufstandes das Leben anderer zu retten. Das waren zunächst einmal die »alten« erfahrenen Häftlinge, die ihre Verläßlichkeit schon wiederholt unter Beweis gestellt hatten.

Aber dann? Nach welchen Gesichtspunkten sollte entschieden werden, wer einem anderen vorgezogen werden sollte? So viele Dispute wie an diesem folgenschweren Tag hatte es im Sonderkommando noch nie gegeben. Alle möglichen »alten« Häftlinge redeten auf die Kapos ein und versuchten, zugunsten von Freunden oder nahestehenden Kameraden zu intervenieren, um deren Leben zu retten. Fast jeder setzte sich für ein paar Leute ein. Auch ich machte mich für zwei ungarische Ärzte, Dr. Peter und Dr. Havas stark. Vergebens. Man hielt mir entgegen, ich solle froh sein, daß mein eigenes Leben nicht bedroht sei, und gab mir zu verstehen, daß von so sensiblen Ärzten wie diesen beiden im Ernstfall nicht viel zu erwarten sei.

Nach einer langen, dramatischen Nacht war die Liste mit den 300 Namen und Nummern gegen Morgen fertiggestellt. Es sprach sich wie ein Lauffeuer herum, wer zu den Unglücklichen gehörte, die das harte Los getroffen hatte. Es gab keinen einzigen unter ihnen, der sich noch Illusionen gemacht und auch nur ein Wort von dem geglaubt hätte, was Busch als Vorwand für die Aufstellung der Liste angegeben hatte.

Bei den 300 Häftlingen, die die Kapos ausgewählt hatten, handelte es sich überwiegend um ungarische und griechische Juden. Noch bevor die Liste an Busch übergeben worden war, setzten sich einige von der Selektion Betroffenen mit den Anführern unserer Widerstandsgruppe in Verbindung und erklärten, daß keiner der dreihundert bereit sei, sich ohne Gegenwehr abschlachten zu lassen. Sie meinten, der Zeitpunkt für den geplanten Aufstand sei jetzt gekommen, und forderten das Sonderkommando auf, mitzumachen, und zwar ohne Rücksicht darauf, ob sich das übrige Lager anschließe oder nicht. Sie gaben außerdem zu verstehen, daß sie entschlossen seien, auf eigene Faust loszuschlagen, selbst dann, wenn niemand bereit sei, sie zu unterstützen.

Gegen Mittag verständigten die Essenholer unsere Kontaktleute zur Widerstandsbewegung im Lager von allem, was vorgefallen war. Als sie einige Stunden später die Abendverpflegung abholten, brachten sie die Antwort schon mit. Man ließ uns wissen, daß wir einen Aufstand um jeden Preis verhindern müßten, weil es sonst zu einer Katastrophe für das ganze Lager kommen könne. Die Anführer unserer Widerstandsgruppe erklärten nun den Wortführern der von der Selektion Betroffenen, daß zwar alle für ihre Lage Verständnis hätten, sich aber niemand an einer gewaltsamen Aktion beteiligen könne. Das sei auch die Auffassung der Widerstandsbewegung.

Obwohl die Liste mit den Namen und Nummern der Todeskandidaten schon vor zwei Tagen an Busch übergeben worden war, passierte nichts Besonderes. Die dreihundert Mann, deren »Überstellung« bevorstand, wurden von fieberhafter Nervosität erfaßt und gaben sich einer auffälligen, rastlosen Geschäftigkeit hin. Sie saßen wie auf glühenden Kohlen und sahen mit gemischten Gefühlen den kommenden Dingen entgegen. Ich konnte beobachten, wie manche von ihnen Lappen, Methanol, Öl und anderes Brennmaterial, unter der Kleidung verborgen, unauffällig vom Krematorium V ins Krematorium IV brachten und dort versteckten. Nach dem Abendappell trafen sie Vorbereitungen, um das Krematorium IV in Brand zu setzen. An allen Stellen, wo man ein Feuer entfachen konnte, vor allem zwischen den Dachsparren und dem Pappdach, wurden öl- und methanolgetränkte Lappen gesteckt. Auch unter den dreistöckigen hölzernen Schlafpritschen und im Koksraum bereiteten sie Brände vor.

Die nächsten 24 Stunden verliefen in einer fast unerträglichen, spannungsgeladenen Atmosphäre. Die Unruhe und die Aktivitäten wurden immer größer. Die dreihundert Todeskandidaten, die eingesehen hatten, daß ihr Schicksal besiegelt war, wurden von Stunde zu Stunde ungeduldiger und setzten ihre letzte Hoffnung darauf, daß sie uns vielleicht doch noch mitreißen und damit ein Fanal für das ganze Lager setzen könnten. Wir hatten alle Verständnis für ihre Hoffnungen, waren es doch Menschen, die ihren Tod vor Augen hatten und sich wie Ertrinkende an jeden Strohhalm klammerten.
Am nächsten Tag, dem 7. Oktober, war der Himmel strahlend blau und wolkenlos. Gegen Mittag kamen Scharführer Busch, Unterscharführer Gorges, Kurschuß, einige SS-Leute von der Politischen Abteilung und einige SS-Posten auf den Hof des Krematoriums IV. Dort ließen sie alle Häftlinge antreten mit Ausnahme der Essenholer, die sich gerade im Lager befanden, und der acht Heizer, die im Krematorium V den Betrieb aufrechterhalten mußten. Bei diesen vierzehn Mann handelte es sich um Leute, die von der Selektion nicht betroffen waren.
Busch begann nun, von der Liste die ersten Namen und Nummern aufzurufen. Er hatte mit den höchsten Nummern begonnen und ging dann rückwärts zu den niedrigeren Nummern. Die Selektierten wurden auf die andere Seite des Hofes geschickt, die nicht Betroffenen konnten über die Lagerstraße zurück ins Krematorium V gehen. Die Gruppe der Todeskandidaten wurde immer größer. Da ich die niedrigste Nummer von allen auf dem Hof Versammelten hatte, stand ich immer noch bei jenen, die noch nicht aufgerufen worden waren.
Bei einzelnen Aufrufen waren keine Häftlinge vorgetreten, obwohl Busch die Nummern mehrfach und energisch wiederholte. Als kurz vor dem Ende der Selektion nur noch eine kleine Gruppe von etwa zehn Mann dastand, wurde sich Busch bewußt, daß etwas nicht stimmte und daß sich mindestens ein Dutzend Häftlinge irgendwo versteckt haben mußte. Deshalb schickte er ein paar Wachtposten in das Krematorium IV, um die Gesuchten vielleicht dort aufzustöbern.

Als sich diese Posten auf den Weg machten, prasselte plötzlich aus den Reihen der selektierten Häftlinge ein Steinhagel gegen die SS-Leute. Einige wurden verletzt und überwältigt, anderen gelang es, wegzulaufen und ihre Waffen zu zücken, um damit blindwütig auf die Häftlinge zu schießen.
Zwei SS-Männern war es gelungen, zur Lagerstraße zu entkommen und mit Fahrrädern, die dort abgestellt waren, in Richtung Lager davonzufahren.
Inzwischen war das Krematorium IV in Brand gesetzt worden. Das Dach hatte an verschiedenen Stellen Feuer gefangen. Flammen schlugen heraus, und Rauchwolken stiegen hoch. Es waren noch keine fünf Minuten seit dem Beginn der Widerstandsaktion vergangen, als die Lagersirene aufheulte. Wenig später schon kamen Lastwagen angefahren und hielten mit quietschenden Bremsen auf der Straße zwischen den Krematorien IV und V. SS-Posten mit Stahlhelmen, viele von ihnen in Unterhemden und Hosenträgern, sprangen schnurstracks herunter, umstellten den Hof und brachten ihre Maschinengewehre in Stellung.
Auch ich war noch auf dem Hof, wo die Häftlinge jetzt verstört und planlos durcheinanderliefen, nachdem von allen Seiten das Feuer eröffnet worden war. Maschinengewehre knatterten, Kugeln pfiffen, und einer nach dem andern fiel, wie bei einer Hasenjagd, getroffen zu Boden. Schließlich rannte die große Masse auf den Stacheldraht zu, um dort durchzubrechen.
Ich war zum Krematorium IV gelaufen und warf mich ein paar Meter vor der Tür auf die Erde. Die Schießerei hielt noch immer unvermindert an. Ich hatte nur einen Gedanken: das Krematorium unverletzt zu erreichen. Mit letzter Kraft raffte ich mich auf, sprang mit ein paar kurzen Sätzen vorwärts und warf mich durch die Tür. Völlig außer Atem stellte ich fest, daß es im Verbrennungsraum, wo ich mich jetzt befand, stark brannte. Die hölzernen Türen standen in Flammen, einige Holzbalken der Decke waren angekohlt. Auch im Koksraum loderten Flammen auf. Die Fensterscheiben in der gegenüber-

liegenden Wand waren von Kugeln zerborsten. Draußen hielt die Schießerei unvermindert an. Kugeln schlugen gegen die Öfen und prallten von dort nach allen Seiten ab.
Blitzartig wurde mir klar, daß es hier einen Platz gab, wo ich absolut sicher war, nämlich in dem Kanal, der von den Öfen zum Kamin führte. Ich hob einen der gußeisernen Deckel hoch, stieg hinunter und legte die Eisenplatte wieder zurück auf ihren Platz. Dann legte ich mich erst einmal hin, um etwas Atem zu schöpfen. Dabei hörte ich, daß draußen noch immer geschossen wurde. Als es nach einiger Zeit etwas ruhiger wurde, kroch ich bis zu dem Kamin vor, weil ich mich dort aufrichten konnte. Als ich nach oben blickte, bot sich mir ein eigenartiges Bild. Ich konnte einen kleinen quadratischen Ausschnitt des strahlend blauen Himmels sehen, der von den vier glänzenden, rußgeschwärzten Wänden des Kamins umrahmt war. Vor Erregung immer noch zitternd, zündete ich mir eine Zigarette an und stieß den Rauch nach oben in den mächtigen Schornstein aus. Während sich der blaue Dunst verflüchtigte, mußte ich daran denken, wie groß die Zahl der Menschen sein mochte, deren sterbliche Überreste ihren Weg durch diesen Todesgiganten genommen hatten.
Ich wurde etwas ruhiger, nachdem es draußen still geworden war. Die Ruhe hielt aber nicht lange an, sondern wurde plötzlich durch unüberhörbare Geräusche unterbrochen. Offenbar war die Feuerwehr angerückt, um den Brand im Krematorium zu löschen. Als Wassergüsse von oben in den Kanal fielen, bekam ich auch einige Spritzer ab; daraufhin kroch ich in den Abzugskanal zurück und wartete dort, was weiter geschehen würde. Als es draußen wieder ruhig wurde, stieg ich aus meinem Versteck heraus und ging vorsichtig zu einem Fenster, aus dem ich auf den vorderen Hof des Krematoriums IV schauen konnte. Dort sah es schlimm aus. Zahlreiche Tote lagen regungslos über den ganzen Hof verstreut. SS-Leute, unter denen ich auch Oberscharführer Houstek erkannte, liefen mit Karabinern herum, um sich zu vergewissern, ob alle tot waren. Ich sah, wie sie mit den Füßen gegen die am Boden

Liegenden traten. Sobald sie irgendeine Bewegung feststellten, gaben sie ein paar Schüsse ab, bis sich die Opfer nicht mehr rührten.
Das Geschehen auf dem Hof veranlaßte mich, nochmals in mein Versteck zu kriechen und dort abzuwarten, bis die Luft völlig rein geworden war. Ich überlegte, was ich jetzt tun sollte. Dem Massaker auf dem Hof war ich zwar entgangen, jedoch wußte ich nicht, wie ich hier wieder heil herauskommen sollte.
Nach langem Überlegen kam mir der Gedanke, zu warten, bis es draußen dunkel geworden war. Dann wollte ich den SS-Posten überwältigen, der auf dem Gelände des Krematoriums IV bei dem Tor stand, das zum Effektenlager B II g führte. Neben diesem Tor befand sich noch eine kleine Tür, die nie abgeschlossen wurde. Durch sie hätte ich ins Effektenlager gelangen können. Wenn ich die Uniform des überwältigten Postens angezogen und dann den zweiten SS-Posten auf der gegenüberliegenden Seite des Effektenlagers erledigt hätte, wäre es ein leichtes gewesen, im Dunkel der Nacht zu verschwinden. Das wichtigste war, bei der Überwältigung der beiden SS-Leute kein Geräusch zu verursachen. Ich mußte daher versuchen, die beiden von hinten mit einem gezielten Schlag niederzumachen. Als Waffe schien mir eines jener Brecheisen geeignet, mit denen die Ofenroste entschlackt wurden und die im Koksraum in großer Zahl herumlagen.
Es war vielleicht Mitternacht, als ich aus dem Abzugskanal herausstieg. Der Zeitpunkt schien günstig, um mein Vorhaben auszuführen. Das Dach des Verbrennungsraums war völlig abgebrannt, nur einige Dachsparren phosphoreszierten noch ein wenig. Es sah aus, als hätten sich einige Glühwürmchen darauf niedergelassen. Als ich mich noch weiter umsah, gewann ich den Eindruck, daß diese Todesfabrik zur Vernichtung von Menschen ausgedient hatte.
Leise schlich ich nun zum Koksraum und ergriff dort ein etwa 40 cm langes Brecheisen. Dann ging ich zu der Tür, die auf den hinteren Hof führte, und öffnete vorsichtig einen kleinen

Spalt. Als ich hinausspähte, war kein Geräusch zu hören und auch sonst nichts Auffälliges zu bemerken. Die Sterne glitzerten am Himmel, und der Mond beleuchtete fahl die Landschaft. Ich kroch nun auf dem Bauch über die beiden Stufen nach draußen. Es war so still, daß ich meinen eigenen Atem hören konnte. Vorsichtig begann ich, wie eine Schlange zentimeterweise an der Mauer des Krematoriums entlangzukriechen, wobei ich das schwere Brecheisen nachzog. Nach jedem Meter, den ich vorwärtsgekommen war, blickte ich mich nach allen Seiten um. Links konnte ich den Stacheldrahtzaun erkennen, der das Krematorium IV vom Effektenlager trennte. Dahinter sah ich die Silhouetten der vereinsamten Holzbaracken, die von einer Bogenlampe spärlich beleuchtet wurden. Sie waren mit Kleidern, Wäsche, Koffern und allen möglichen Gegenständen vollgestopft. Auch vor den Türen der Baracken lagen im Freien Berge von Klamotten. Hinter mir erblickte ich die Lichtkegel der Scheinwerfer, die in regelmäßigen Abständen von rechts nach links und umgekehrt über den Lagerbereich B II hinweghuschten. Ein Beweis, daß dort alles seinen gewohnten Gang ging.
Während ich weiterkroch, vernahm ich aus dem benachbarten Krematorium V Geräusche. Sie deuteten darauf hin, daß dort gerade in den Öfen herumgestochert wurde. Ich konnte mir die Szenerie, die dort herrschte, genau vorstellen. Doch dann dachte ich, daß mich das alles nichts mehr anging, wenn es mir gelang, heute nacht zu entkommen.
Meter um Meter kroch ich weiter, immer näher zu dem Tor ins Effektenlager. Der Mond wies mir deutlich den Weg, aber er erhellte auch für die SS-Posten das Gelände. Alles schien planmäßig abzulaufen. Es gab kein Anzeichen dafür, daß mein Vorhaben scheitern könnte. Ich legte ein paarmal kurze Pausen ein, um ein wenig zu verschnaufen und die Umgebung genau zu beobachten. Als ich vielleicht zwei Drittel meines Weges zurückgelegt hatte, hörte ich plötzlich ein Geräusch. Ich blieb regungslos liegen und lauschte gespannt in jene Richtung, aus der das Geräusch gekommen war. Bei näherem Hin-

sehen konnte ich deutlich die Silhouetten mehrerer SS-Posten erkennen. Sie gingen bei dem Tor auf und ab und redeten miteinander. Mein Herz begann heftig zu klopfen. Es war mir klar, daß ich mein Vorhaben jetzt nicht mehr würde ausführen können. Offenbar hatte man wegen der heutigen Ereignisse Alarmbereitschaft angeordnet und die Posten verstärkt. Deshalb blieb mir nichts anderes übrig, als mich unauffällig wieder zurückzuziehen. Vielleicht würden sich die Dinge bis morgen wieder normalisiert haben, dachte ich. Vorsichtig kroch ich auf dem selben Weg zurück ins Krematorium IV und stieg wieder in mein Versteck im Abzugskanal, das mir im Augenblick am sichersten schien. Dort fiel ich bald in tiefen Schlaf.
Ich wurde durch Stimmen und Geräusche wach, die aus dem Verbrennungsraum kamen. Draußen mußte es schon hell sein. Nachdem ich einige Augenblicke lang gespannt gehorcht hatte, glaubte ich, Schlojmes Stimme gehört zu haben. Ich hob deshalb die Abdeckplatte vorsichtig ein wenig hoch und spähte durch den dadurch entstandenen schmalen Spalt hinaus. Als ich tatsächlich den Kapo bei den Öfen stehen sah, hob ich den eisernen Deckel vollends in die Höhe, schob ihn zur Seite und fragte Schlojme, was draußen los sei. Mit einem Wink gab er mir zu verstehen, daß ich herauskommen solle. Ich kletterte nun aus meinem Versteck und lief auf den Hof, nachdem ich mich vorher davon überzeugt hatte, daß die Luft rein war. Dort mischte ich mich unter eine Gruppe von Häftlingen, die gerade damit beschäftigt waren, einen Rollwagen, der mit Leichen beladen war, zum Krematorium V zu schieben. Ich muß völlig verdreckt und verrußt gewesen sein; denn Schlojme herrschte mich an, sofort zu verschwinden und mich zu waschen. Während ich das tat, brachte er mir eine frische Häftlingsmontur. Nachdem ich mich etwas saubergemacht hatte, ging ich wieder auf den Hof hinaus, wo der Rollwagen abgeladen wurde. Wie alle anderen half ich mit, die Toten in den Auskleideraum zu schleifen.
Als ich einigen SS-Unterführern, unter denen sich Busch und Gorges befanden, begegnete, begann mein Herz schneller zu

pochen. Was würde passieren, so dachte ich, wenn sie mich jetzt entdeckten?
Aber meine Befürchtungen erwiesen sich als unbegründet; denn die SS-Leute reagierten überhaupt nicht, als sie mich unter den anderen sahen. Offensichtlich nahmen sie an, daß ich von Anfang an bei der Gruppe gearbeitet hätte. Es schien, als ob sie nach den Ereignissen von gestern noch keinen richtigen Überblick hatten, wie viele Häftlinge überlebt hatten und wie viele getötet worden waren. Nach meiner Schätzung waren etwa 200 auf dem Hof erschossen worden.
In den Abendstunden kamen ein paar Lastwagen angefahren und hielten vor dem Krematorium V an. Auch sie waren mit Toten vollgestopft, die wir abladen mußten. Als wir feststellten, daß es sich bei ihnen um vielleicht 250 Kameraden handelte, die in den Krematorien II und III gearbeitet hatten, waren wie ziemlich betroffen. Die Monturen der meisten waren von Blut durchnäßt und von Kugeln zerfetzt, bei manchen wie ein Sieb durchlöchert. Zwischen den Toten regten sich noch Verwundete. Vielleicht hatte man sie deshalb noch nicht erschossen, weil man glaubte, daß man von ihnen erfahren könnte, woher die Waffen und die Munition stammten, die sie bei dem Ausbruch mit sich geführt hatten.
Die weiteren Ereignisse am Vortag hatten, wie wir jetzt erfuhren, folgenden Verlauf genommen: Als nach der Attacke auf die SS-Leute die Alarmsirene aufheulte, hielten sich auf dem Gelände der Krematorien II und III nur Häftlinge auf, die von der Selektion nicht betroffen waren. Als sie bemerkten, daß aus dem Krematorium IV Flammen herausschlugen, und hörten, daß dort eine heftige Schießerei im Gange war, nahmen sie an, daß auch sie in großer Gefahr seien.
Zuerst stürzten sich russische Kriegsgefangene auf den verhaßten Oberkapo Karl Konvoent, überwältigten ihn und stießen ihn lebendigen Leibes in das Feuer eines der Öfen. Ein paar andere Häftlinge versuchten zur gleichen Zeit, den Kommandoführer, der nach dem Aufheulen der Alarmsirene in die Nähe des Tores gegangen war, ins Krematorium zurückzuru-

fen, um ihn dort auf die gleiche Weise wie den Oberkapo zu erledigen. Aber der Lärm und die Schießerei nebenan hatten ihn offenbar so mißtrauisch gemacht, daß er ihrer Aufforderung nicht folgte, sondern durch das Tor nach draußen ging. Als sich dann bewaffnete SS-Posten näherten, um auch die Krematorien II und III zu umstellen, wurde der Entschluß zum gewaltsamen Ausbruch gefaßt. In großer Eile holten einige Häftlinge die drei Handgranaten und die Waffen aus den Verstecken.

Dann wurde der Stacheldraht an verschiedenen Stellen, auch im Frauenlager, mit isolierten Zangen durchschnitten. Dorthin drängte die große Masse, um nach draußen zu gelangen. Unterdessen hatten sich von allen Seiten SS-Posten genähert. Plötzlich wurde eine der Handgranaten auf sie geworfen. Als sie detonierte, entstand große Verwirrung unter ihnen. Darauf waren sie wohl nicht gefaßt gewesen. Dieses Moment der Überraschung benutzten zahlreiche Häftlinge dazu, durch die Lücken im Stacheldraht ins Freie zu laufen.

Es war ihnen anschließend auch gelungen, die große Postenkette zu durchbrechen und einige Kilometer weit in Richtung Rajsko zu flüchten. Doch schon bald stießen sie auf Widerstand. Offenbar waren SS-Truppen aus der Umgebung alarmiert worden und hatten sie umstellt. Nachdem sich die Flüchtigen in einer Scheune verbarrikadiert hatten, kam es zu einem heftigen Feuergefecht, in dessen Verlauf die Scheune in Flammen aufging. Das Feuer griff so rasch um sich, daß die Geflüchteten gezwungen waren, ihre Zufluchtsstätte zu verlassen und sich der SS im Freien zu stellen. Obwohl sie alle Waffen einsetzten, über die sie verfügten, waren die Kräfte zu ungleich verteilt; denn die SS-Leute waren in der Übermacht und durchweg mit Maschinengewehren und anderen Schnellfeuerwaffen ausgerüstet. So blieb den Kameraden nichts anderes übrig, als bis zur letzten Patrone zu kämpfen.

Die wenigen, die das Massaker schwer verwundet überlebt hatten, berichteten mühsam, aber mit Genugtuung, daß auch ein paar SS-Leute bei der Schießerei getötet und verwundet worden waren. Später sprach es sich herum, daß der Lagerkommandant einigen SS-Männern das Eiserne Kreuz an die Brust geheftet und dabei erwähnt hatte, dies sei der erste Fall, daß Wachtposten eines Konzentrationslagers einen Massenausbruch verhindert hätten und für ihre dabei bewiesene Tapferkeit vom »Führer« ausgezeichnet worden seien.

Etwa 450 Häftlinge des Sonderkommandos waren in den letzten 24 Stunden getötet worden, obwohl Busch nur eine Liste mit 300 Namen und Nummern verlangt hatte. Aber diese 450 hatten tapfer gekämpft und waren ehrenvoll in den Tod gegangen, ohne sich tatenlos mit ihrem Schicksal abzufinden. Sie waren bereit gewesen, ihr Leben bis zum letzten Atemzug zu verteidigen – ein einmaliger Vorgang in der Geschichte von Auschwitz.

Eines der Krematorien war bei dem Aufstand zerstört worden, einige SS-Männer waren ums Leben gekommen, ein paar andere verwundet worden. Aber auch diese Ereignisse blieben ohne Einfluß auf die weitere Vernichtungsprozedur. Selbst wenn es gelungen wäre, alle Gaskammern und Vernichtungsöfen zu sprengen, wäre damit kaum etwas erreicht worden; denn die von Moll in Gang gesetzte Massenvernichtung hatte gezeigt, daß es auf die Krematorien nicht entscheidend ankam. Waren die Opfer erst einmal auf der Rampe angekommen, dann war es zu spät, weil ihre Vernichtung nur noch die allerletzte Phase im Ablauf der »Sonderbehandlung« bildete. Wenn man überhaupt etwas Wirkungsvolles gegen die Massenvernichtung unternehmen wollte, dann mußte man verhindern, daß weitere Transporte nach Auschwitz kamen. Das wäre aber nur durch ständige Sabotageakte an allen hierher führenden Eisenbahnstrecken möglich gewesen.

Einige Tage nach dem Aufstand verhaftete die Politische Abteilung zwölf unserer Kameraden und ließ sie abführen. Unter den bedauernswerten Opfern befanden sich auch Handelsmann, Wrobel, Jukl und ein paar russische Kriegsgefangene. Über ihr weiteres Schicksal erfuhr keiner etwas.

Die Verhaftung der zwölf Kameraden löste erneut Unruhe aus

und gab Nahrung für zahlreiche Gerüchte. Da die meisten von uns in die Aufstandspläne eingeweiht worden waren, hatte jeder Angst, er könnte das nächste Opfer der Gestapo sein.
Nach dem blutigen Drama der letzten Tage und nach der Verhaftung der zwölf Kameraden war die Zahl der im Sonderkommando verbliebenen Häftlinge auf etwa 200 reduziert worden. Von ihnen waren 170 auf den Dachböden der Krematorien II und III, die restlichen im Krematorium V untergebracht.
Der heiße Sommer war zu Ende gegangen, und der Herbst hielt Einzug. Die Gruben, in denen man in den letzten Monaten Hunderttausende von Opfern eingeäschert hatte, wurden schon seit einiger Zeit nicht mehr benutzt. Statt dessen wurden die Toten wieder in den Krematorien II, III und V verbrannt.
Jetzt wurde auch damit begonnen, die Spuren der Massenvernichtungsaktionen dieses Sommers vollständig zu verwischen. Das neu gebildete Abbruchkommando war damit beschäftigt, die Gruben wieder zuzuschütten, das Gelände zu planieren, riesige Aschenhaufen, die zurückgeblieben waren, beiseite zu schaffen, die Sichtblenden zu entfernen, Bäume einzupflanzen und die Erde mit ausgestochenen Rasenplatten zu bedecken. Es kamen aber immer noch, wenn auch nicht mehr jeden Tag, Juden aus Theresienstadt und aus der Slowakei sowie Zigeuner auf der Rampe an. Nach der Selektion wurden sie zum größten Teil vergast. Auch aus dem Lager wurden noch Muselmänner zur Tötung in die Krematorien geschickt.
Eines Tages brachte man eine kleinere Gruppe slowakischer Juden ins Krematorium V. Während sie sich in einer der Gaskammern auszogen, erkannte ich unter ihnen drei Bekannte aus meiner Heimatstadt Sered. Es waren die Brüder Klug und Klara Sonnenfeld. Sie trug einen Korb bei sich, in dem ein kleines Kind lag. Als Unterscharführer Gorges hinausgegangen war, sprach ich Erwin Klug an, der damals vielleicht 45 Jahre alt war und in Sered früher als Kutscher mit einem Fiaker gefahren war. Auf meine Frage, ob er mich nicht

kenne, schaute er mich eine Zeitlang forschend an und schüttelte dann den Kopf. Das überraschte mich nicht; denn ich war kahlgeschoren, steckte in einer zebragestreiften Montur und bot für diese Menschen, die gerade in Birkenau angekommen waren, sicher einen ungewohnten Anblick.
»Ich bin der Sohn von Jpi Müller«, sagte ich zu ihm, »den haben Sie doch sicher gekannt?«
Jetzt war ihm klar, wer ich war. Ich erkundigte mich nun, woher sie gekommen waren, und erfuhr, daß man sie mit einem Transport aus dem Sammellager Sered hierhergebracht hatte. Von der Rampe, wo sie der Selektion entgangen waren, hatte man sie in die Sauna gebracht, wo sie desinfiziert werden sollten. Als sie sich dort ausgezogen hatten, um in den Duschraum zu gehen, waren sie mit noch ein paar anderen von einem SS-Mann aufgefordert worden, sich wieder anzuziehen und zu warten. Ein paar Minuten später kam dann ein SS-Posten und brachte sie hierher.
Da diese Menschen aus meiner Heimatstadt gekommen waren, war ich neugierig und wollte vor allem wissen, was aus meinem Onkel Bela Steiner geworden war, von dem ich noch im Sommer 1943 eine Postkarte aus dem Sammellager Sered erhalten hatte.
Erwin Klug zögerte zunächst mit seiner Antwort. Ich merkte ihm an, daß es ihm schwerfiel, mir reinen Wein einzuschenken. Doch dann erklärte er mir stockend, indem er mich mehrmals seines Mitgefühls und seiner Anteilnahme versicherte, daß mein Onkel vor ein paar Tagen mit einigen anderen Juden im Wald bei Sered erschossen worden sei. Als ich das erfahren hatte, gab es für mich keinen Zweifel mehr, daß ich jetzt der letzte Überlebende meiner Familie war.
Nun fing Erwin Klug an, mir Fragen zu stellen. Er hatte keine Ahnung von der lebensbedrohlichen Lage, in die sie geraten waren, und wollte wissen, wo sie seien und was für ein Schicksal sie erwartete. Was sollte ich darauf antworten? Die Gedanken jagten sich in meinem Hirn, während meine Landsleute mich gespannt und erwartungsvoll ansahen. Aber ich war

nicht fähig, ihnen ohne Umschweife zu erklären, daß ihre letzte Stunde geschlagen hatte. Während nebenan im Auskleideraum die letzten Vorbereitungen zu ihrer Erschießung getroffen wurden, wandte ich mich von ihnen ab und forderte sie beim Weggehen mit tränenerstickter Stimme auf, den Kaddisch zu beten. Dann ging ich, ohne mich noch einmal umzusehen, hinaus, zurück zu den Öfen. Es dauerte nicht lange, bis ihre Leichen in den Verbrennungsraum herübergeschleift wurden.

Als ich sie daliegen sah, war es nicht schwer zu erraten, warum man sie aus der Sauna ins Krematorium gebracht hatte. Die Brüder Klug hatten beide Bruchbänder umgeschnallt, die man bei der Selektion natürlich nicht hatte erkennen können. Deshalb waren die beiden zunächst für arbeitsfähig gehalten worden. Bei Frau Sonnenfeld hatte man auf der Rampe offensichtlich vergessen, in das Körbchen zu schauen, das sie bei sich trug; denn sonst wäre auch ihr der sofortige Gang in die Gaskammer nicht erspart geblieben. Als die SS-Schergen dann in der Sauna die Gebrechen der Brüder Klug und das kleine Kind von Klara Sonnenfeld entdeckten, wurde ihnen klar, daß diese Menschen nicht mehr zur Sklavenarbeit tauglich waren. Zwangsläufig vollzog sich deshalb ihr unabwendbar gewordenes Schicksal.

Im November 1944 fand die letzte Vergasung in Birkenau statt. Die sowjetische Armee kam von Tag zu Tag näher heran. Die Verhältnisse im Lager veränderten sich nun gründlich. Auf der Rampe wurde es ruhig, man hörte keine Pfiffe von Lokomotiven und kein Quietschen von Bremsen mehr, man sah auch nur noch selten Lastwagen auf den Lagerstraßen fahren. Sogar den SS-Leuten merkte man an, daß sie ihrer Sache nicht mehr sicher waren und sich offensichtlich Gedanken machten, wie es jetzt weitergehen würde. Schon seit ein paar Wochen hatten sie Zeichen von Unsicherheit und Angst erkennen lassen. Sie ließen Häftlingsdokumente, Kartotheken, Totenscheine, Anklageakten und andere Schriftstücke haufenweise mit Fahrzeugen in die Krematorien bringen, wo sie un-

ter strenger Aufsicht verbrannt wurden. Alles deutete darauf hin, daß es mit dem Dritten Reich zu Ende ging.
Ende November 1944 wurde mit der Demontage der Krematorien II und III begonnen. Gleichzeitig fand die letzte Selektion in unseren Reihen statt. Alle Häftlinge des Sonderkommandos – wir waren jetzt noch etwa zweihundert – hatten sich auf dem Hof des Krematoriums II versammelt. Dieses Mal waren von der Lagerleitung Vorkehrungen getroffen worden, daß sich ähnliche Vorkommnisse wie bei der letzten Selektion nicht wiederholen konnten. Hinter dem Stacheldrahtzaun standen Hunderte von bewaffneten SS-Posten mit zahlreichen Hunden. Von der Politischen Abteilung waren die Unterführer Boger und Houstek anwesend, die zusammen mit den Kommandoführern die Selektion leiteten.
Zuerst schickte man die drei Pathologen mit ihrem Gehilfen weg. Dann wurden die dreißig Häftlinge, die im Krematorium V untergebracht waren und zu denen auch ich gehörte, zurückgeschickt. Zum Schluß wählten die SS-Schergen noch eine dritte Gruppe von etwa 70 Häftlingen aus, die das Abbruchkommando bildeten. Den übrigen wurde erklärt, sie kämen in das Lager Großrosen. Was mit ihnen geschah, haben wir nie erfahren. Aber es war jedem klar, daß ihre letzte Stunde geschlagen hatte.
Während sich die rund 100 Todeskandidaten uns gegenüber versammelten, trat der Dajan, jener Hilfsrabbiner, der auf dem Dachboden des Krematoriums II im Haartrockenkommando gearbeitet hatte, vor die Menge.
Zuerst wandte er sich an Oberscharführer Muhsfeld und erklärte ihm: »Sie haben jetzt genug geredet, lassen Sie mich auch einmal zu Wort kommen!« Dann begann er, mit fester und erhobener Stimme eine kurze Ansprache zu halten: »Brüder!« rief er, »nach Gottes unerforschlichem Ratschluß treten wir jetzt unseren letzten Gang an. Ein grausames und schreckliches Schicksal hat uns gezwungen, bei der Ausrottung unseres Volkes mitzuwirken, bevor wir jetzt selbst zu Asche werden. Es ist kein Wunder geschehen. Der Himmel hat keine

strafenden Blitze gesandt, er hat auch keinen Regen fallen lassen, der stark genug gewesen wäre, die Brände der von Menschenhänden errichteten Scheiterhaufen zu ersticken. Mit jüdischer Ergebenheit müssen wir jetzt das Unabänderliche hinnehmen. Es ist die letzte Prüfung, die uns der Himmel geschickt hat. Nach den Gründen zu fragen, steht uns nicht an, denn wir sind nichts gegen den allmächtigen Gott. Fürchtet euch nicht vor dem Tod! Was für einen Wert hätte denn das Leben noch für uns, wenn wir es durch einen Zufall retten könnten? Vergeblich würden wir nach unseren vernichteten Angehörigen suchen. Wir wären allein, ohne Familie, ohne Angehörige, ohne Freunde, ohne Heimat, und müßten ohne Ziel in der Welt herumirren. Nirgends gäbe es noch Ruhe und Frieden für uns, bis wir dann eines Tages einsam und verlassen irgendwo sterben würden. Deshalb, Brüder, laßt uns stark und tapfer in den Tod gehen, den Gott jetzt beschlossen hat!«

Die SS-Leute hatten den Dajan während seiner Ansprache nicht unterbrochen. Offenbar hatten auch sie erkannt, daß seine Worte beruhigend auf die Todgeweihten wirken würden und geeignet waren, ihnen ihr Mordhandwerk zu erleichtern. Nachdem der Dajan geendet hatte, herrschte tiefes Schweigen in den Reihen der Selektierten. Hin und wieder konnte man Husten und Räuspern aus der Menge vernehmen. Offensichtlich hatten die Kameraden beim Anblick der Gewehrmündungen, die von allen Seiten auf sie gerichtet waren, die Hoffnungslosigkeit ihrer Lage eingesehen und erkannt, daß es keinen Zweck hatte, sich gegen das unabwendbar gewordene Schicksal aufzubäumen. Auch der Dajan hatte sie mit seinen Worten von der Sinnlosigkeit jeglichen Widerstandes überzeugt.

Unter den verzweifelten Kameraden, die von der Selektion betroffen waren, erkannte ich auch Dr. Pach, den selbstlosen, hilfsbereiten Arzt des Sonderkommandos, und die beiden Zahntechniker Feldmann und Katz, deren Aufgabe es gewesen war, das Zahngold einzuschmelzen und zu Barren zu formen. Solange sie dem Sonderkommando angehörten, hatten

sie alle wie Tote auf Abruf gelebt und waren sich dessen auch bewußt gewesen. Aber jetzt war für sie die Stunde gekommen, von der jeder insgeheim erhofft hatte, daß es ihm vielleicht doch gelingen würde, ihr zu entrinnen.
Während die selektierten Kameraden von SS-Posten weggeführt wurden, fühlte ich mich elend und niedergeschlagen. Ich mußte daran denken, daß es bestimmt nicht mehr lange dauern würde, bis auch ich und die anderen, die heute noch einmal davongekommen waren, an der Reihe waren.
Nachdem die Vergasungen endgültig eingestellt worden waren, wurde nur noch im Krematorium V, wo die Leichen der im Lager und in den Nebenlagern verstorbenen Häftlinge eingeäschert wurden, der Betrieb aufrechterhalten. Im Auskleideraum hatte man drei Bretterwände aufgestellt und dahinter den Sektionsraum, der sich vorher im Krematorium II befunden hatte, eingerichtet. Hier fanden jetzt unter Leitung von Dr. Mengele, der von drei Häftlingsärzten und dem Sektionsgehilfen Fischer unterstützt wurde, Leichenobduktionen statt, die Teil der pseudomedizinischen Versuche waren, mit denen er sich befaßte.
Eine der Aufgaben des Abbruchkommandos war es, die Asche, mit der immer noch einige Gruben angefüllt waren, wieder auszugraben, um sie in die Weichsel zu schütten. Als dies geschehen war, wurden die Gruben wieder zugeschüttet und mit Rasenplatten abgedeckt. Bei diesen Arbeiten und auch später beim Abbau der Krematorien II und III wurde auch eine größere Anzahl weiblicher Häftlinge eingesetzt. Unter ihnen begegnete ich eines Tages meiner früheren Schulkameradin Marta Dym, von der ich erfuhr, daß sie mit einem der letzten Transporte aus der Slowakei hierher deportiert worden war.
Während den 70 Häftlingen des Abbruchkommandos wieder Unterkünfte im Lagerabschnitt B II d zugewiesen wurden, blieben wir restlichen 30 nach wie vor im Krematorium V. Die Fortdauer der völligen Isolierung vom übrigen Lager bedrückte uns sehr und ließ uns nichts Gutes ahnen. Warum, so

fragten wir uns, hatte man den Häftlingen des Abbruchkommandos erlaubt, wieder im Lager zu leben und sich dort frei zu bewegen, uns aber nicht? Das mußte doch einen Grund haben. Wir rätselten herum, fanden aber keine Erklärung dafür.
Unsere Lebensbedingungen wurden von Tag zu Tag schlechter. Fast jeder von uns hatte noch ein paar Brillanten, etwas Gold und einige Dollarnoten irgendwo versteckt. Da wir jetzt ausschließlich auf die dürftige Verpflegung aus der Lagerküche angewiesen waren, wurden diese Dinge nach und nach gegen Lebensmittel und Zigaretten eingetauscht, bis nichts mehr da war.
Die SS-Posten jenseits des Stacheldrahts beim Krematorium V, die es gewohnt waren, Schwarzhandelsgeschäfte zu machen, bedrängten uns immer häufiger und sprachen jeden, der in ihre Nähe kam, an, ob er nicht Gold oder Brillanten habe. Zum Tausch boten sie Brot, Wurst, Margarine, Zigaretten, Tabak und Wodka an. Es blieb uns, da wir keine Tauschobjekte mehr hatten, nichts anderes übrig, als resignierend mit den Achseln zu zucken. Doch das sollte sich bald ändern.
Fischer, einer der Sektionsgehilfen, mit dem ich mich angefreundet hatte, war auf eine geniale Idee gekommen und weihte mich in seinen Plan ein. Er legte mir nahe, soviel Messing wie möglich zu organisieren. Das fiel mir nicht schwer, da im Vorratsraum des Krematoriums V eine große Anzahl von Glühbirnen herumlag, deren Schraubgewinde ebenso wie die Einfassungen von Lampen aus Messing hergestellt waren.
Inzwischen hatte Fischer einige Schablonen zur Herstellung von Zahnkronen angefertigt und überzog sie fachgerecht mit einer dünnen Messingschicht. Dann hämmerte er das Material aus und nahm die Kronen von den Schablonen ab. Zum Schluß füllte ich eine vorher zubereitete, zähflüssige Gipsmasse hinein. Wenn sie fest geworden war, konnte man glauben, es handle sich tatsächlich um echte Goldzähne.
Nachdem Fischer einige Falsifikate hergestellt hatte, ging ich damit zum Stacheldraht, um sie dort an den Mann zu bringen. Jeder SS-Posten wußte, daß ein Häftling des Sonderkomman-

dos, der sich dem Stacheldrahtzaun näherte, nur die Absicht haben konnte, ein Geschäft zu machen. Als ich mit meinen falschen Goldzähnen vorsichtig und etwas zögernd an den Zaun trat, war ich nicht überrascht, daß der SS-Posten, der dort gerade auf und ab ging, mich ansprach. Ich gab ihm zu verstehen, daß ich Goldzähne hätte, und erkundigte mich, was er zu tauschen habe. »Brot, Wurst und Zigaretten«, ließ er mich wissen.

Bei dem Gedanken an einen Laib Brot und ein Stück Wurst lief mir das Wasser im Munde zusammen. Auch die Vorstellung, an ein paar Schachteln Josma-Zigaretten heranzukommen, half mir, meine letzten Skrupel zu überwinden. Jetzt galt es, ruhig Blut zu bewahren. Ich durfte nicht den geringsten Verdacht aufkommen lassen, daß an dem Geschäft etwas faul sein könnte. Nur der Stacheldraht trennte mich von meinem Gegenüber. Ich hielt ihm eine Handvoll falscher Goldzähne unter die Nase und merkte, daß er interessiert auf die Handelsobjekte starrte. Offensichtlich war er überzeugt, mir für ein paar Schachteln Zigaretten, einen Laib Brot und ein Stück Wurst das Gold abluchsen zu können; denn er ging ohne zu zögern zu dem nahe gelegenen Wachtturm, stieg hinauf und kam mit einem prall gefüllten Brotbeutel wieder zurück. Dann forderte er mich auf, die Goldzähne durch den Zaun zu werfen.

Ich gab ihm zu verstehen, daß zuerst er mir die versprochenen Sachen durch den Zaun reichen solle; denn ich könne ja im Gegensatz zu ihm nicht weglaufen, ohne meine Gegenleistung erbracht zu haben, weil ich in seiner Gewalt war und nicht er in meiner. Das sah er wohl ein und reichte einen Ring Wurst, ein Kommißbrot und ein paar Schachteln Zigaretten durch den Stacheldraht. Eilends gab nun auch ich meinem Handelspartner meine Tauschobjekte und lief vor Angst, mein Betrugsmanöver könne vielleicht auf der Stelle entdeckt werden, rasch und ein wenig beklommen ins Krematorium zurück. Erst als ich die Tür hinter mir zugemacht hatte, war ich mir sicher, daß mir niemand mehr den Besitz der eingetauschten Sachen streitig machen konnte.

Den übrigen Häftlingen im Krematorium blieb es nicht lange verborgen, daß Fischer und ich die einzigen waren, die noch Zigaretten rauchten. Sie beobachteten uns argwöhnisch, und es dauerte nicht lange, bis sie uns auf die Schliche kamen. In der Zwischenzeit war es mir freilich gelungen, noch ein paar SS-Leute mit falschen Goldzähnen hereinzulegen.

Als das Geheimnis ihrer Herstellung gelüftet war, begann eine fieberhafte Suche nach Messing. Ein wahrer »Goldrausch« setzte ein, dem sich kaum einer entziehen konnte.

Es schien unfaßlich, daß der schwungvolle Handel mit dem falschen Zahngold nicht aufflog. Aber offenbar war keiner der SS-Leute auf den Gedanken gekommen, daß mit dem »Gold«, das sie illegal und nicht ohne Risiko erworben hatten, etwas nicht in Ordnung sein könnte. Vielleicht traute sich auch keiner, das vermeintlich gefledderte Gold einem anderen zu zeigen oder auf seine Echtheit untersuchen zu lassen. So verdankten wir es Fischers genialem Einfall, daß die harten Lebensbedingungen, die damals im Sonderkommando herrschten, ein wenig gemildert wurden.

Die Zahl der Toten, die man zur Einäscherung ins Krematorium V brachte, wurde immer kleiner. In den drei Gaskammern, in denen sich noch bis vor kurzem oft mehrmals täglich schreckliche Tragödien abgespielt hatten, herrschte jetzt eine gespenstisch anmutende Ruhe. In einer von ihnen wurde es aber bald wieder lebendig. Einer der diensthabenden Kommandoführer, dessen Familie in Auschwitz lebte, war auf den Gedanken gekommen, dort Kaninchenställe aufzustellen. Er ließ Holzverschläge zusammennageln und brachte in ihnen seine zahlreichen Kaninchen unter, die von uns Häftlingen versorgt und gefüttert wurden.

Alles deutete darauf hin, daß die Gerüchte, der Reichsführer habe angeordnet, die Vernichtung der Juden einzustellen, vielleicht doch einen wahren Kern hatten. Im Sonderkommando wurde die Unruhe und Beklemmung von Tag zu Tag größer; denn die letzten Selektionen hatten gezeigt, daß jeder rücksichtslos getötet wurde, sobald man ihn als Arbeitssklaven

nicht mehr brauchte. Unsere Sorge war um so mehr begründet, als die Arbeit im Krematorium V statt von 30 Häftlingen ohne weiteres auch von der Hälfte hätte verrichtet werden können.
Inzwischen hatte der Winter Einzug gehalten. Der erste Schnee war gefallen und hatte eine weiße Decke über die Landschaft gebreitet. Während der Weihnachtsfeiertage herrschte völlige Ruhe im Lager. Es rückten keine Kommandos aus, auch bei uns im Krematorium war es still. Diese Ruhe hielt aber nur wenige Tage an. Dann verbreitete sich wie ein Lauffeuer eines Tages die Nachricht, daß im Frauenlager vier junge Mädchen vor den Augen aller Mithäftlinge gehenkt worden seien. Wir erfuhren, daß es die Jüdinnen waren, die aus der Munitionsfabrik »Union« den Sprengstoff herausgeschmuggelt hatten, der bei dem Aufstand im Oktober verwendet worden war.
Zur gleichen Zeit wurden auch die fünf polnischen Häftlinge des Sonderkommandos, unter ihnen der Kapo Mietek Morawa, in ein anderes Lager überstellt. Später erfuhr ich, daß sie alle wenige Tage vor Kriegsende im Konzentrationslager Mauthausen erschossen wurden.
Die Schneedecke wurde immer höher und die Kälte draußen von Tag zu Tag klirrender. Auch das gedämpfte, noch weit entfernte Grollen der Kanonen und Geschütze kam allmählich näher und nahm ständig an Intensität zu. Wir schätzten, daß die Front höchstens noch 50 bis 80 Kilometer entfernt sein konnte. Den SS-Leuten merkte man an, daß sie immer nervöser wurden. Viele kehrten jetzt den Biedermann hervor, gaben sich leutselig und taten so, als wollten sie ihre blutbesudelten Hände in Unschuld waschen.
Nicht nur die Autorität der SS-Leute, sondern auch diejenige der Blockältesten, der Kapos und ihrer Helfershelfer verfiel von Stunde zu Stunde. Die Disziplin ließ nach, Befehle wurden entweder überhaupt nicht mehr oder nur noch lässig und unwillig ausgeführt. Das wäre vor ein paar Tagen noch undenkbar gewesen. Im Lager funktionierte kaum noch etwas so

reibungslos wie früher. Auch wir im Krematorium merkten das. Die Toten aus dem Lager wurden nicht mehr jeden Tag zu ganz bestimmten Zeiten, sondern nur noch unregelmäßig herangeschafft. Wahrscheinlich hatte die Fahrbereitschaft nicht mehr genügend Fahrzeuge.
Auch die Tatsache, daß nur noch vereinzelt Arbeitskommandos ausrückten, deutete unmißverständlich darauf hin, daß selbst die Lagerleitung davon überzeugt war, daß es nicht mehr lange dauern würde, bis die Rote Armee Auschwitz eingenommen hatte.
Dann kam jener denkwürdige 18. Januar 1945. Im Lager herrschte ein unübersehbares Durcheinander. Schon früh am Morgen konnte man beobachten, daß in zahlreichen Lagerabschnitten Feuer entfacht wurden und Rauchsäulen hochstiegen. Ganz offensichtlich verbrannten die SS-Leute immer noch Akten, Kartotheken und anderes Schriftgut. Die Häftlinge, die sonst um diese Zeit geschäftig herumliefen, schienen wie gelähmt. Nicht ein einziges Kommando rückte mehr aus. Der Kanonendonner war noch näher herangekommen, und das Detonieren schwerer Granaten war schon ziemlich deutlich zu hören. Auf den leergefegten und verschneiten Lagerstraßen, auf denen sich noch vor kurzem lange Kolonnen von Todeskandidaten mühselig entlanggeschleppt hatten, fuhren jetzt SS-Leute auf Fahrrädern und Motorrädern nervös herum.
Im Sonderkommando glaubten jetzt alle, daß unsere letzte Stunde geschlagen hatte. Wir ließen keinen der SS-Leute, die sich im Krematorium V aufhielten, auch nur einen Moment aus den Augen. Sie waren an diesem Tag zu dritt – Gorges, Kurschuß und ein weiterer Unterführer. Jeder von uns war darauf gefaßt, daß man uns in den nächsten Stunden erschießen würde.
Doch es kam wieder einmal alles ganz anders, als man es nach den Gesetzen der Logik hätte erwarten können. Im Laufe des späten Nachmittags kam ein Blockführer ins Krematorium gelaufen und schrie nervös: »Alle ins Lager! Los! Beeilung!«

Wir ließen uns das nicht zweimal sagen und liefen quer durch das Wäldchen beim Krematorium V in den Lagerabschnitt B II d, wo unsere Kameraden vom Abbruchkommando schon seit mehreren Wochen untergebracht waren. Auch dort herrschten chaotische Zustände. Keiner wußte ein noch aus. Auch die Blockführer hatten offensichtlich jeden Überblick verloren.

Dennoch fand der Abendappell statt. Es sollte der letzte sein, der in Auschwitz abgehalten wurde. Zu Tausenden waren wir in einem großen Haufen angetreten. Ich hatte zum ersten Mal wieder das Gefühl, ein Häftling wie jeder andere zu sein. Heute war nicht gesondert nach Blöcken angetreten worden, vielmehr standen sämtliche Häftlinge in ausgerichteten Reihen wahllos durcheinander, so daß man nach dem Abzählen nur wußte, wie groß die Gesamtzahl aller war. Als der Appell zu Ende ging, wurden wir aufgefordert, uns für den Abtransport fertig zu machen. Dann wurde weggetreten.

Eine ungewöhnliche Erregung ergriff nun das ganze Lager. Alle waren von Unruhe, aber auch von Euphorie erfaßt. Jeder versuchte, noch alle möglichen Dinge zu organisieren, die man auf einem Transport bei großer Kälte brauchen konnte. Vor allem Kleidungsstücke, die zur Desinfektion bestimmt waren, auch zerschlissene Lumpen, wenn sie nur warm hielten, wurden im Lagerabschnitt Kanada entwendet. Viele trieben in letzter Stunde irgendwo noch kaputte Schuhe auf. Nach Einbruch der Dunkelheit wurde auch in die Brotkammer eingebrochen. Auf dem Platz beim Lagertor, wo früher das Orchester gespielt hatte, verbrannte man die Häftlingskartothek. Überall herrschte jetzt unmittelbar vor dem Aufbruch ein wüstes Durcheinander.

Von weitem konnte man ununterbrochen das Grollen und Donnern der Kanonen hören, fahle Blitze erleuchteten ständig den dunklen Horizont im Osten, und an zahllosen Stellen flakkerte es immer wieder ununterbrochen einmal mehr, einmal weniger hell auf. Man vermeinte jetzt geradezu zu hören, wie das Dritte Reich in seinen Fugen krachte.

Dann kam, noch vor Mitternacht, der Befehl zum Abmarsch. Es war ein erregender Augenblick. Draußen fiel Schnee. Es herrschte klirrende Kälte. Wir formierten uns in einer langen Marschkolonne, die rechts und links von bewaffneten SS-Posten begleitet wurde. Nach meiner Schätzung waren es vielleicht 20 000 Häftlinge, die in dieser Nacht aufbrachen. Der Schnee knirschte unter unseren Füßen, und ein kalter Wind blies uns ins Gesicht. Die Gespräche drehten sich jetzt nur noch darum, wohin man uns bringen würde und was man weiter mit uns vorhatte.
Wir marschierten, nachdem zwischendurch längere Pausen eingelegt worden waren, einige Tage lang, bis wir in Loslau in offene Waggons verladen wurden. Für viele hatte dieser Marsch in bitterer Kälte ohne die gewohnte warme Suppe, ohne warme Getränke und ohne wärmende Kleidung das Ende bedeutet. Die körperlich Schwachen und die Kranken waren schon wenige Stunden nach Beginn des Marsches auf der Strecke geblieben. Wer nicht mehr weiterkonnte und erschöpft in den Schnee fiel, wurde von den Begleitposten erschossen und liegengelassen. Einigen Häftlingen war im Schutz der Nacht auch die Flucht gelungen.
Der lange Marsch durch die schneebedeckte Landschaft bot mir die Gelegenheit, über alles, was sich in den letzten Tagen ereignet hatte, nachzudenken. Ich konnte es immer noch nicht fassen, daß ich Auschwitz wirklich hinter mir gelassen hatte, und war mir nicht sicher, ob ich das alles vielleicht nur träumte. Immer wieder fragte ich mich, wie es kam, daß man uns übriggebliebene Geheimnisträger des Sonderkommandos vor der Evakuierung nicht erschossen hatte. Ich fand keine vernünftige Antwort auf diese Frage. Vielleicht hatte die Lagerführung beim Heranrücken der Roten Armee den Kopf verloren, vielleicht hatten sie auch den Befehl ihres Reichsführers, keine Juden mehr zu vernichten, in ihrem eingefleischten Kadavergehorsam, so wie sie es gewohnt waren, wörtlich genommen.
Immer wieder mußte ich jetzt daran denken, daß ich nicht in

dieser Kolonne mitmarschieren würde, wenn mein Wille zu überleben nicht so stark gewesen wäre und wenn ich die zahlreichen Selektionen im Sonderkommando nicht durch Zufall oder glückliche Umstände überlebt hätte. Ich erinnerte mich auch an die tschechischen Mädchen, die mich damals, als ich mich selbst schon aufgegeben hatte, aus der Gaskammer gestoßen hatten.

Die Vorstellung, in nicht allzuferner Zukunft vielleicht wieder ein freier Mensch zu sein, fing an, meine Phantasie zu beschäftigen. Ich versuchte mir auszudenken, wie die Welt ohne Stacheldraht, ohne ständige Bewacher, ohne Gaskammern und Krematorien und ohne Hekatomben von Leichen aussehen würde. Ich fragte mich auch, wie meine Mitmenschen reagieren würden, wenn ich ihnen berichtete, was ich erlebt hatte.

Der Eisenbahntransport von Loslau nach Mauthausen, bei dem wir in den offenen Waggons ungeschützt der schneidenden Kälte ausgesetzt waren, dauerte mehrere Tage. Es war uns streng verboten worden, die Waggons zu verlassen. Verpflegung wurde nicht ausgegeben. Viele starben während des Transports vor Hunger und Kälte. Einige versuchten zu fliehen, indem sie nachts vom fahrenden Zug absprangen. Dabei riskierten sie nicht nur Knochenbrüche, sondern liefen auch Gefahr, von den SS-Posten, die den Zug begleiteten, abgeknallt zu werden. Sie hatten nämlich an mehreren Stellen des Eisenbahnzuges Maschinengewehre aufgebaut und schwenkbare Scheinwerfer montiert, mit denen sie das Gelände absuchen konnten.

Als unser strapazenreicher Transport endlich auf dem kleinen Bahnhof Mauthausen in Niederösterreich angekommen war, wurden wir in das dortige Konzentrationslager getrieben, das nicht allzuweit entfernt war. Beim Passieren des Lagertores wußte niemand, wie viele Häftlinge seit der Räumung des Konzentrationslagers Auschwitz geflüchtet, gestorben und erschossen worden waren.

Da ich einigermaßen warm angezogen und auch mein Schuhwerk ziemlich intakt war, hatte ich den Transport verhältnis-

mäßig gut überstanden. Von der Verpflegung, die ich organisiert hatte, war beim Eintreffen in Mauthausen sogar noch etwas Brot übriggeblieben.
In dem neuen Lager ging alles den gewohnten, stupiden Gang. Als Neuankömmlinge mußten wir duschen, wurden desinfiziert, in Blöcken untergebracht, mußten zum Appell antreten und die üblichen Schikanen über uns ergehen lassen.
Am dritten Tag nach unserer Ankunft fand am Spätnachmittag ein Appell statt. Wir waren angetreten, und ich dachte an nichts Schlimmes, als einer der SS-Unterführer plötzlich den Befehl gab: »Alle Häftlinge vom Sonderkommando raustreten!« Mir war zumute, als hätte ich einen Schlag in die Magengrube bekommen. Zunächst war ich wie gelähmt. Aber dieser erste Schock legte sich bald, und ich gewann meine Fassung wieder, obwohl mein Herz heftig pochte. Als die Aufforderung wiederholt wurde, passierte immer noch nichts. Niemand rührte sich, und keiner trat vor. Die Aufforderung erging noch ein drittes Mal, diesmal in energischem und drohendem Ton. Sie blieb aber wieder ohne Resonanz.
Währenddessen sah ich mich vorsichtig um und entdeckte in meiner Nähe die Kapos Schlojme und Lajzer sowie einige andere Kameraden aus dem Sonderkommando. Auch sie standen scheinbar gleichgültig in ihren Reihen und versuchten so wie ich, durch nichts zu erkennen zu geben, daß sie sich durch die Aufforderung angesprochen fühlten.
Als sich nach der dritten Aufforderung immer noch niemand meldete, lief der uns fremde SS-Unterführer mehrmals vor unseren Reihen auf und ab und blickte dabei einige Häftlinge scharf an. Vielleicht glaubte er uns auf diese Weise einschüchtern zu können.
Das Interesse, das man in Mauthausen offensichtlich an den am Leben gebliebenen Häftlingen des Sonderkommandos hatte, schien mir kein gutes Zeichen zu sein und versetzte meinen Hoffnungen einen Dämpfer. Die Lagerleitung, so dachte ich, brauchte uns doch nur mit einem der Kommandoführer, die in den Krematorien von Birkenau Dienst getan

hatten, zu konfrontieren. Für sie wäre es ein leichtes gewesen, eine letzte Selektion zu inszenieren. Warum das nicht geschah, blieb mir ein Rätsel. Vielleicht war das Chaos der sich anbahnenden militärischen Niederlage schuld daran, vielleicht wollten sich aber auch die in den Vernichtungsstätten eingesetzten SS-Leute zu diesem Zeitpunkt gegenüber den ihnen fremden SS-Leuten des Lagers Mauthausen nicht zu ihrem verbrecherischen Tun bekennen.

Für mich schien dieser Appell kein Ende zu nehmen. Nachdem alle Aufforderungen an uns, herauszutreten, ohne Ergebnis geblieben waren, wurde er schließlich doch beendet. Aber in meinen Ohren dröhnte noch immer der Befehl: »Häftlinge des Sonderkommandos von Auschwitz raustreten!« Erst als sich der SS-Unterführer abwandte und der Befehl zum Wegtreten gegeben wurde, fiel mir ein Stein vom Herzen. Erleichtert atmete ich auf und stellte mich mit den anderen an, um die Abendration in Empfang zu nehmen. Meine Hoffnung, zu überleben, war jetzt ein wenig größer geworden. Was konnte, so fragte ich mich, meiner Befreiung eigentlich noch im Wege stehen, wenn die militärische Niederlage des Dritten Reiches, worauf alle Anzeichen hindeuteten, bald Wirklichkeit würde? Aber es war noch lange nicht soweit. Ein paar Tage danach wurde ich mit einigen hundert anderen in das Nebenlager Melk überstellt.

Die Produktionsanlagen waren dort in große Stollen verlegt worden, die man in die Hügel der Umgebung getrieben hatte. Unsere Arbeit war schwer und anstrengend. Sie bestand darin, daß wir neue Stollen ausheben mußten. Auf 5 bis 6 Meter hohen schmalen Gerüsten stehend, brachen wir in Überkopfarbeit mit Preßluftbohrern Erd- und Gesteinsmassen heraus, um auf diese Weise die Höhle zu vergrößern. Gearbeitet wurde in zwei Schichten. Die Arbeitsstätte lag einige Kilometer vom Lager entfernt. Bei der Arbeit kam es häufig zu Verletzungen, vor allem dann, wenn sich unter dem Druck der Bohrmaschinen plötzlich größere Erdmassen ablösten und herunterfielen. Auch die Gerüste mit den schmalen Holzdielen waren nicht besonders befestigt, so daß es immer wieder vorkam, daß einer herunterstürzte und sich die Knochen brach. Hinzu kam, daß unsere Ernährung katastrophal war. Wie die anderen wurde auch ich von Tag zu Tag schwächer. Meine Kräfte ließen immer mehr nach, und ich machte mir Sorgen, ob ich die schwere Arbeit noch lange aushalten würde.

Eines Abends beim Appell wurde nach Elektrikern gefragt. Meine bisherigen Erfahrungen hatten mich gelehrt, daß die Daseinsbedingungen für einen Häftling in einem Handwerkerkommando immer besser und erträglicher zu sein pflegten als diejenigen der großen Masse. Deshalb meldete ich mich ohne Zögern.

Die Elektriker, zu denen ich jetzt gehörte, ohne von diesem Metier die geringste Ahnung zu haben, wurden am nächsten Tag, nachdem wir vorher noch desinfiziert worden waren, in das Nebenlager Gusen I überstellt. Auf der Fahrt dorthin kam ich mit einem französischen Kameraden, einem gelernten Elektriker, ins Gespräch. Wir wurden uns einig, zusammenzuarbeiten. Er wollte mich anleiten, wenn sich das als notwendig erweisen sollte.

Unser neuer Arbeitsplatz war eine Montagehalle der Messerschmitt-Werke. Auf der einen Seite waren russische Kriegsgefangene unter lärmendem Getöse damit beschäftigt, Teile von Flugzeugkarosserien zusammenzunieten, während wir die Aufgabe hatten, alle elektrischen Kabel und Drähte im Innern der aufgebockten Flugzeugrümpfe zu verlegen. Wenn unsere Arbeit beendet war, wurden die Karosserien noch mit Tarnfarbe bespritzt, um dann zum Einbau der Motoren nach Linz verfrachtet zu werden.

Inzwischen war es schon April geworden. Es funktionierte so gut wie nichts mehr. Die Eisenbahngeleise waren zerstört, und die Straßen lagen unter ständigem Tieffliegerbeschuß, so daß der Verkehr und das Transportwesen völlig zum Erliegen kamen. Dennoch rückten wir täglich in zwei Schichten zur Arbeit aus. Meine Befürchtungen, vielleicht wegen meiner fehlenden Fachkenntnisse aufzufallen, erwiesen sich als unbegründet. Da keine Flugzeuge mehr die Montagehalle verließen, waren wir praktisch ohne Arbeit und standen die meiste Zeit untätig unter den Flugzeugen herum. Jedem wurde es jetzt klar, daß das Ende des Dritten Reiches unmittelbar bevorstand und daß es nur noch ein paar Tage dauern konnte, bis es soweit war. Aber auch Tage können zur Ewigkeit werden, wenn einen der Hunger peinigt und man verzweifelt hinter allem her ist, was eßbar erscheint: Schmiervaseline, Gras, ja sogar schwere, fette Erde.

Die letzte Phase unseres Häftlingsdaseins war angebrochen. Noch einmal galt es, die verbliebenen Kräfte und Energien zusammenzuraffen, um nicht noch im letzten Augenblick vor Hunger und Erschöpfung elend zu krepieren.

Die pausenlosen Luftangriffe der Alliierten führten dazu, daß wir uns die meiste Zeit in einem Luftschutzstollen aufhielten, der ein paar hundert Meter von der Montagehalle entfernt in einen Hügel getrieben worden war. Wenn die Alarmsirene aufheulte, wurden wir unter großem Geschrei von SS-Leuten mit Knüppeln in den Stollen getrieben. Als ich eines Tages, als wieder Fliegeralarm gegeben worden war, zu dem Stollen rannte, stand plötzlich Unterscharführer Gorges mit erhobenem Knüppel vor mir und schrie: »Los, dalli, dalli!« Er erkannte mich und ließ mich weiterlaufen, wobei er mit dem Schlag, zu dem er schon ausgeholt hatte, innehielt.

Ich rannte, so schnell ich konnte, in den Stollen und verdrückte mich dort in eine Ecke, weil ich Gorges nicht noch einmal begegnen wollte. Vor Angst und Schrecken war ich wie gelähmt. Wirre Gedanken zuckten durch mein Gehirn. Was würde jetzt passieren, fragte ich mich. Es bestand für mich kein Zweifel, daß Gorges mich erkannt hatte. Würde er mich denunzieren?

Diese Frage stellte ich mir immer wieder. Aber es geschah nichts Bedrohliches. Nachdem der Fliegeralarm abgeblasen war, ging ich wie alle anderen in die Montagehalle zurück, wo ich mich etwas abseits unter einem Flugzeug herumdrückte und ununterbrochen nach Gorges Ausschau hielt. Zwei Tage später stand er dann plötzlich wie ein Schreckgespenst vor mir. Er sprach mich an und tat dabei so, als wäre nichts geschehen. Er erkundigte sich sogar, wie es mir gehe. Ich gewann jetzt meine Fassung wieder und ließ durchblicken, daß ich nichts zu essen hätte. Nachdem wir noch ein paar belanglose Worte gewechselt hatten, fragte ich ihn, ob er nicht etwas Brot für mich hätte. Dann ging er weg.

Ich war immer noch besorgt, Gorges könnte mich noch im letzten Augenblick bei der Lagerleitung melden. Die Ungewißheit über mein weiteres Schicksal bedrückte mich und ließ mich in der Nacht keinen Schlaf finden. Ich überlegte, ob und wie ich vielleicht in ein anderes Arbeitskommando kommen könnte. Aber dazu fehlte es mir an Beziehungen und auch an den Mitteln.

Als ich am nächsten Morgen unter Herzklopfen die Montagehalle betreten hatte, verkroch ich mich unter einem der Flugzeugrümpfe an der entlegensten Ecke, um Gorges nicht noch einmal zu begegnen. Doch es nützte nicht viel, denn schon bald hatte er mich entdeckt. Zu meiner Überraschung hatte er ein halbes Brot mitgebracht, das er mir zusteckte. Außerdem gab er mir eine Handvoll Tabak, bevor er wegging. Ich fragte mich immer wieder, was Gorges wohl veranlaßt haben mochte, mich als Häftling des Sonderkommandos nicht zu denunzieren, obwohl man doch nach unserem Eintreffen im Lager Mauthausen so nachdrücklich nach uns geforscht hatte. Vielleicht wollte auch er wenige Tage vor Kriegsende als Kommandoführer des Krematoriums V in Auschwitz genauso unerkannt bleiben wie ich.

Ein paar Tage später war es dann soweit, daß das überfüllte Lager Gusen I geräumt wurde. Vor dem Aufbruch bekam jeder eine Brotration, dann setzte sich die kilometerlange Häftlingskolonne, von zahlreichen Bewachern begleitet, in Marsch, eine Staubwolke hinter sich herziehend. Was hatte man noch alles mit uns vor, und wohin sollten wir jetzt wieder gebracht werden, fragte ich mich. Nach dem Stand der Sonne zu urteilen, marschierten wir in südwestlicher Richtung.

Nach wenigen Kilometern brachen schon die ersten zusammen. Wer liegenblieb und nicht mehr aufstehen konnte, wurde kurzerhand erschossen. Auch jetzt noch, fünf Minuten vor zwölf, sorgten die SS-Schergen dafür, daß die Spuren ihrer letzten Verbrechen beseitigt wurden. Nachdem die ersten Toten an den Straßenrand geworfen worden waren, wählte ein SS-Unterführer zehn Mann aus, unter denen auch ich mich befand. Er befahl uns, am Straßenrand zu warten. Ich war zunächst mißtrauisch, stellte dann aber mit einer gewissen Beruhigung fest, daß ich von allen zehn der einzige aus dem Sonderkommando war.

Inzwischen hatten sich die letzten Häftlinge der Kolonne mühsam an uns vorbeigeschleppt, während wir immer noch mit dem SS-Unterführer, der kein Wort mit uns sprach, am Straßenrand warteten. Nachdem etwa eine Stunde vergangen war, kam ein Pferdefuhrwerk aus der Richtung gefahren, in der sich die Kolonne entfernt hatte. Der Kutscher war ein älterer Mann, der dem Volkssturm angehörte. Bei uns angelangt, machte er mit den Pferden kehrt und hielt dann an. Jetzt wurde uns befohlen, die am Straßenrand liegenden Toten auf den Wagen zu laden.

Als der Wagen beladen war, fuhr der Kutscher zum Friedhof der nächsten Ortschaft. Dort war inzwischen ein größeres Grab ausgeschaufelt worden, in das wir die namenlosen Toten hineinwarfen. Dann zogen wir weiter und folgten der Marschkolonne. War es ein Zufall, so fragte ich mich, daß mich das Schicksal wieder in ein Kommando verschlagen hatte, dessen Aufgabe die Beseitigung von Leichen war?

Wenn wir mit dem Leichenwagen, der Blutspuren auf der Straße zurückließ, durch eine Ortschaft fuhren, wandten sich die Einwohner, sobald sie die schaurige Fracht erblickt hatten, erschrocken ab und verschwanden in ihren Häusern. Vielen merkte man an, daß sie Mitleid mit uns hatten und uns gerne geholfen hätten. Vor manchen Häusern waren auch Brot, Äpfel und Mohrrüben hingelegt worden. Ausgehungert, wie wir waren, stürzten wir uns wie wilde Tiere darauf. Nachdem ich mich satt gegessen hatte, begann ich, mir einen kleinen Vorrat zuzulegen. Ich besorgte mir in einer Scheune ein Stück Kordel und schnürte sie wie einen Gürtel um die Taille herum. Dann steckte ich alles, was ich an Eßbarem ergattern konnte, unter mein Hemd, so daß nichts herausfallen konnte. Die nächsten Tage bestätigten, daß ich richtig gehandelt hatte. Unser Marsch endete in einem Wald in der Nähe von Gunskirchen bei Wels, wo ein paar Holzbaracken standen. Sie waren von Wachttürmen umgeben.

Wir hatten jetzt endgültig unsere letzte Station erreicht. Kein SS-Mann ließ sich mehr blicken. Es fanden keine Appelle mehr statt, niemand forderte uns zur Arbeit auf, nur hin und wieder wurden ein paar Kübel mit Suppe herangeschafft, auf die sich die große Masse der Häftlinge sofort stürzte wie ein Rudel hungriger Wölfe. Jegliche Disziplin war verlorengegangen. In den Baracken lagen Hunderte von ausgemergelten Gestalten kraftlos und apathisch wie in Agonie auf dem Boden und dösten teilnahmslos vor sich hin. Sie sahen aus, als ob der letzte Funken Leben schon aus ihnen gewichen wäre, und boten ein Bild unvorstellbaren Jammers.

Wie die anderen vom Leichenräumkommando hatte auch ich noch einige Lebensmittelvorräte unter meinem Hemd versteckt. Wenn einer dahintergekommen wäre, wäre ich verloren gewesen. Die Masse hätte sich wie Raubtiere auf mich gestürzt. Deshalb mußte ich höllisch aufpassen. Mein Quartier hatte ich auf einem schmalen Dachbalken in einer der Baracken bezogen, den ich nicht mehr verließ. Ich schnallte mich mit einem Gürtel daran fest, um nicht ständig die Balance halten zu müssen. Über mich hatte ich eine Wolldecke gebreitet. An Schlaf war in dieser Situation natürlich nicht zu denken. Das Stöhnen und Ächzen unter mir hielt Tag und Nacht an, Tote lagen herum, um die sich niemand kümmerte, ein penetranter Gestank verschlug einem den Atem, außerdem mußte ich ständig darauf achten, keine unbedachte Bewegung zu machen, weil ich sonst drei Meter tief heruntergefallen wäre.

Meine Vorräte, die ich nur im Schutz der Dunkelheit bedächtig und geräuschlos zu essen wagte, gingen langsam zur Neige. Trotz aller widrigen Umstände, unter denen in unserer Baracke alle zu leiden hatten, kursierten ständig neue Gerüchte. Fast stündlich kamen Leute von draußen hereingestürzt und berichteten über die Lage an der Front. Ich wunderte mich, woher sie jetzt noch die Kraft nahmen, sich um solche Dinge zu kümmern. Einmal hieß es, die Amerikaner seien nur noch 50 km entfernt, ein paar Stunden später wurde euphorisch verkündet, daß die Panzerspitzen der Alliierten schon auf 80 km herangekommen seien. Eine Nachricht jagte die andere, aber keiner wußte, woran wir wirklich waren.
Die Überzeugung, daß unsere Befreier immer näher heranrückten, mobilisierte auch meine letzten Kräfte und stachelte meinen Lebenswillen nochmals an. So sehr ich mich auch dagegen wehrte, ich konnte es nicht verhindern, daß mein körperlicher und seelischer Zustand immer elender wurde. Es schien mir, als stünde die Zeit still. Ich lag immer noch auf meinem Dachbalken und beobachtete teilnahmslos, wie zahllose Läuse auf meiner Wolldecke herumspazierten. Das Stöhnen und Jammern unter mir nahm ich kaum noch zur Kenntnis. Ich befand mich in einem Zustand, als ob ich gerade am Einschlafen wäre.
Dann setzte plötzlich von allen Seiten Gefechtslärm ein. Das Hämmern von Maschinengewehren und die Detonationen von Granaten ganz in der Nähe machten mich auf einmal hellwach.
Es dauerte nicht lange, bis ein paar Leute in die Baracke stürmten, die Arme hochrissen und überschwenglich schrien: »Wir sind frei! Kameraden, wir sind frei!«
Dieser Augenblick, auf den sich meine Gedanken und Wünsche drei Jahre lang fixiert hatten, löste weder Freude noch andere Gefühle in mir aus. Ich ließ mich von meinem Balken herunterfallen und kroch auf allen vieren zur Tür. Als ich draußen war, schleppte ich mich ein kleines Stück weiter und legte mich dann einfach auf den Waldboden, wo ich in tiefen Schlaf fiel.

Monotones Geräusch dröhnender Motoren machte mich wach. Ich raffte mich auf und ging hinüber zu der nahegelegenen Straße, auf der in Abständen von wenigen Metern eine lange Kolonne amerikanischer Panzer in Richtung Wels entlangrasselten.
Während ich dem Konvoi der stählernen Kolosse nachblickte, begriff ich, daß es mit dem blutigen Naziterror zu Ende war. Doch die Unterernährung und die Ungewißheit der letzten Wochen hatte dazu geführt, daß ich völlig am Ende und nur noch ein abgezehrtes Wrack meiner selbst war. Zu irgendwelchen Gemütsregungen war ich nicht mehr fähig, keine Tränen der Freude und auch kein Ausbruch von Begeisterung über die wiedergewonnene Freiheit stellten sich ein. Unfähig zur Trauer über das Erlebte starrte ich teilnahmslos ins Leere. Ich konnte es nicht fassen, daß ich der Sonderbehandlung, zu der man mich vor mehr als drei Jahren nach Auschwitz deportiert hatte, nun endgültig entronnen war.

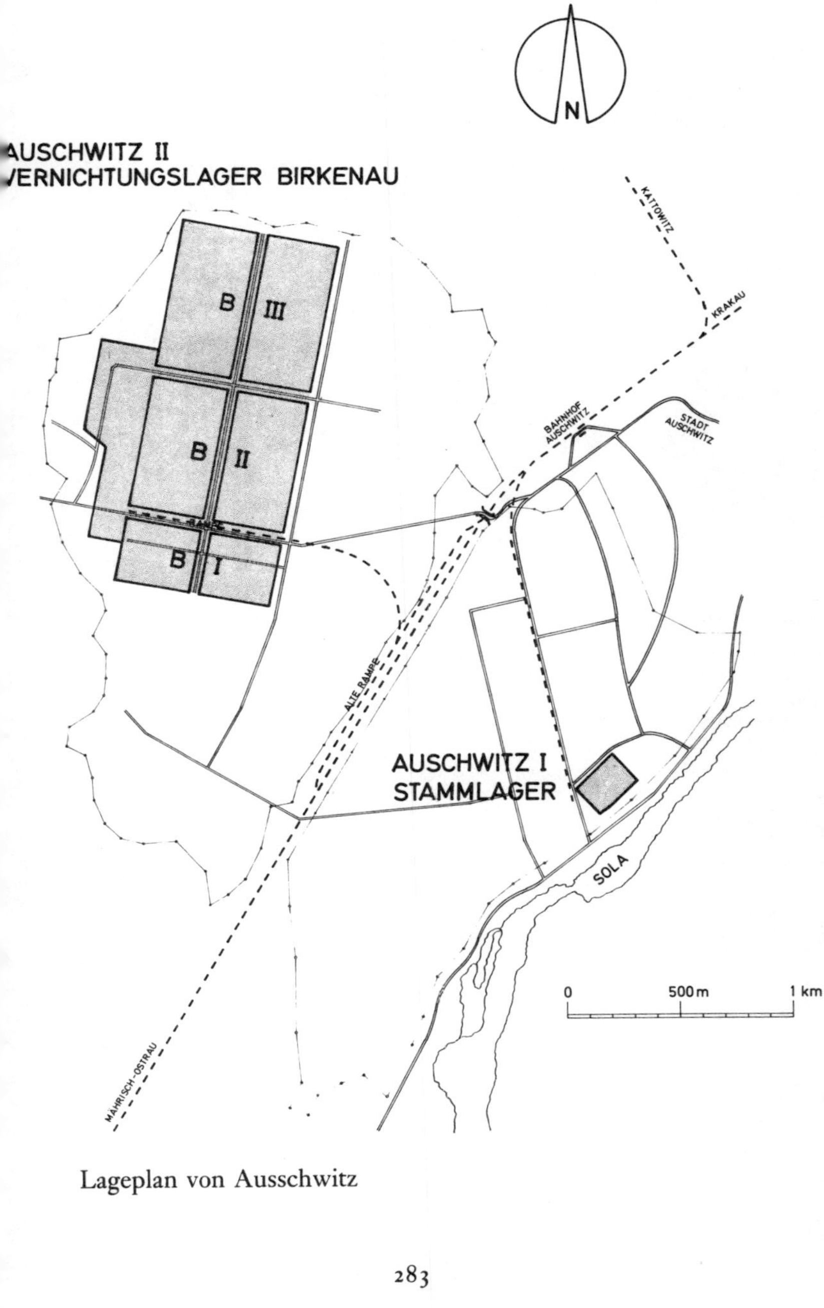

Lageplan von Ausschwitz

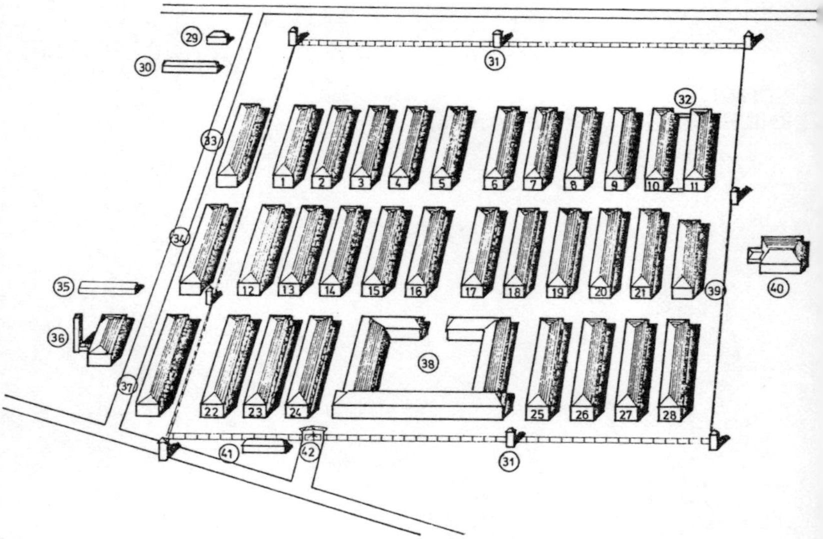

BLOCKBELEGUNG

1-8 WOHNBLOCKS
12-18 "
22-23 "
25-27 "
9 HÄFTLINGSKRANKENBAU
19 "
21 "
28 " AMBULANZ
20 INFEKTIONSBLOCK
24 SCHREIBSTUBE
10 VERSUCHSBLOCK
11 BUNKERBLOCK

(29) WOHNHAUS LAGERKOMMANDANT
(30) HAUPTWACHE
(31) WACHTURM
(32) "SCHWARZE WAND"
(33) KOMMANDANTUR
(34) VERWALTUNG
(35) POLITISCHE ABTEILUNG
(36) ALTES KREMATORIUM
(37) SS-REVIER STANDORTARZT
(38) LAGERKÜCHE
(39) NEBENGEBÄUDE
(40) "THEATERGEBÄUDE"
(41) BLOCKFÜHRERSTUBE
(42) LAGERTOR

Ausschwitz I, Stammlager

1 HAUPTTOR
2 RAMPE
3 KREMATORIUM II
4 " III
5 " IV
6 " V
7 BUNKER 2 (SPÄTER BUNKER V) MIT 3 AUSKLEIDEBARACKEN
8 BUNKER 1 MIT ZWEI AUSKLEIDEBARACKEN
9 SAUNA
10 VERBRENNUNGSGRUBEN 1944
11 MASSENGRÄBER 1941 / 42

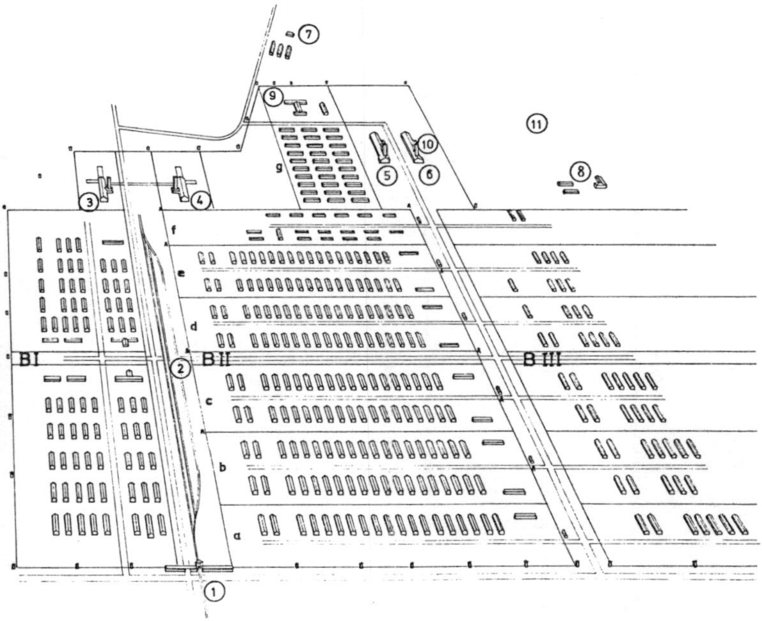

BI FRAUENLAGER

BIIa QUARANTÄNELAGER
BIIb FAMILIENLAGER
BIIc FRAUENLAGER
BIId MÄNNERLAGER
BIIe ZIGEUNERLAGER
BIIf HÄFTLINGSKRANKENBAU
BIIg "KANADA" EFFEKTENLAGER

BIII "MEXIKO"

Ausschwitz II, Vernichtungslager Birkenau

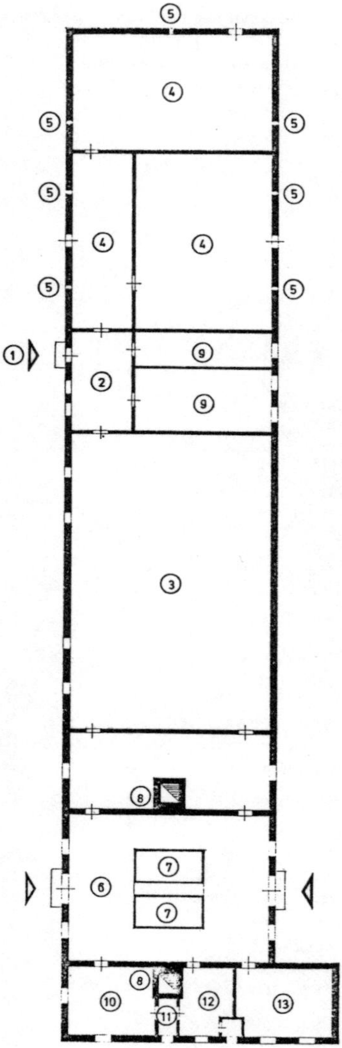

1 EINGANG ZUM AUSKLEIDERAUM
2 VORRAUM
3 AUSKLEIDERAUM
EXEKUTIONSRAUM
LEICHENRAUM
IM KREMATORIUM IV AB SOMMER 1944 UNTERKUNFT DES SONDERKOMMANDOS
4 GASKAMMER
5 GASEINWURF
6 VERBRENNUNGSRAUM
7 OFEN MIT 4 BRENNKAMMERN
8 SCHORNSTEIN
9 AUFENTHALTSRAUM DES SONDERKOMMANDOS
IM KREMATORIUM V AB HERBST 1944 UNTERKUNFT DES SONDERKOMMANDOS
10 KOMMANDOFÜHRERSTUBE
11 AUFENTHALTSRAUM FÜR KAPO DER HEIZER
12 WASCHRAUM / ABORT
13 KOKSRAUM

Krematorium III, Krematorium II spiegelbildgleich

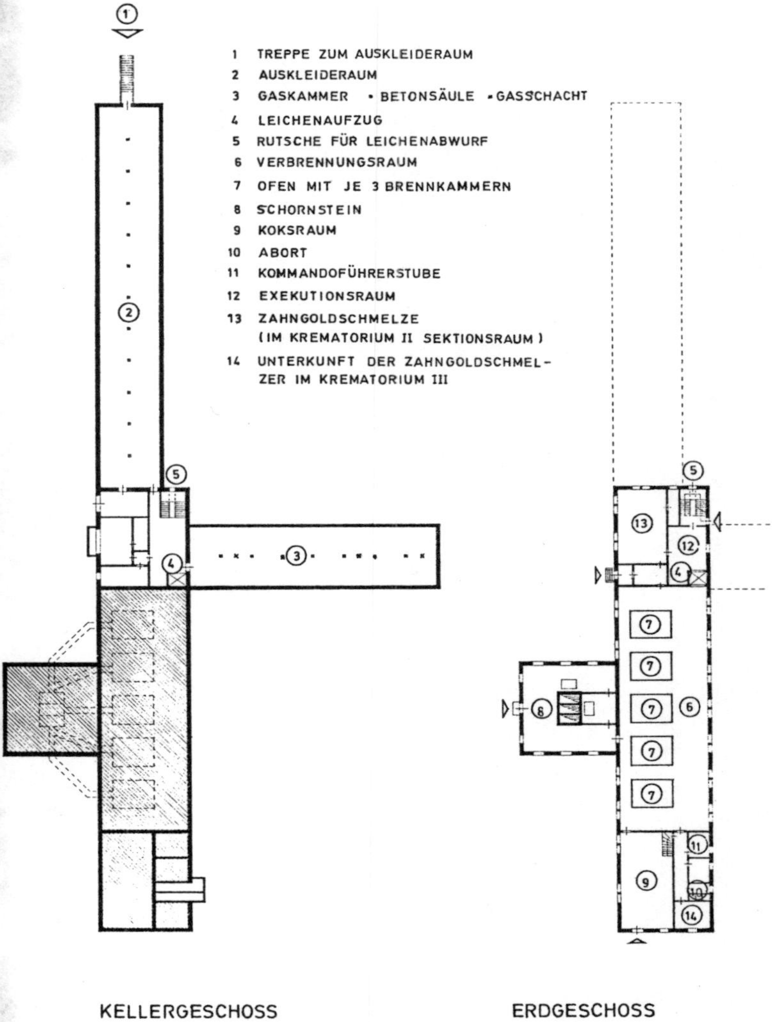

Krematorium V, Krematorium IV spiegelbildgleich